『더 리스트(The LIST)』 독자를 위한 완벽 가이드

40일의 회개

로라 덴스모어 · 레이 몽고메리 · 밥 오델 지음 | 손영식 옮김

기여자

나탈리 블랙햄, 린다 챈들러, 토마스와 에이미 코그델, 제프 댈리,
크리스틴 다그, 캐시 헬름스, 도나 졸레이, 앨버트 J. 매칸, 에이미 머클스톤,
샤론 샌더스. 조엘라 수녀, 다미아나 수녀, 스티브 웨어

차례

소개: 40일 · 8
한국어판을 발행하며 · 12
이 책을 번역하며 · 14
타임라인에서 『리스트』로 · 16

1 가데스 바네아의 열 정탐꾼의 악한 보고 · 20
2 실패 · 24
3 예수님의 고난에 동참하는 것 · 29
4 『리스트』를 통해 회개 여정을 시작하게 된 계기 · 34
5 무엇을 위해 이 회개 예식을 진행합니까? · 39
6 고넬료 - 이방인의 돌 · 45
7 제2성전: 결코 두 번 다시 생각하지 말라 · 50
8 유대인에 대한 교부들의 죄를 회개함 · 55
9 마르키온의 이단과 우리 · 59
10 그리스도인과 유대인의 1세기 대화: 저스틴 마터와 트리포 · 63
11 콘스탄티누스: 로마로 가는 길을 따라... 아니면 예루살렘으로? · 69
12 니케아 공의회 · 75
13 사악한 씨앗, 사악한 뿌리와 사악한 열매 · 79
14 유대인들을 대항한 '성자(?) 크리소스톰' · 83
15 대체 신학: 더 나은 질문 · 88
16 이웃을 사랑합니까? · 93
17 트렌트의 시몬과 성체 모독: 잊혀진 피의 죄책감 · 97
18 마틴 루터: 영적 소경 · 102
19 씨를 뿌리고 거두다 · 107
20 오 주님, 나의 소경됨을 고쳐 주소서! 유덴자우에 대한 고찰 · 113

21 오 주님, 눈먼 우리를 위한 안약은 어떻게 살 수 있나요? · 117
22 비텐베르크의 '유대인 암돼지' · 122
23 우리가 꺾이었습니까? · 126
24 그분의 빛이 시온에서 비추고 있습니다. 준비하십시오! · 132
25 가해자, 협력자 및 조력자 · 137
26 깨진 유리 · 141
27 하나님은 정말 우리와 함께 계십니까? · 147
28 왜 그리스도인들은 우리를 돕지 않았습니까? · 152
29 홀로코스트: 침묵과 무관심의 음모 · 157
30 말하기 I · 164
31 말하기 II · 170
32 출애굽 1947호와 세인트루이스 호의 항해 · 176
33 이스라엘 부활의 기적! · 182
34 '타인'을 험담하는 것: 오늘날에도 여전히 중요한 단어 · 188
35 피츠버그 '생명의 나무' 유대교 회당 학살에 대한 고찰 · 193
36 산 돌: 벽 쌓기인가 교량 건설인가? · 199
37 금식일에서 축제일로! · 203
38 유대인은 축복이다 · 208
39 아브월 9일에 이루어진 예언적 선언:
    두 개의 성전이 파괴되고 하나의 성전이 설계됨 · 214
40 열 정탐꾼의 죄를 속죄함 · 220

부록
욤키푸르 회개 기도 · 226
그리스도교 사역자 정보 · 232

소개: 40일

기돈 아리엘

숫자 40은 아래 사항들을 고려해볼 때 유대교에서 큰 의미가 있습니다.

고려사항
- 노아의 이야기에서 40일 밤낮으로 비가 내린 것으로 유명합니다.
- 모세는 십계명이 새겨진 돌판을 받기까지 시내산에서 40일을 밤낮으로 머물렀습니다.
- 성경 신명기 25장 3절은 죄인에게 태형을 가하더라도 토라에 명시된 대로 40대 이상 때릴 수 없게 규정하고 있습니다.
- 정탐꾼들은 40일 동안 가나안 땅을 여행했습니다.
- 모세는 40년 동안 광야에서 유대 민족을 인도했습니다.
- 사사기에는 "그 땅이 40년 동안 조용하였더라"라는 구절이 세 번 나옵니다.
- 현자(미쉬나, 교부들의 장 5:26)에 따르면 40세에 사람은 깊은 통찰력을 가진 '비나(binah)'의 경지에 도달합니다.
- 로쉬 하샤나(설날)를 준비하기 위해 나팔을 불기 시작하는 엘룰의 첫째날과 연간 테슈바(회개) 기간이 종료되는 대속죄일까지는 40일이 소요됩니다. 이 40일은 개인의 개선과 성장을 위한 가장 좋은 시간입니다.[1]

위의 이야기들을 통해 알수 있는 숫자 40의 의미는 무엇일까요? 이 이야기들의 공통점은 무엇일까요?

각 에피소드에서 40 이전과 이후의 현상이 크게 바뀌었음은 분명합니다. 중요한 점은 일부 사건들은 더 좋은 상황으로 개선된 반면 일부 사건들은 더 안 좋은 상황으로 바뀌었다는 점입니다.

이것은 숫자 값이 40인 히브리어 문자 '맴'과 연관 지어 볼 수 있습니다. 이 문자의 이름은 물(마임)을 의미합니다. 물은 위 사건들의 공통점처럼 오랜 시간에 걸쳐 두 방향으로 바뀔 수 있습니다. 끓거나 얼거나 할 수 있습니다.

40과 관련된 또 다른 자연적인 기간이 있습니다. 아이가 태어나기 전 임신 40주 기간이 있습니다. 이 기간도 마찬가지로 아이가 태어날 때 건강하게 태어날지 그렇지 않을지 알 수 없습니다.

나는 하나님께서 성경, 역사 그리고 자연을 통해서 우리가 어떤 상황이든 더 나은 방향으로 집중할 수 있고 변화될 수 있음을 넌지시 알려 주신다고 생각합니다. 사실 습관을 고치는 데 40일이 걸린다는 것은 인터넷에 잘 알려진 사실입니다. 물론 아브라함 링컨의 '당신이 읽은 정보를 다 믿지마라.' 라는 말도 있지만, 무언가에 상당한 시간을 투자해 집중한 효과가 있다는 것은 자명합니다.

친구이자, '루트 소스'의 동업자인 밥 오델이 이 책에서 썼듯이, 수년 전 그리스도교 반유대주의와 유대인에 대한 박해 현상을 접했고, 이것이 그의 인생을 바꿨습니다. 연구를 통해 그는 역사 전체에 걸친 그리스도인의 유대인 박해에 대한 책인 『더 리스트(The List)』(줄여서 『리스트』. 역자 주)의 첫 번째 초안을 작성했습니다. 그리고 여러분이 가지고 있는 이 책은 『리스트』에 대한 동반자의 역할을 해 줄 것입니다. 밥은 『리스트』에 기록된 사건들에 대해 단순하게 조사하는 것만으로는 충분하지 않다고 느꼈습니다. 그는 조사할 때 하나 하나 깊게 묵상하고 기도하며 진행해야 된다고 생각했습니다.

그리고 저는 밥이 그렇게 할수 있도록 기도했습니다. 저는 밥이 어떤 형식으로 기도했는지 또 그러한 기도들이 그와 『리스트』책을 기술하는데 있어 어떤 영향을 미쳤는지 정확히 기록해둘 것입니다. 그렇지만 이 글을 쓰게 된 이유는 밥의 책을 통해 독자 여러분들에게도 유익함이 있기를 바라는 마음에서입니다.

많은 그리스도인들에게 역사속의 교회나 개개인의 그리스도인들이 유대인들에 대한 테러 행위를 저질렀다는 사실을 알게 되면 충격이 클 수밖에 없습니다. 평화의 왕이신 예수님을 따르는 자들이 어떻게 편견, 증오, 폭력, 심지어 살인의 방법을 행할 수 있었을까요? 일부 그리스도인들은 충격이 너무 큰 나머지 인지부조화 현상으로 인해 유대인에 대한 테러 가해자가 그리스도인이었다는 사실을 부인하기도 합니다.

그러나 이 변명은 받아들일 수 없습니다. 반유대주의 사건을 기록한 책 『리스트』에서 명확하게 보여주듯이 반유대주의 가해자에는 그리스도인들이 포함되어 있었습니다. 이러한 그리스도인들과 우리가 영적 또는 문화적 관계가 있다는 것을 인정하는 것이 이들의 행위를 진지하게 받아들이고 책임지는 첫번째 단계입니다. 또 이들을 위해서 우리가 회개하고, 그리스도의 몸 전체가 이 끔찍한 죄로부터 회개하도록 하는 것은 이 땅에 하나님의 나라를 완성하기 위해 꼭 필요한 목표입니다.

이 책의 세 명의 주요 저자인 밥, 레이, 로라는 그리스도교 반유대주의에 대한 회개와 함께 많은 기도와 묵상으로 심적인 노력을 아끼지 않았습니다. 그들은 이 책을 편찬하는데 참여해 달라는 요청에 즉시 호의적으로 응답한 전 세계 지도자들에게까지 도움을 요청했습니다.

친애하는 독자 여러분, 이 지도자들과 함께 하루에 한 챕터씩 유대력에서 가장 슬프고 비극적인 날인 '아브월의 9일(연간 재앙의 날)'인 '티샤 바브' 날까지 기도할 것을 권합니다. 또는 성경의 속죄일인 '욤 키푸르'에 40일 기도가 끝나도록 기간을 조정할 수 있습니다. 유대력은 아래 url을 참고해주시길 바랍니다.

https://9-av.com/40-day-calendar

서론을 읽으면서 독자 여러분들은 제가 누구인지 궁금해하셨을 수도 있을 것 같습니다. 아마 저는 이 『리스트』 책과 메시지를 내면화한 그리스도인들이 유대인에게 어떤 영향을 끼칠 수 있는지를 보여주는 한 예라고 말할 수 있을 것입니다.

저는 뉴욕에서 보통의 전통적인 유대인 가정에서 태어났습니다. 이런 전통적 가정처럼 우리 가족도 무엇보다도 다른 유대인들과 함께 지냈고 일반적으로 항상 다른 사람들(주로 그리스도인들)과 거리를 유지했습니다. 그러다 스무 살 생일 직후, 저는 국제 그리스도교 대사관 예루살렘, 평화를 위한 다리, 이스라엘의 그리스도교 친구들 등과 같은 친 유대 그리스도교 단체들을 발견했습니다. 그리고 친화력을 타고난 성향 때문에 저는 이 그리스도인들에게 관심을 보였고, 우리는 따뜻하고 진실하며, 아무 조건 없는 마음으로 만났습니다. 단지 친구가 되기에 관심이 있었습니다! 유대인들과 그리스도인들이 얼마나 큰 차이가 있는지 상상이 되세요? 하지만 또한 많은 공통점을 가지고 있습니다! 결국 예언자 말라기(Malachi)가 말했듯이 모든 것은 다음과 같이 요약됩니다.

> 우리는 모두 한 아버지를 모시고 있지 않느냐? 한 하나님이 우리를 창조하시지 않았느냐? 그런데 어찌하여, 우리가 서로 배신하느냐? 어찌하여 우리는, 주님께서 우리 조상과 맺으신 그 언약을 욕되게 하고 있느냐? [말라기 2:10]

이러한 깨달음, 특히 내가 발견하고 소중히 여기게 된 따뜻하고 진실한 우정은 (당시 새) 친구인 밥 오델과 우리 조직 루트소스를 설립하는 데 도움이 되었습니다. 루트소스에서 유대인과 그리스도인은 우정을 쌓고, 신앙의 뿌리를 배우고, 공통적으로 공유하는 목표를 추구한다는 점에 중점을 둡니다. www.Root-Source.com에서 우리와 함께 하십시오.

기돈 아리엘
출판사, 루트 소스 인쇄
2019년 2월
이스라엘 헤브론

---

1. http://www.aish.com/atr/The_Number_40.html

한국어판을 발행하며

기돈 아리엘

샬롬!

한국어라는 언어로 한국 독자들에게 인사 드리게 되어 기쁨이자 영광입니다.

이렇게 제가 구사할 수 없는 언어로 여러분들과 인사할 수 있는 것은 기적이라고 생각합니다.

저는 이러한 기적이 하나님의 궁극적 목표를 성취하기 위한 하나님의 계획임을 믿습니다.

마태복음 22장 37절-40절에서 말씀하셨듯이 하나님의 궁극적 목표는 그분의 모든 피조물들이 하나님을 사랑하며 서로 사랑하는 것입니다.

> 예수께서 이르시되 네 마음을 다하고 목숨을 다하고 뜻을 다하여 주 너의 하나님을 사랑하라 하셨으니 이것이 크고 첫째 되는 계명이요 둘째도 그와 같으니 네 이웃을 네 자신 같이 사랑하라 하셨으니 이 두 계명이 온 율법과 선지자의 강령이니라 [마태복음 22:37-40]

저와 제 미국인 친구 밥 오델(Bob O'Dell)이 함께 창립한 기관 '루트 소스(Root Source)'는 이러한 목표에 항상 집중하고 있습니다.

저희 기관의 주된 프로젝트는 서로 다른 신앙을 가지고 있는 유대인들과 그리스도인들이 공통된 개념을 함께 연구하는 플랫폼을 만드는 것입니다. 현재 수많은 전 세계 그리스도인들이 즐겨 보는 다수의 유대인 선생님들의 강의 자료를 가지고 있습니다.

하지만 모든 강의 자료가 긍정적인 내용만 담고 있지는 않습니다. 저희가 그리스도인들의 유대인 박해 사건들을 기록한 2019년 출판물 『리스트』를 보면 알 수 있듯이 유대인과 그리스도인들의 역사는 비극으로 물들어 있습니다.

한 지혜자의 말에 '역사로부터 배우지 않는 사람은 그 역사를 반복하게 되는 불행한 운명을 가지고 있다'라는 말이 있습니다. 제가 이 말을 바꾸어 표현한다면 다음과 같이 표현하고 싶습니다. '역사를 바로잡길 원하는 사람은 반드시 그 역사를 직시하고 배워야 하며, 그것에 대한 책임을 져야 한다'. 이 정신은 저의 친구들인 로라 덴스모어(Laura Densmore), 레이 몽고메리(Ray Montgomery), 밥 오델(Bob O'Dell)이 『40일의 회개(40 Days of Repentance)』를 제작할 때의 마음 가짐입니다.

이 책은 네덜란드 어로 번역되기도 하였습니다. 저는 네덜란드 판의 성공적인 출판 이후 또 다른 언어로도 이 책이 번역되길 기도하고 있었습니다. 그때 때마침 한국의 손영식 목사님께서 한국어 번역 승인 요청 연락을 주셨고 제 기도는 응답되었습니다.

여러분이 현재 읽고 있는 『40일의 회개』 책을 시작으로 『리스트』, 『정통파 유대인과의 5년』 등 '루트 소스(Root Source)'의 모든 자료들의 번역이 속히 이루어져 하나님의 계획이 세계 각국에 전달될 수 있도록 함께 기도해 주시길 바랍니다.

한국인 독자 여러분들을 저와 함께하는 여정에 초대하며 응원합니다!

문의 사항이 있다면 웹사이트 'root-source.com/contact-us'로 연락 주시면 성심껏 답변해 드리겠습니다. 걱정하지 마세요. 한국어 쓰셔도 됩니다(웃음).

예루살렘에서 축복을 담아,
기돈 아리엘
출판사, 루트 소스 인쇄

이 책을 번역하며

손영식

이 책을 만나 다음과 같은 이유로 번역해야 한다고 생각하게 되었다.

첫째, 회개를 통한 성령 강림운동이다. 이천 년 역사 속에서 그리스도인의 조상들이 하나님의 언약을 올바로 이해하지 못하여 유대인들에게 저지른 범죄에 대해 바로 알고 회개하는 일이다. 나는 한국 교회와 대한 민국의 소망은 다시 한번 늦은 비 성령의 대 부흥 운동이 일어나는 것이라고 생각한다. 이 책 『40일의 회개』를 통하여 우리가 잘못 알고 있는 교회 역사의 뒤안길을 발견하고, 그 속에서 그리스도인 선조의 잘못을 회개하는 자세로 하나님께 나아가, 다시 한번 하나님이 이 땅을 긍휼히 여기시고 늦은 비 성령의 충만함을 부어 주시길 바라는 기드온 삼백 용사가 나오길 소원한다. 그래서 마지막 때 하나님이 이 민족을 사용하시길 간절히 바란다.

둘째, 역사와 성경을 보는 시각을 바로잡는 일이다. 이 책은 이천 년 역사 속에서 히브리 성경에 대해, 유대인과 절기에 대해 어떻게 왜곡되었는지 볼 수 있다. 콘스탄티누스 황제는 로마 제국 통치 과정에서 황제숭배를 거부하고 융화되지 않는 유대인들에 대해, 외적으로는 그리스도교를 국교로 공인하면서, 실제로는 그리스도교의 핵심적인 부분을 제거함으로써 성경의 많은 부분이 왜곡되었다. 이 책은 그런 역사적 사실을 알게 함으로써, 우리의 성경을 보는 시각을 교정하게 된다.

셋째, 하나님의 마음을 이해하고 이스라엘을 사랑하는 것이다. 하나님의 택한 백성으로 고난 당한 유대인들과, 믿는다는 이유로 고난 당하는 그리스도인과 순교자들은 유사한 부분이 있다. 이 책을 통해 하나님의 장자요 눈동자라고 불러진 이스라엘이, 이천 년 동안 고난 당할 때 그들을 향한 하나님의 마음을 조금이나마 이해하게 된다. 그렇게 될 때 하나님의 마음으로 유대인을 위로하며, 그들이 고토로 돌아가는 일을 돕고, 믿는 유대인들과 믿는 이방인이 하나의 새로운 백성의 공동체로서, 교회의 완성을 이루는 일에 헌신할 수 있기를 기대하며 이 책을 번역하게 되었다.

이 책을 번역하는데 진정 천사같이 수고한 사람들이 있다. 자발적으로 참여하여 큰 짐을 함께 나누어 진 박해나 자매, 이 다희 자매, 그리고 랍비 기돈과 줌 미팅할 때 통역으로 수고한 서요한 형제, 이지영 자매, 중보기도로 함께한 킹덤월드미션 화요 중보기도회의 회원들과 특별히 병상에서도 기도와 관심을 아끼지 않은 안수영집사 님, 처음부터 끝까지 관여하여 애쓴 나의 아내와 자녀들에게 특별히 감사를 드린다.

책 읽기를 위해 한가지 밝혀 둔다. 원문은 저자의 강조를 위해 영어 성경 여러 역본이 사용되었다. 이 책에서는 강조하고자 하는 부분을 굵은 글씨체를 사용하여 그 효과를 대신할 수 있다고 판단하여 그렇게 하였음을 밝힌다.

이책을 출간하기까지, 하나님이 머리 털까지 세시는 분이라고 말씀하신 것처럼 새심히 개입하시는 것을 느꼈다. 그래서 "모든 것을 하나님이 하셨다."고 고백하게 된다. 그리고 "하나님이 너무도 원하시는 일"이라는 생각이 너무 강렬하게 든다.

Soli Deo Gloria

2022 .6 27
손영식

타임라인에서 『리스트』로

레이 몽고메리

그러면 너희가 진리를 알지니 진리가 너희를 자유케 하리라 [요한복음 8:32]

 2008년에 저는 우리 교회 역사의 '큰 그림'을 이해하기 위해 그리스도교 연대표를 편찬하기 시작했습니다. 2010년에는 타임라인의 빈 공간을 구체화하기 위해 유대인 역사도 조사하기 시작했습니다. 나는 이 지적인 추구가 어디로 이어질지 거의 알지 못했습니다.

유대인 역사

 유대인들은 수천 년 동안 성경을 충실히 기록해 왔으며, 이것은 그들이 그들의 역사도 충실히 기록할 것이라는 의미이기도 합니다. 내가 더 조사하면 할수록 추악한 진실이 눈에 띄었는데, 이러한 잔학 행위의 대부분은 그리스도인 국가나, '그리스도의 이름으로' 행동하는 그리스도인들에 의해 자행되었다는 것입니다.
 종교 재판, 십자군 전쟁, 유대인 추방, 홀로코스트를 망라하는 피로 물든 역사의 개략적 역사는 알고 있었지만, 왜 나는 다른 잔학 행위에 대해서는 왜 몰랐을까요?
 해마다, 세기를 거듭하면서, 이러한 웹사이트를 샅샅이 뒤지면서 죄책감과 혐오감이 복합적인 영향을 미쳤습니다. 내가 자료 찾기를 끝마쳤을 때, 나는 끝나지 않았다. 며칠 동안 나는 아무 말도 할 수 없었습니다. 속이 메스꺼웠어요. 나는 처음에는 깊은 우울증이라고 생각했지만 나중에는 깊은 슬픔이라는 것을 깨달았습니다. 내가 직접 이런 행동을 하지 않았음에도 불구하고 왜 죄책감이 들었을까요? 왜 이것을 발견하기 위해 유대 역사에 대한 3개월간의 고통스러운 조사가 필요했을까요?
 내가 생각할 수 있었던 것은 출애굽기 34장 7절의 후반부 뿐이었습니다.

[사진] 직접 작성한 그리스도교 연대표 옆에 서있는 레이 몽고메리(Ray Montgomery)

…그러나 벌을 면제하지는 아니하고 아버지의 악행을 자손 삼사 대까지 보응하리라. [출애굽기 34:7]

회개의 여정

나는 마침내 교회 선조들이 유대인들에게 저지른 죄악의 무게와 복합적 죄책감이 내 안에서 내재화되고 있음을 깨달았습니다. 내가 할 수 있는 일은 단지 주님께 회개하며 용서를 구하는 것뿐이었습니다. 이천년 역사의 무거운 죄책감에서 벗어나기 까지는 몇 주가 걸렸고, 저를 힘들게 했습니다.

하지만 이러한 회개 여정을 통해 유대인들에 대한 긍휼한 마음이 생겼습니다. 이후 유대인을 만날 때마다 이번 여정을 통해 배운 점들을 이야기하고, 교회 선조들이 저지른 죄악에 대해 용서를 구했습니다. 그럴 때마다 저를 사랑으로 대하며 너그러이 용서해 주는 유대인들의 태도에 놀랐습니다. 충분히 복수할 만큼 화낼 권리가 있음에도 항상 은혜와 사랑으로 용서해 주는 그들을 볼 때마다 저는 겸손해지게 됩니다.

이러한 여정은 또한 유대인들을 위해 적극적으로 목소리를 내도록 이끌었습니다. 제가 배운 지식들은 잘못된 정보를 가지고 있는 반유대주의자들의 태도와 믿음을 반박하여 그들의 행동을 바꾸는데 사용되었습니다. 그러던 2018년 3월, 저는 밥 오델(Bob O'Dell)이 이와 관련된 어떤 일을 해낼 것이라는 기대를 가지고 연락하게 되었습니다.

밥 오델과의 연락

2015년 밥은 블러드 문(Blood Moons)과 관련된 비디오 시리즈를 게시했습니다. 그는 4부 내용인 '계곡과 그림자'에서 그가 그리스도인들의 유대인 박해에 대한 연구를 어떻게 시작하게 되었는지 밝혔습니다. 저는 밥의 연구 계기를 들으며 저와 비슷한 점이 많다고 느꼈습니다. 이후 3월에 다시 한번 영상을 보면서 밥에게 연락을 해야겠다는 마음이 들었습니다. 저는 항상 그리스도인들의 유대인 박해 관련 지식이 더 널리 알려지기를 원했습니다. '루트 소스(Root Source)'의 전 세계 네트워크와 밥의 저널리즘 기술이라면 밥이 이와 관련된 어떤 일을 하고 싶어 할 것 같다고 생각했습니다. 그래서 밥에게 아래와 같이 제안했습니다.

"밥, 다가올 아브월 9일을 대비하여 이 날짜의 의미와 중요성에 대해 일련의 가르침을 전달하고, 우리 유대인들에 대한 그리스도교 박해 사건과 전 세계적인 공동 회개의 필요성으로 연결되게 하는 일에 함께 해주실수 있습니까?"

밥은 다음과 같이 답변했습니다.

"한 남자(저자)가 하나님께서 자신의 마음에 부어주신 일을 다른 남자(밥 오델)에게 해달라고 부탁하네요. 그리고 첫 번째 남자(저자)는 두 번째 남자(밥 오델)에게 그가 이 일을 기꺼이 할 수 있는지 또 참여할지 여부를 지켜보는 일을 다시 받게 됐어요. 재밌지 않나요? 제 대답은 제가 할 수 있는 일인 것 같습니다!"

결과적으로 정말 이 일은 밥에게 잘 맞는 일이었습니다. 이 때 함께 회개하기로 결심한 그리스도인들 2000명의 선언문은 2018년 아브월 9일에 그리스도교 대표에 의해 이스라엘 국회 의장인 율리 에델스타인(Yuli Edelstein)에게 전달되었습니다. 그리고 그 상서로운 시작은 2019년 아브월 9일과 관련된 예루살렘 집회 계획과 현재의 기도책 출판으로 이어지게 되었습니다.

이 회개 여정의 마지막 단계는 이스라엘을 축복하고 배상하는 것입니다. 저는 이 회개 프로젝트의 일원으로 밥과 협력하고, 연구 결과를 『리스트』에 발표하고 전하며, 이 책의 일부를 쓰게 된 것들이 저에게 주어진 특권이라고 생각합니다. 주님께서 이 책을 우리 교회 선조들의 죄악에 대하여 전 세계적인 회개를 불러 일으키시는데 사용하시길 기도합니다. 그리고 이 두 책의 수익금이 유대 민족에게 작게나마 배상의 표시가 되기를 바랍니다.

이 회개 기도문을 따라 함께 기도하겠습니다.

하늘 아버지,

당신의 아들을 이 세상에 보내어 그를 통해 우리가 구원을 받고 당신을 따를 수 있게 해 주셔서 감사합니다. 우리 각각에게 특별한 계획으로 우리를 인도하는 것처럼 우리의 삶을 인도해 주셔서 감사합니다.

아버지, 우리의 길이 예상치 못한 방향으로 갈 때도, 주님께서는 여전히 주님의 이름을 위해 우리를 정의의 길로 인도해 주십니다. 우리는 다 함께 '예상치 못한 방향'의 길 위에 놓여 있습니다. 우리 가운데 누가 그리스도의 이름으로 행해진 죄에 대해 온전히 알고 있었다고 말할 수 있겠습니까?

우리가 가고 있는 길, 회개의 길로 우리를 인도하여 주십시오. 우리가 어떻게 교회 선조들의 죄를 회개하고, 전 세계 교회를 빠르게 돕기 위한 노력의 일부가 될 수 있는 방법을 앞날에 보여주십시오. 이 회개의 여정에 함께하는 모든 사람들을 이끌고, 인도하고 위로하시고 우리 안에 충만한 반응을 일으키시며 우리도 주님의 달콤한 품으로 인도해 주소서.

주님이 목격해야 했던 고통의 동반자 관계를 맺을 수 있도록 저희를 도와주십시오. 유대 민족을 축복하시고 사랑으로 그들과 함께 서고 실재적인 방법으로 그들에게 사랑을 나타내는 사람들이 되게 하소서. 그리고 우리가 우리의 역사를 받아들이고 이 여정을 받아들이면서 우리를 참으로 자유롭게 할 진리를 아는 현실을 경험하게 하소서.

예수님의 귀한 이름으로, 아멘.

---

1. https://root-source.com/blog/valleys-and-shadows-the-blood-moons-course-partfour/

Day 1

가데스 바네아의
열 정탐꾼의 악한 보고

로라 덴스모어

목표일
☐ 22.10.5 대 속죄일
☐ 23. 4. 9 부활절
☐   .   .

수세기 동안 유대인들에게 많은 사악한 일들이 일어났습니다. 아무 날이 아니라 아브월 9일에 일어났습니다. 어떻게 이런 일이 시작되었을까요? 그리고 더 중요한 것은, 이 슬픔과 애통의 날이 어떻게 스가랴서에 기록된 것처럼 기쁨과 즐거움의 날이 될 수 있습니까?

> 만군의 주가 이같이 말하노라. 넷째 달의 금식과 다섯째 달의 금식과 일곱째 달의 금식과 열째 달의 금식은 유다 족속에게 기쁨과 즐거움과 즐거운 명절이 되리니 그러므로 진리와 평화를 사랑하라 [스가랴 8:19]

반유대주의 사건 『리스트』의 첫 번째 사건은 가데스 바네아에서 일어난 사건입니다. 랍비들은 10명의 정탐꾼이 전한 악한 보고가 불특정한 날에 일어난 것이 아니라 아브월(유대력의 첫 달로서 태양력의 3-4월경, 히브리 민간력으로 7월 종교력으로 1월; 포로 이후에 니산으로 불림: 역자 주) 9일에 일어났다고 가르칩니다.

> 갈렙이 모세 앞에서 백성을 잠잠하게 하고 이르되 우리가 곧 올라가서 그 땅을 차지하자. 우리가 그것을 잘 극복할 수 있기 때문입니다. 그러나 그와 함께 올라갔던 사람들은 말하였다. 그들은 우리보다 강하기 때문입니다. 그들이 정탐한 땅에 대하여 이스라엘 자손에게 악평하여 가로되 우리가 두루 다니며 정탐한 땅은 그 거민을 삼키는 땅이라 거기에서 본 모든 사람들은 키가 큰 사람들입니다. 거기서 우리가 거인에게서 난 아낙 자손의 거인들을 보았고 우리 스스로 보기에도 메뚜기 같으니 그들 보기에도 그러하니라 [민수기 13:30-33]

열 정탐꾼의 죄는 그들이 사람들에게 했던 부정적인 말 '악한 보고'였습니다.

그렇다면 백성들의 죄는 무엇이었습니까? 백성들의 죄는 그들에게 하신 하나님의 약속과 말씀을 믿고 신뢰하는 대신 열 정탐꾼들의 악한 보고를 믿기로 택한 것입니다. 이들 모두 하나님 말씀을 불신하는 죄의 길로 향하게 된것입니다.

그들의 불신은 심각한 결과를 가져왔습니다. 그 결과로 이 세대는 약속의 땅으로 건너가지 못하고 광야에서 방황하다가 죽게 되었습니다.

> 너희의 자녀들은 너희 반역한 죄를 지고 너희의 시체가 광야에서 소멸되기까지 사십 년을 광야에서 방황하는 자가 되리라 너희는 그 땅을 정탐한 날 수인 사십 일의 하루를 일 년으로 쳐서 그 사십 년간 너희의 죄악을 담당할지니 너희는 그제서야 **내가 싫어하면 어떻게 되는지를 알리라 하셨다** 하라 [민수기 14:33-34]

그들 자신의 죄로 인해 하나님께서 그들에게 하신 약속이 '위반'되었습니다. 하늘 법정에서 형량 판결이 내려졌으니, 그들이 땅을 정탐하는 데 보낸 40일 만큼, 이제 광야에서 40년을 방황하게 되었습니다.

'악한 보고'에 대한 단어는 '디바(dibbah)'로 명예 훼손, 꼬드김 또는 악의적인 소문을 의미합니다. 이 악한 보고서에서 열 명의 정탐꾼들이 비방하는 사람은 누구였습니까? 그들은 하나님의 본성과 인격을 모독하고 있었습니다. 그분의 약속에 대한 그들의 불신은 이스라엘의 하나님께 대한 배신이었습니다!

이 악한 소문은 사람들의 생각과 마음에 두려움과 의심과 불신을 불러일으켰습니다. 사악한 소문이 들불처럼 진영 전체에 퍼졌습니다. 백성들은 이 악한 소문을 듣고, 이 말에 동의함으로써 하나님을 불신하는 죄를 짓게 되었습니다. 그들은 주님의 말씀과 약속을 신뢰하지 않았습니다. **하나님께서는 이들에게 무엇을 약속하셨습니까?**

> 보라 내 언약이 너와 함께 있으니 너는 여러 민족의 아버지가 될지라 이제 후로는 네 이름을 아브람이라 하지 아니하고 아브라함이라 하리니 이는 내가 너를 여러 민족의 아버지가 되게 함이니라 내가 너로 심히 번성하게 하리니 내가 네게서 민족들이 나게 하며 왕들이 네게로부터 나오리라 내가 내 언약을 나와 너 및 네 대대 후손 사이에 세워서 영원한 언약을 삼고 너와 네 후손의 하나님이 되리라 내가 너와 네 후손에게 네가 거류하는 이 땅 곧 가나안 온 땅을 주어 영원한 기업이 되게 하고 나는 그들의 하나님이 되리라 [창세기 17:4-8]

[그림] 아브라함의 자손이 별보다 더 많아질 것이다.

백성들은 밤새도록 울었습니다. 그러나 다음 날이 되자 하나님과 함께 약속의 땅으로 들어가기보다는 짐을 싸서 다시 이집트로 돌아갈 채비를 하였습니다.

지난 이천년 동안의 유대민족의 끔찍한 역사는 가데스 바네아에서의 죄악으로부터 시작되었습니다. 오늘날 사람들이 가데스 바네아에 있는 이스라엘 자손의 믿음 없음을 손가락질하는 것은 쉬운 일일 것입니다.

그러나 초기 교회 역사를 보면 동일한 죄악의 형태를 찾아 볼수 있습니다. 『리스트』책을 읽다 보면 최고의 교부들조차 시내산에서 모세에게 주신 하나님의 말씀을 불신하는 죄를 범했다는 것을 알게 될 것입니다. 그들은 하나님의 영원한 언약의 약속이 현재는 적용되지 않는다고 생각하였습니다. 그들은 언약의 약속을 여전히 적용되는 것으로 받아들이지 않았습니다!

저는 유대인에게 그리스도의 이름으로 이루어진 잔혹한 행동들을 초래한 근본 죄악 중 하나가 하나님의 말씀을 믿지 않는 불신이라는 죄임을 단언합니다. 이러한 하나님의 말씀에 대한 불신, 특히 히브리어 성경(또는 구약성경)에 대한 불신앙이 대체 신학을 일으켰습니다. 그리고 이러한 대체 신학은 수세기에 걸쳐 유대인 박해의 강력한 원동력이 되었습니다.

'40일 회개의 여정'을 함께 시작하면서 제가 한 줄기 희망의 빛을 전하고자 합니다. 우리 그리스도인들이 40일간의 회개 여정을 시작한다면 하나님 아버지께서 이스라엘 자손들이 가데스 바네아 사건을 통해 겪게 된 방황의 40년 광야 생활을 삭감해 주시지 않을까요?

우리가 이스라엘 하나님과 이스라엘을 향한 하나님의 언약의 말씀이 성취될 것이라고 믿는다면 교회의 불신으로 인한 죄악이 어떻게든 구제될 수 있지 않을까요?

원래 하나님의 약속이 위반되었던 것은 이스라엘 백성들이 불신 때문이었습니다. 그렇지만 우리가 40일간의 회개 여정을 충실하게 순종하며 걸어 나간다면 하나님께서 이 위반된 약속을 고치시고 갱신된 약속을 주실 수 있을 것입니다. 이 회개 여정을 함께 시작합시다. 그리고 이스라엘의 하나님이 행하실 일을 바라봅시다.

이 회개 기도문을 따라 함께 기도하겠습니다.

하나님 아버지,

우리는 가데스 바네아에서 이스라엘 백성을 대신하여 그 틈에 서서 회개합니다. 우리는 그들이 행한 불신앙의 죄를 회개합니다. 그들은 주님을 믿지 않았습니다! 그들은 주님께서 그들에게 하신 주님의 말씀과 주님의 언약을 믿지 않았습니다.

게다가 시간의 흐름을 따라 우리는 우리 교회의 선조들이 시내산에서 모세에게 주신 하나님의 말씀을 믿지 않았다는 것을 고백합니다. 우리는 우리 교회의 선조들의 삶에 있었던 하나님의 말씀에 대한 불신앙의 죄를 회개합니다. 우리는 또한 우리 자신의 삶에 대한 불신앙의 죄와 오늘날 교회에 대한 불신앙의 죄를 회개합니다!

아버지, 저희가 주님과 주님의 말씀에 대해 흔들리지 않고 넘어지지 않는 견고한 믿음을 갖도록 도와 주시기를 원합니다. 우리의 눈이 보는 것보다, 우리의 상황이 우리에게 말하는 것보다 더 많이 주님의 말씀을 믿고 신뢰하게 하십시오.

아바 아버지, 앞으로 40일 동안의 이 회개의 여정을 시작하면서, 이 회개 하루를 40년의 심판 기간 중의 하루로 되돌려서, 40일의 여정 끝에 있는 그 40년의 심판이 주님 백성에게서 찾은 성실과 순종의 40일이 되게 해 주실 것을 간구합니다.

앞으로의 40일 회개를 통해, 광야 40년을 구속하시고 축복과 돌파구를 허락해 주시옵소서.

아바 아버지, 우리는 이스라엘의 하나님이신 주님을 계속 주시하는 백성이 되기로 결심했습니다. 주님은 선하시며 자비와 긍휼과 인자하심으로 충만하십니다. 주님은 거짓말하지 않으십니다. 실로 주님의 말씀은 확실하고 참되며 영원히 서 있습니다. 우리의 눈은 주님만을 향하고 있습니다. 우리는 주님을 사랑하고 주님과 주님의 말씀, 즉 창세기부터 요한계시록까지 모든 것을 신뢰하기로 결심합니다!

예수님의 이름으로, 아멘 아멘!

Day 2 / 실패

목표일
☐ 22.10.5 대 속죄일
☐ 23. 4. 9 부활절
☐ . .

밥 오델

나는 아직도 2013년 4월에 느꼈던 감정을 생생히 기억합니다. 그때의 기분은 마치 경주마가 막 출발 게이트를 나와 목표를 향해 달리고 있는데 버려진 기분이었습니다. 이 때 나는 50대 초반이었고, 전자공학 경력을 이제 막 내려놓고 처음으로 다음 9개월을 따로 떼어 하나님이 나를 위해 예비하신 다음 큰 과업이 무엇인지 알아보고자 했습니다. 나 자신만을 위해 사는 것이 성공적인 장기 계획이 아니라는 것을 알고 있었고, 바쁜 일과와 여행 일정에서 긴장을 풀고 무엇이든 자유롭게 탐구하기를 기대하고 있었습니다.

제 관심사 중 하나는 종말에 대한 예언(End Times)이었습니다. 그 당시 가장 흥미로운 주제는 블러드 문(Blood Moons), 셰미타(Shemitah) 7년 주기 등 이스라엘과 관련된 예언이었습니다. 저는 지난 25년 동안 첨단 기술 분야에서 이스라엘 사람들과 함께 일했었고 이스라엘을 자주 방문했었습니다. 하지만 이스라엘 관련 종말 예언을 연구하기 위해 그리스도교적인 관점에서 이스라엘을 바라볼 필요성이 생겼습니다. 이 주제들을 공부하기 위해서는 저에게 역사 공부가 필요하다고 느꼈습니다. 저는 전반적인 세계사와 성경이 기록된 이후의 이스라엘과 그리스도교 역사에 대해 잘 알지 못했기 때문입니다.

이스라엘과 그리스도교 역사를 공부하는 과정에서 유대력의 5번째 달인 아브월 9일에 유대인들의 비극적 사건들이 계속해서 일어났다는 일종의 패턴을 발견하게 되었습니다. 아래는 『리스트』에서 언급된 몇 가지 비극적 사건들입니다.

- 기원 전 586년 느부갓네살에 의한 첫 번째 성전 파괴.
- 서기 70년 로마에 의한 두 번째 성전 파괴.
- 135년의 유대인 반란 진압.
- 1096년 1차 십자군 원정의 시작일.

[그림] AD 70년 그림, '두 번째 성전의 파괴(Destruction of the Second Temple)'

- 1290년 영국의 유대인 추방일.
- 1492년 스페인의 유대인 추방일.
- 1941년 독일 나치의 수장 '하인리히 루이트폴트 힘러(Heinrich Luitpold Himmler)'의 유대인 말살 계획인 '최종 해결책(The Final Solution)' 승인일.

저는 지난 이천 년의 전반적인 역사에 대해 읽은 후, 유대인과 그리스도교 역사를 중점으로 다시 읽어보았습니다. 이때 가톨릭, 개신교, 메시아닉 유대인, 정교회, 일반적인 관점 등 다양한 관점의 역사 책을 읽어보았고, 읽은 책은 무려 50여 권이었습니다. 저는 역사 책들을 읽으며 그리스도인과 유대인의 관계가 제 생각보다 더 복잡하다는 것을 깨달았습니다.

저는 그리스도인과 유대인을 향한 박해 사건들을 엑셀 데이터 표에 목록화했습니다. 새로운 박해 사건을 발견할 때마다 간단한 설명과 함께 목록에 추가하였습니다. 그리고 저는 유대인들을 상대로 행해진 박해 사건들이 그리스도인들을 상대로 행해진 박해 사건보다 압도적으로 많다는 것을 발견하게 되었습니다. 저는 50여권의 역사 책들에 동일한 유대인 박해 사건이 기록되어 있을 것이라고 예상했지만, 책마다 새로운 박해 사건이 기록되어 있었습니다.

2013년 아브월 9일, 저는 아브월 9일에 대한 깊은 역사와 함께 왜 유대인들이 이 날을 금식하며 기도하는 날로 정했는지 이해하게 되었습니다. 그리고 저는 제가 역사 공부를 하루 동안 중단하고, 유대인 박해 사건을 묵상한다면 어떨까 하는 한 가지 생각이 떠올랐습니다.

저는 제 엑셀파일을 열었고, 하나씩 기록한 박해 사건들이 어느새 많은 페이지에 걸쳐 약 500개의 사건들이 기록되어 있었습니다. 각각의 사건을 1분씩만 묵상하더라도 8시간이 걸릴 것입니다.

나는 그 일을 하기로 결심했습니다. 2013년 아브월 9일의 저의 임무는 유대인들과 같이 금식하며 각 행에 기록된 유대인 박해 사건들을 1분씩 묵상하는 것이었습니다.

- 유대인 특정 대학살(포그롬): 서기 414년.
- 유대인 특정 살인: 1096년.
- 유대인 가정에 대한 폭동: 1190년.
- 유대인들에게 특정한 옷을 강제적으로 입힌 사건: 1259년.
- 특정 마을과 지역에서 유대인을 추방한 사건: 1182년(프랑스에서 유대인을 추방한 사건)
- 유대인의 생활을 제한하는 특별법 시행: 306년.
- 유대인 고용 제한: 1310년.
- 교부의 반유대주의 글 작성: 386년.
- 유대인 굴욕 사건: 1195년.
- 유대인 책 소각: 681년.
- 폭도들에 의한 유대인 공격 사건: 1147년.
- 자연 재해의 원인으로 유대인 비난: 1020년.
- 전염병 원인으로 유대인 비난: 1348년.
- 무작위 살인 사건의 원인으로 유대인 비난: 1287년.
- 유대인 회당 불태우기: 1221년.
- 그 유대인의 음식 무교병 '마짜(matzah)'에 사람의 피를 부은 사건: 1270년.

각 사건에 대해 1분 동안 그 당시 그 자리에서 이런 일들이 일어나는 것을 지켜보는 것은 어땠을 지 상상했습니다.

2013년 7월 16일 화요일, 아침 8시부터 저는 제 서재 의자에 앉아 이 묵상을 시작하였습니다. 처음에는 그렇게 어렵지 않았었는데 시간이 지나감에 따라 이 많은 사건들을 계속해서 묵상하게 되었습니다. 저는 어떻게 이런 박해들을 유대인들이 견뎌냈을까도 생각했지만 특정 사건을 제외하고 거의 모든 박해 사건을 제가 모르고 있었다는 것에 놀랐습니다. 여태 그리스도인으로 살아오면서 또 25년 넘게 함께 일했던 이스라엘 유대인들에게도 이런 박해 사건들을 들어본 적이 없었는지 생각했습니다.

"나는 왜 이 사건들에 대해 전혀 몰랐을까?" 저는 그날 몇 번이고 스스로에게 되물었습니다.

수백 가지 사건들을 순서대로 읽으며, 약 2세기 이후부터는 유대인 박해 행위가 점점 악화되는 것을 느꼈습니다. 이번 금식은 제가 지금까지 참여한 금식 중 가장 특이한 금식이었습니다. 어느새 오후가 되었고, 1200년대 초 사건들을 읽으며 저는 더 이상 앉아서 글을 읽을 수 없게 되었습니다. 몸이 아파졌고 저는 이 묵상과 금식을 그만두게 되었습니다. 저는 저의 선조들인 유럽의 그리스도인들이 유대인들에게 저지른 잔혹 행위들을 읽을 때 무너지고 말았습니다.

그때 저는 깨달았습니다. 유대인들은 우리 그리스도인들에게 당한 고통에 대해 악을 악으로 갚지 않았다는 것이었습니다. 온 몸의 힘이 풀렸습니다. 나는 역사적 진실에 의해 압도되었고, 9개월 동안 저를 향한 하나님의 계획을 찾아내는 프로젝트의 절반도 끝내지 못했습니다.

그 후 몇 주 동안 제가 배운 것을 어떻게 하나님을 위해 사용할 수 있을지 고민했고 저는 그 답을 찾았습니다. 우리는 모두 하나님 앞에 특별하게 지어진 개인이기에 제 답변이 여러분의 답변이 같을 필요는 없습니다. 하나님께서 제가 앞으로 행할 길을 찾도록 도와주셔서 기쁠 따름입니다.

하나님이 저에게 주신 다음 미션은 이스라엘로 돌아가는 것입니다. 이번에는 이스라엘 전자 공학자들이 아닌 이스라엘의 정통파 유대인들을 만나러 가는 것입니다. 제 사업 경험이 그들에게 도움이 될 수 있을지 방법을 찾아볼것 입니다.

우연들의 연속으로 인해 2014년 1월, 예루살렘 성벽에서 정통파 유대인 기돈 아리엘(Gidon Arie)을 만나게 되었습니다. 그는 진짜 유대인의 관점에서 그리스도인들에게 성경을 가르쳐야 한다는 그의 비전을 공유해 주었습니다. 이러한 그의 비전은 '루트 소스(Root Source)'가 되었고 『리스트』와 여러분이 지금 가지고 있는 책의 출판인이 되었습니다.

그러나 이것은 기돈이 출판한 첫 번째 책이 아닙니다. 그 영예는 여러분들이 방금 읽은 이야기의 더 긴 비전이 공유되어 있는 책으로 기돈과 제가 공동 저술한 『이스라엘 먼저!』라는 다른 책입니다.

그러다가 2018년에 레이 몽고메리라는 남자가 내 이야기를 읽고 나에게 연락하여, 3년 전에 나와 매우 비슷한 경험을 했다고 말했습니다. 그렇게 우리는 논의를 통하여 2018년 아브월 9일에 서로의 연구 결과를 종합한 『더 리스트(The LIST)』 책을 발행하게 되었습니다.

여러분의 인생 이야기는 제 인생 이야기만큼 하나님 앞에 소중합니다. 여러분과 제가 함께 하나님 앞에서 온전한 삶을 살아낸다면 하나님께서 우리의 이야기를 엮어 그리스도교와 유대교 세계를 갈라놓는 큰 틈을 메우도록 사용하실 것이라고 믿습니다. 하나님께서 정하신 때에 여러분이 이스라엘을 방문하도록 허락하시겠지만, 그 전에 여러분이 이러한 균열을 고치기 위해 이스라엘을 방문할 필요는 없습니다. 여러분은 단지 여러분만의 소명을 달성하면 됩니다. 그리스도인들과 유대인들 사이의 큰 균열을 여러분과 제가 바로잡아야 할 것입니다. 저는 여러분과 저를 위한 가장 좋은 단계는 앞으로 40일 동안의 회개 여정에 몰입하는 것이라고 생각합니다. 이 여정은 여러분들에게 많은 바를 시사해 줄 것입니다.

이 회개 기도문을 따라 함께 기도하겠습니다.

하늘에 계신 아버지여, 우리가 이 40일 회개의 길을 걸을 때, 우리 각자 안에서 아버지께서 기뻐하시는 일을 하게 해 주십시오.

주님이 우리를 역사 문제에 진지하게 임할 수 있도록 준비의 장으로 이끌어 주시고, 우리가 전에는 생각하지 못한 기도를 하도록 이끌어 주십시오. 우리의 마음을 인도하십시오. 우리의 발걸음을 안내 하소서. 우리를 영원한 길로 인도해 주시고, 당신의 평화가 충만하도록 인도해 주십시오.

우리가 지금 당장 예루살렘의 평화를 위해 기도하며, 예루살렘과 이스라엘과 세계를 위한 당신의 계획에서 우리가 평화의 대리인이 되기를 간구합니다.

예수님의 이름으로 기도합니다. 아멘.

Day 3

예수님의 고난에 동참하는 것

목표일
☐ 22.10.5 대 속죄일
☐ 23. 4. 9 부활절
☐ . .

레이 몽고메리

> 내가 그와 그의 부활의 능력과 그의 고난에 참예함을 알고 그의 죽으심을 본받아 알게 하려 함이라 [빌립보서 3:10]

> 그러나 예수께서 그들에게 이르시되 너희는 너희가 구하는 것을 알지 못하느니라! 내가 마시려는 괴로움의 쓴 잔을 너희가 마실 수 있느냐? 내가 받아야 할 고난의 세례를 너희가 받을 수 있느냐 [마가복음 10:38]

2010년, 유대인의 역사를 연구하기 시작했을 때 저는 그것이 어디로 이어질지 몰랐습니다. 그 당시 3개월간의 집중적인 연구는 저를 압도했고 깊은 우울증에 빠진 것 같은 느낌을 받았습니다. 나중에 깨달은 것은 이것은 우울증이 아닌 깊은 슬픔이었다는 것입니다. 이 슬픔은 개인적인 회개 여정으로 이어졌고, 이는 유대인 형제들과의 마음의 화해로 이어졌습니다. 그 결과, 같은 여정을 겪은 밥 오델에게 2018년 3월 연락하게 되었습니다. 결국 우리는 협력하여 『리스트』 책을 출판하게 되었고, 우리의 책을 읽고 깊은 감명을 받은 로라 덴스모어(Laura Densmore)가 저희에게 연락을 취했습니다. 이러한 일련의 사건들은 지금의 『40일의 회개(40 days of Repentance)』 출판으로 이어졌습니다.

한편 『리스트』 2.0 버전을 준비하기 위한 추가 연구는 개인적인 멘탈붕괴(meltdown)에 빠지게 했습니다. 이 단어는 우리 그리스도인이 과거에 저질렀던 잔혹행위를 발견하게 됐을 때의 심리적 상태를 가장 적절하게 묘사하는 단어라고 생각합니다. 그리고 매번 저는 스스로에게 '이보다 더 나빠질 수 있을까?' 질문합니다. 때때로 우리 교회의 선조들이 쓴 독설들이 저를 낙심시켰습니다. 제가 '심고 거두는 일'이라

---

1. 원자로 노심의 용융(유독 방사능 유출로 이어지는 심각한 사고) 역자주

는 제목으로 회개서를 쓰던 날 저는 너무 낙심되어 어떻게 해야 할지 몰랐습니다. 회개를 계속 이어나갈 수 없었습니다. 그래서 한 친구에게 연락해 제가 하고 있는 이 일을 보호하는 기도를 부탁했습니다. 친구는 제가 공격을 받고 있는 것이 아니라 그리스도께서 자신의 고난에 참여하도록 이 경험을 허락하신 것 같다고 말해주었습니다.

생각하면 생각할수록 저는 친구의 말이 맞다고 깨달아 졌습니다. 개인의 회개 여정은 이제 예수님의 고난의 참여하는 은혜로까지 이어졌습니다. 이것이 깨달아지자 저는 주저 앉았고, 주체할 수 없는 눈물이 흘러나왔습니다.

그러나 몇 주 후, '야노프스카 길(Janowska Road)' 본문을 읽으며 유대인들은 단지 '자신들의 하나님'께 위대한 예배를 드리게끔 하는 과정에 지나지 않는다는 생각을 가진 반유대인 가해자들을 보며 다시 한번 제 영혼이 낙심되는 것을 느꼈습니다.

내 마음은 다시 어두운 곳으로 내려갔습니다. 교회의 위대한 선생이자 그리스의 위대한 교부로 알려진 '성 요한 크리소스톰(St. John Chrysostom)'의 '유대인에 대항하여(Against the Jews)' 글을 읽고 회개문을 추가할 때마다 제 마음은 이처럼 낙심하게 됩니다. 그가 기록한 여덟 개의 강론책에서(「리스트」 386-387쪽 참조) 그는 유대인과 유대교를 비난하고, 유대인을 결코 용서받을 수 없는 악령에 사로잡힌 민족으로 몰아가며, 유대인을 증오하는 것은 그리스도인들의 책임이라고 주장하였습니다. 그리고 그는 그의 모든 주장을 정당화하기 위해 성경 말씀을 사용하였습니다.

이 깊은 슬픔에 빠질 때마다 저는 무슨 일이 일어나고 있는지 이해하기 위해 글을 썼습니다. 저는 마침내 다음과 같은 글을 적었습니다.

"어두운 흑암의 장소입니다. 그리고 황량한 곳입니다. 당신의 얼굴은 당신의 감정을 배신하고 감정을 드러냅니다. 뭔가 기분 나쁜 것이 뱃속에 자리잡아 꿈쩍도 하지 않는 것 같습니다. 이때 말은 부적절할 뿐만 아니라 불필요하고, 헛되고, 방해가 됩니다. 당신이 할 수 있는 유일한 일은 그것을 참고, 그것이 해야 할 일을 하도록 내버려 두는 것입니다.

무거운 영혼이 당신을 감싸고, 슬픔의 영혼이 당신을 감싸는 것처럼 느껴집니다. 당신의 영혼은 이 무거운 짐의 무게에 완전히 짓눌리는 것처럼 느껴집니다. 상처받은 영혼의 아픔을 누가 견딜 수 있겠습니까? 솔로몬은 울었습니다.

우리 그리스도교 역사에서 반유대주의 사건을 처음 접하게 되면, 하수구에서 뒹구는 것과 같이 오래 지속되는 더러운 혐오감을 가져다 줍니다.

예수님과 구름 떼와 같은 허다한 보이지 않는 증인들에 의해서 목격된 이 혐오감은 예수님 혼자 견뎌내신 수천 년 동안의 슬픔의 무게입니다. 예수님과 나누어져야 할 슬픔입니다. 그리고 이것은 예수님과 함께 하기 위한 예수님의 초대입니다. 그분의 고난에 동참시키시기 위해 예수님은 여러분들을 고독하고 고요한 깊은 비밀의 장소로 초대하고 계십니다. 이 곳에서 여러분은 예수님과 함께 여러분의 영혼이 울고 있다는 것을 깨닫게 됩니다. 결국 이 영혼의 눈물은 여러분의 슬픔에 스며들게 됩니다. 설사 당신의 눈물이 마를 때에도, 당신의 영혼은 여전히 울고 있을 것입니다.

이 슬픔은 영원히 끝나지 않을 것처럼 끔찍하게 느껴질 것입니다. 이 슬픔 속에서 여러분은 용서받거나 회개를 이어나갈 수 없으며, 앞으로 나아갈 수 없게 됩니다. 여러분은 이 슬픔을 꾸짖거나 이 슬픔으로부터 벗어날 수 없습니다. 그저 이 슬픔을 견디며 받아들이고 이 감정이 계속되도록 내버려 두어야 합니다. 이 슬픔의 감정은 여러분의 하루가 진행되는 동안에도 계속해서 여러분의 마음과 생각 한 구석에 스며들 것입니다. 하지만 더 많은 시간이 흐르고 이런 경험이 더 많을수록, 여러분은 자신이 좀 더 예수님의 형상을 닮은 온유하고 부드러운, 온화한 사람으로 변화된 것을 발견할 수 있을 것입니다.

그 주님께서 이 슬픔을 당신과 함께 나누시길 원한다는 사실이 당신의 고통을 줄여줄 수는 없더라도 견딜 수 있는 힘이 될 것입니다. 예수님과의 깊고 친밀한 교제의 장소에서 당신은 당신의 영혼 깊숙한 곳에서 일어나는 이 멈출 수 없고 부인할 수도 없는 변화들을 잊을 수 없을 것입니다. 영원히 말입니다."

저는 이런 깊은 교제의 순간들이 예기치 않게 찾아온다는 것을 발견했습니다. 『리스트』에서 뭔가를 읽고 있는데 갑자기 이런 순간이 찾아올 때도 있었고, 운전을 하고 있는 도중에 예전에 읽은 것이 갑자기 떠오르며 걷잡을 수 없이 눈물이 나올 때도 있었습니다. 제가 할 수 있는 일은, 제가 경험한 일에 여러분들도 동참하도록 격려하는 것뿐입니다. 이 순간이 온다면 이 감정을 하나님께 가져가서, 이 감정이 흘러가는 대로 순응해 보시길 바랍니다.

만약 『리스트』의 어떤 회개 기도문이 여러분을 주목하게 한다면 그 사건의 내용으로 돌아가서 관련된 내용들을 더 조사해 보시길 바랍니다. 우리는 검색 하나로 원하는 지식을 접할 수 있는 축복의 시대에 살고 있습니다. 그러나 이러한 축복은 지식에 따른 책임이 따르기 때문에 양날의 검일 수 있습니다.

그러니 이 이야기 속에서 당신 자신을 잠시 내려 놓고 빠져보세요. 그런 다음 그 고요한 곳으로 물러나 주님의 안에서 자신을 내려 놓아 보십시오. 비록 그 사건이 아주 오래전에 일어난 일이라 할지라도 그 죄를 내 것으로 여기고, 오직 당신과 당신의 일인 것처럼 회개해 보십시오. 그리고 그 여정을 함께 하는 것을 두려워하지 마세요. 눈물은 필연적으로 흐를 것입니다. 주님과 함께 슬퍼하고 그분의 고난에 참여하는 법을 배워 보십시오.

예수님은 십자가에 달리시기 직전 인생의 가장 어두운 순간에 이렇게 말씀하셨습니다.

> 그러나 내 원대로 마시옵고 아버지의 원대로 되기를 원하나이다 하시니 [누가복음 22:42]

이 회개의 여정을 시작한 후에 더 나아가 예수님의 고난의 잔을 함께 마실 의향이 있으십니까? 예수님께서 목격하셨듯이 우리 교회 역사의 어두운 과거를 직시하고 그 고난의 잔을 함께 마시며 우리 교회 선조들의 죄악을 증언하시지 않으시겠습니까?

고난의 잔을 함께 마시기 시작하셨다면 이러한 고통이 동전의 한 면일 뿐이라는 것을 기억하시길 바랍니다. 예수님께서 그 십자가의 여정을 마치셨을 때 빛나는 영광으로 변하신 것처럼 우리 또한 이 회개의 여정 속에서 예수님의 고난의 잔을 함께 마실 때 결국 우리 또한 예수님의 영광 안에서 영원히 변화될 것입니다.

이 회개 기도문을 따라 함께 기도하겠습니다.

하나님 아버지,

주님의 고통 속에서 주님과 교제할 수 있도록 초대해 주셔서 감사드립니다. 비록 이것이 회개로 시작하는 고통스러운 여정이지만, 우리는 그것이 우리가 보고자 하는 개인적인 삶의 돌파구를 보기 위해 필요한 필수 여정임을 인정합니다. 이 마지막 날에 지상에서 주님의 계획이 더 크게 펼쳐지는 돌파구를 우리가 보기 위해서 필요합니다. 그리고 이는 영적으로 주님의 백성인 믿는 유대인들과 믿는 그리스도인들의 연합됨을 보기 위해서도 필요합니다.

우리는 주님이 우리를 용서하신 것처럼 주님의 백성인 유대인들이 우리가 저지른 반유대주의 행위에 대해서도 용서해 주기를 기도합니다.

우리는 이 회개의 여정을 계속 진행함에 따라 예수님의 고통에 함께 참여하도록 인도하실 것임을 믿습니다. 이러한 고난은 우리가 모든 마음과 정성과 힘을 다해 참여하기를 사모해야 할 당신의 고난의 잔임을 믿습니다. 우리는 이 과정을 통해 예수님과의 관계가 더욱 깊어질 것임을 믿습니다. 또한 우리가 좀 더 당신의 형상을 닮도록 변화될 것이며 이러한 변화는 영원할 것임을 믿습니다.

우리는 주님께서 우리 안에서 이 일을 하실 수 있도록 마음을 열고 주님께 감사 드립니다.

영광스러우시고 모든 이름보다 귀중하신 예수님의 이름으로 기도드립니다. 아멘.

Day 4 / 『리스트』를 통해 회개 여정을 시작하게 된 계기

목표일
☐ 22.10.5 대 속죄일
☐ 23. 4. 9 부활절
☐ . .

로라 덴스모어

나에게는 매주 전화로 만나는 매우 소중한 여성 그룹이 있습니다. 우리는 일주일에 네 번 이른 아침 전화집회로 모여 한 시간 동안 기도합니다. 어느 날은, 자녀와 손자를 위해 기도합니다. 다른 날은 이스라엘과 이스라엘에서 현재 일어나고 있는 사건들에 대해서 기도합니다. 지난 여름, 루트소스(Root-Source.com)에 게시된 『리스트』를 읽게 되었습니다.[1] 회개 여정 신청서[2]에 각자 서명을 하고 『리스트』의 PDF 사본을 다운로드 받았습니다. 우리는 미리 『리스트』를 읽은 뒤, 다가오는 아브월 9일 (2018년 7월 23일)에 요엘서 2장 15~17절의 정신으로 회개 집회 모임을 진행하기로 했습니다.

> 너희는 시온에서 나팔을 불어 거룩한 금식일을 정하고 성회를 소집하라 백성을 모아 그 모임을 거룩하게 하고 장로들을 모으며 어린이와 젖 먹는 자를 모으며 신랑을 그 방에서 나오게 하며 신부도 그 신방에서 나오게 하고 여호와를 섬기는 제사장들은 낭실과 제단 사이에서 울며 이르기를 여호와여 주의 백성을 불쌍히 여기소서 주의 기업을 욕되게 하여 나라들로 그들을 관할하지 못하게 하옵소서 어찌하여 이방인으로 그들의 하나님이 어디 있느냐 말하게 하겠나이까 할지어다
>
> [요엘 2:15-17]

저는 약속한 아브월 9일이 다가옴에 따라 『리스트』를 읽기 시작했습니다. 읽기에 많은 시간이 걸렸습니다. 묵직한 비통함이 엄습했고, 읽을수록 제 마음은 더 무거워졌습니다. 저는 이미 종교 재판, 십자군 전쟁, 포그롬(러시아 유대인 대학살 사건), 홀로코스트(독일 유대인 대학살 사건)에 대해 알고 있었지만, 몰랐던 비극적 사건들이 훨씬 더 많았습니다.

예로 살인 혐의로 명예가 훼손된 유대인들의 유월절 제사 사건은 처음 들어본 사건이었습니다. 이 사건은 프랑스의 발레아(Valréas) 지방에서 일어났습니다. 유대인들의 절기인 '유월절' 직전에 해당 지방에서 한 2세 어린이가 갑자기 살해 당했고, 단지 유월절 절기가 가까웠다는 이유로 마을 사람들은 유대인들을 살인자로 몰아갔습니다. 관련 『리스트』 본문 내용을 아래와 같이 첨부합니다.

"유대인 세 명이 투옥되어 고문을 받고, 혐의를 자백하게 했습니다. 더 많은 유대인들이 투옥되고 고문을 당했고, 유대인들 4분의 1은 꽁꽁 묶여 산채로 화형 되고, 남자들은 거세되고, 여자들은 가슴이 제거되었습니다."

이 사실이 내 마음 깊숙이 스며들었고 눈물이 고이기 시작했습니다. 내 영혼의 연못에 돌이 던져진 것 같았습니다. 이 사건의 잔상들이 계속해서 파도처럼 제 마음에 밀려왔고 저는 변화되었습니다. 내 안에 있는 줄도 몰랐던 눈물샘이 터졌습니다. 내가 기도하는 은밀한 곳에서 나는 아버지의 어깨에 머리를 기대고 그분과 함께 울었습니다.

어떻게 우리 교회 선조들이 유대인들에게 이런 짓을 할 수 있지? 내가 어떻게 이 일을 몰랐을까?

약속했던 아브월 9일, 우리는 쇼파르(나팔) 소리와 함께 전화로 회개 집회를 열었습니다. 우리는 쇼파르(나팔)을 불며 시작을 했습니다. 우리는 한 사람씩 돌아가며 각자의 마음에 와 닿았던 『리스트』의 내용을 나눴습니다. 그리고 함께 각 사건에 대한 회개 기도를 드렸습니다.

회개란 억지로 만들어 내는 것이 아닙니다. 마음에서 우러나오지 않는데 회개하는 말들을 외친다고 해서 회개가 아닙니다. 그것은 하나님의 선물입니다. 그분은 우리에게 회개의 영을 보내시는 분입니다. 만일 우리가 주님이 보내신 회개의 영을 받아들일 마음이 있고, 그 영을 붙잡으면 주님은 진정으로 우리 안에서 깊은 일을 하실 수 있습니다.

전화로 이루어진 회개 집회에서 저는 하나님으로부터 임하시는 회개의 영이 각 여성에게 매우 깊숙이 임하시는 것을 보았습니다. 울음이 우리에게 임했고, 눈물이 흘러 앞을 가렸습니다. 우리는 보았습니다. 우리 교회의 선조들이 소중한 유대 민족에게 행한 일을 보았고, 우리는 무너지고 좌절되었습니다.

전화를 받은 여성 중 한 명이 다음과 같이 기도했습니다.

"아버지, 이 일을 여기서 멈출 수는 없습니다. 교회의 더 많은 사람들이 『리스트』에 대해 알아야 합니다. 주님의 더 많은 백성들이 우리 교회의 선조들의 죄를 회개하도록 주님이 불러주십시오. 여기서 멈출 수는 없습니다. 더 많은 무리가 있습니다. 아버지, 제발 이것이 더 많은 성도에게 알려지게 해주세요."

우리는 아브월 9일에 주님께서 우리 마음에 행하신 일을 나누기 위해 전화로 다시 만나기로 했습니다. 나는 최근, 밥 오델에게 전화를 걸어 『리스트』의 저자인 레이 몽고메리와 함께 회개 집회에서 느꼈던 점을 나누는 우리의 전화 모임에 참여할 수 있는지 물었습니다.

2주 후, 전화 모임이 열렸고, 한 사람씩 돌아가며 『리스트』를 통해 자신의 마음 속에 어떤 일이 일어났는지, 그리고 아브월 9일에 함께 회개하는 시간이 자신에게 어떤 영향을 미쳤는지 이야기했습니다. 모든 이야기를 나눈 후, 밥과 레이는 우리와 함께 공감하며 마음을 나누어주었습니다.²

그로부터 얼마 지나지 않아 우리 팀은 『리스트』 책과 함께 진행할 수 있는 『40일의 회개』 가이드 북을 쓰자는 아이디어를 생각해 냈습니다. 그렇게 해서 하루 하루 회개하며, 특히 교회 선조들의 죄를 회개하는 저의 회개 여정이 시작되었습니다. 이 책의 모든 기고자들은 자원봉사 자격으로 참여하고 있습니다. 출판 비용을 제외한 모든 수익은 유대인에 대한 회개와 배상을 위해 '루트 소스'에 전달됩니다. 우리가 대신 교회의 믿음의 선조들의 죄를 회개하는 성경적 근거가 있습니다.

> 그들이 나를 거스른 잘못으로 자기의 죄악과 **그들의 선조의 죄악**을 자복하고 또 그들이 내게 대항하므로 나도 그들에게 대항하여 내가 그들을 그들의 원수들의 땅으로 끌어 갔음을 깨닫고 그 할례 받지 아니한 그들의 마음이 낮아져서 그들의 죄악의 형벌을 기쁘게 받으면 내가 야곱과 맺은 내 언약과 이삭과 맺은 내 언약을 기억하며 아브라함과 맺은 내 언약을 기억하고 그 땅을 기억하리라 [레위기 26:40-42]

위 말씀에서 '그들의 선조의 죄악'은 무엇입니까? 저는 예전에 이 구절을 가문의 조상의 죄를 회개하기 위한 기도로 여겼습니다. 저는 이 말씀을 문자 그대로 제 가족인 아버지와 할아버지의 죄를 회개하고, 가문의 조상들의 죄를 회개하기 위한 말씀 구절로 사용했었습니다. 그러나 성령님께서 이 말씀 구절을 새로운 시각으로 바라볼 수 있도록 계시해 주셨습니다. 성령님께서는 저희가 회개해야 할 선조들의 죄악이 가문의 조상의 죄 뿐만 아니라 **우리 교회의 믿음의 선조들의 죄도 포함된다**는 것을 알려주셨습니다.

우리 교회의 선조들의 죄악은 무엇입니까? 저는 『리스트』를 통해 우리 교회 선조들의 죄를 주님께서 제게 허락하신 방법대로 밝히고 직접 주님께 회개하는 것이었습니다.

『리스트』 책을 읽는다는 것은 다음과 같습니다. 마치 내가 오랫동안 사랑해온 교회에 다니다가, 갑자기 지하실로 내려가는 계단을 발견한 것 같았습니다. 우리 교회에 지하실이 있는 줄 몰랐습니다. 나는 계단을 따라 지하로 내려가지만 그곳은 칠흑같은 어둠뿐이였습니다. 어떻게 해야 하지? 저는 위층으로 다시 올라가 캄캄한 지하실을 모르는 체 하는 대신, 불을 켜기로 결심했습니다. 저는 『리스트』를 통해 비극적 사건들을 읽음으로써 불을 밝혔습니다. 지하실의 방이 환한 빛으로 가득 찼습니다. **저의 사랑스런 교회에서 유대인들에게 고문이 가해진 것을 알았습니다.** 제가 이 일에 대해 어떻게 해야 하는지는 주님이 가르쳐주실 것입니다.

저는 『리스트』를 읽으면서 내가 전에 보지 못했던 것들을 볼 수 있는 눈을 뜨게 되었습니다. 저는 『리스트』를 한 번에 읽을 수 없었습니다. 한 사건에 대해 읽고, 이것의 심적 무게를 충분히 받아들이며 묵상했고, 회개의 기도로 나아갔습니다. 그리고 잠시 쉬었다가 다시 다른 사건을 읽어 나갔습니다.

저는 우리가 교회의 선조들의 죄악에 대해 책임감을 가지고 회개해야 한다고 확신합니다. 이러한 일은 유대인과 그리스도인 사이의 갈등을 회복시키기 위해 매우 중요한 일입니다.

저와 함께 이 회개 기도를 따라 해 주십시오.

하늘에 계신 우리 아버지,

참으로 우리는 너무 맹목적이며, 이기적이고, 우리 자신의 독선과 교만으로 가득 차 있습니다.

아바 아버지, 우리 교회 선조들의 죄를 보기 위해 눈을 뜨게 해 주셔서 감사합니다. 그들의 죄가 받아들이기 힘들고, 너무 끔찍합니다. 아버지, 우리는 주님 앞에 엎드립니다. 우리는 이제 우리 교회 선조들의 이러한 죄를 마음에 품고 기도합니다. 아버지, 주님은 우리에게 자비를 베풀어 주소서. 주님의 백성인 유대인들에게 행해진 이 가증한 범죄와 살인과 박해에 대해 주님께 용서를 구합니다. 아버지, 막혔던 눈물샘을 우리 안에서 열어 주시고 그 눈물이 흐르게 해주소서.

이 역사적인 사건들을 읽으면서 우리는 주님과 함께 웁니다, 아바 아버지! 우리 눈물이 상처난 마음들과 단절을 치유하는 물꼬로 사용되기를 원합니다. 우리 눈에서 교만이라는 비늘을 제거해 주십시오.

아버지! 우리가 겸손과 사랑과 봉사로 유대 형제들에게 다가갈 수 있도록 하여 주시고, 주님께서 그리스도인과 유대인들 사이에 다리를 놓기 위한 버팀목으로 저희를 사용하시기를 원합니다.

예수님의 이름으로 아멘.

Day 5

목표일
☐ 22.10.5 대 속죄일
☐ 23. 4. 9 부활절
☐   .   .

무엇을 위해
이 회개 예식을 진행합니까?

레이 몽고메리

당신이 이 책을 읽고 있다는 것은 여러분도 회개 운동에 동참하고 있다는 뜻일 겁니다. 이 회개 여정을 우리가 함께 하고 있기 때문에 어떤 의미에서 그것을 '예식(ceremony)'이라고 표현할 수 있을것 같습니다. 하나님은 유월절을 제정하실 때 예식을 만드셨습니다. 그리고 하나님께서 유월절 예식을 신생국가인 이스라엘을 위해 제정하셨을 때 그는 다음 세대가 유월절을 지키는 이유를 물어보기를 기대하셨습니다.

> 이 후에 너희의 자녀가 묻기를 이 예식이 무슨 뜻이냐 하거든 너희는 이르기를 이는 여호와의 유월절 제사라 여호와께서 애굽 사람에게 재앙을 내리실 때에 애굽에 있는 이스라엘 자손의 집을 넘으사 우리의 집을 구원하셨느니라 하라 하매 백성이 머리 숙여 경배하니라 [출애굽기 12:26-27]

우리는 동일한 개념을 '40일의 회개' 여정 예식에 적용해 볼 수 있을 것입니다. 우리는 이 회개 여정 예식의 뜻이 무엇인지 묻는 질문에 뭐라고 답할 수 있을까요?
특히『리스트』에서 연대기 순으로 기록된 사건의 추악함에 비추어 볼 때 말입니다. 아래의 예시와 같이『리스트』에는 최초로 이루어진 사건들이 기록되어 있습니다.

- 최초의 유대인 활동 제한 사건. 서기 132년.
- 교부가 쓴 최초의 반유대주의 글. 155년.
- 교부에 의해 행해진 최초의 포그롬 사건. 414년.
- '그리스도의 이름으로'라는 구호 아래 자행된 최초의 학살 사건. 547년.
- 최초의 유대인 추방 사건. 561년.
- 최초의 유대인 비방 사건(blood libel). 1144년.
- 최초의 성체 모독 사건. 1243년.

이제 조금 더 우리 자신에게 솔직해져 봅시다. 이 '40일의 회개' 여정을 위해 우리는 모였습니다. 그리고 하향하는 인류의 타락을 문서화 하고 있습니다. 사도 바울은 로마서 1장의 끝 부분에서 위에 열거된 사악의 최초 시작점을 다음과 같이 기술했습니다.

> 비방하는 자요 하나님께서 미워하시는 자요 능욕하는 자요 교만한 자요 자랑하는 자요 **악을 도모하는 자요** 부모를 거역하는 자요 [로마서 1:30]

『리스트』책은 인간에 의해 저질러진 다양한 형태의 악을 문서화했습니다! 그러한 것들을 문서화하는 것이 옳은 건가요? 이 질문은 합리적입니다. 바울이 빌립보 사람들에게 보낸 편지에서 한 말을 생각해 보시길 바랍니다.

'끝으로 형제들아 무엇에든지 참되며 무엇에든지 경건하며 무엇에든지 옳으며 무엇에든지 정결하며 무엇에든지 사랑 받을 만하며 무엇에든지 칭찬 받을 만하며 무슨 덕이 있든지 무슨 기림이 있든지 이것들을 생각하라' [빌립보서 4:8]

바울은 우리에게 악한 것보다는 선한 것을 생각하는데 마음을 쏟으라고 말하고 있습니다. 그렇다면 우리가 이 회개 여정에서 인간의 사악한 행동들을 묵상하고 이해하는데 마음과 시간을 쏟는 것은 뭐라고 설명해야 할까요? 우리의 자녀들이 이 행동의 이유에 대해서 묻는다면 뭐라고 답변해야 할까요?

나는 세 가지 이유를 제시하고 싶습니다.

이유 1. 우리의 믿음을 키우기 위해

나는 교회가 예수님을 구세주로 올바르게 보았음에도 불구하고 대체신학의 수렁에 깊이 빠져 꼼짝하지 못하는 사실을 보았을 때 놀랐습니다. 대체 신학에 대한 환멸감 때문에 놀란것이 아닙니다. 하나님의 위대하심과 경이로움을 느꼈기 때문입니다. 어떻게 우리가 교회로서 지금과 같은 내리막길을 걸을 수 있었을까요? 그 과정에서 하나님은 우리를 부인하지 않으셨고 버리지 않으셨습니다. 이렇게 우리가 악행을 저지르는 새로운 방법들을 끊임없이 고안하는데도 어떻게 하나님은 우리를 여전히 그분의 자녀로 여겨주실 수 있을까요? 예수 그리스도의 놀라운 십자가 사건을 통해서 말입니다.

『리스트』에 기록된 추악한 역사적 진실들은 우리를 향한 새 언약을 철회하지 않으시는 하나님에 대한 믿음이 성장하도록 허락한다고 믿습니다. 마찬가지로, 우리 시대에 이스라엘 국가의 재건을 보는 것은, 이스라엘을 향한 그분의 영원한 언약을 철회하지 않으시는 하나님에 대한 우리의 믿음을 키울 수 있게 해줍니다.

우리는 무엇을 위해 이 '40일의 회개' 여정 예식을 진행해야 합니까? 우리는 우리의 믿음을 위해 이 회개 예식을 진행합니다.

이유 2. 우리의 희망을 키우기 위해

몇 세기를 걸쳐 교회가 유대인들을 분리하고 대체하는 타락의 소용돌이 속에서 소수의 그리스도인들이 유대인들을 동료로 느끼며, 관계적으로 신체적으로 분리되는 것을 거부한 기록들을 보고 저는 놀랐습니다. 이와 관련하여 저는 예수님께서 그리스도교 역사에 행하고 계신 일들에 놀라지 않을수 없습니다.

다음 사항에 대해 생각해 보십시오.

1. 1365년 강제 세례로부터 유대인들을 보호했던 교황 우르바노 5세(Pope Urban V).
2. 1655년 유대인들의 영국 귀환을 위한 투쟁을 주도한 올리버 크롬웰(Oliver Cromwell).
3. 1871년 교회의 부적절한 권력 사용과 반유대주의에 반대한다는 이유로 파문을 당한 요한 이그나즈 폰 돌린저(Johann Ignaz von Dollinger).

하나님은 항상 미래에 대한 희망의 이야기를 쓰고 계셨고, 점점 더 많이 쓰고 계십니다. 그리고 이제 우리는 바로 그 희망의 이야기의 일부가 될 수 있는 축복의 기회를 갖게 되었습니다. 이 땅에서 하나님의 움직임을 가속화하는 일의 한부분에 참여할 수 있게 되었습니다.

비록 『리스트』에 비극적인 박해 사건들이 있지만, 우리 그리스도인이 어떤 사람들인지를 보여주는 이야기들을 통해 저는 희망을 느낍니다. 그리고 이 희망은 궁극적으로 주님의 다시 오실 길을 준비할 것입니다. 이것은 마치 최고로 깊은 골짜기가 대조를 통해 가장 높은 산맥 이 더욱 장엄해 보이는 것과 같습니다. 목적지는 확실합니다.

우리는 무엇을 위해 이 회개의 예식을 하나요? 우리는 **희망**을 위해 이것을 합니다.

이유 3. 사랑을 위해

2013년 아브월 9일, 나는 내 마음 속에 숨어 있던 진실을 발견했습니다. 제 마음 속에는 예수님이 살고 계시지만, 유대인들의 마음속에는 예수님이 살고 계시지 않는다고 생각한 사실을 말입니다. 저는 유대인들에 대해 아주 교만한 생각을 가지고 있었던 것입니다. 저는 매우 놀랐습니다. 어떻게 내가 이 역사를 알지 못했을까? 나는 왜 이런 것들을 배운 적이 없었을까? 왜 우리는 이 역사적 진실을 스스로에게 숨기고 있었을까? 나는 마음이 상하고 무너졌습니다.

하지만 그 후 이런 상실감 속에 몇 달을 지내고 있을 때 제가 상상했던 것보다 훨씬 빨리 놀라운 일이 저를 찾아왔습니다. 그해 우리 가족은 여름 휴가를 이스라엘에서 보내기로 계획되어 있었고, 저는 아브월 9일의 회개 사건 이후 2주 만에 이스라엘에 방문하게 되었습니다. 그리고 이 아름답고 놀라운 일은 이때 일어난 일입니다. 그당시 이스라엘 방문이 처음이 아니었습니다. 사업적인 목적으로 30번을 방문했었고, 이 글을 쓰고 있는 시점에서 이스라엘을 20번은 더 방문했습니다만 이때 일은 그때 한번만 일어난 아주 특별한 일이었습니다. 이 특별한 휴가에서 수많은 유대인들이 저에게 물었습니다.

"이스라엘 방문이 처음이신가요?"

저는 이 질문을 받을때마다 "아니요"라고 솔직하게 대답했습니다.

그러다 시온산을 바라보고 있을 때 동일한 질문을 건넨 두 명의 유대인 남자가 이렇게 저희의 대화를 끝맺었습니다. "예루살렘에 오신것을 환영합니다!"

이제까지 해왔던 이 모든 일들은 무엇을 말하는 걸까? 내가 우리의 끔찍한 과거를 회개해 왔기 때문에 하나님께서 지금 나를 더 사랑하셨다고 나는 믿는 걸까? 이건 확실히 아니지!

그러면 나는 나의 교만함과 나의 교회 선조들의 죄를 조금이나마 인식하고 내 스스로가 책임의식을 갖으려고 했고 이 과정을 통해 내 자신이 하나님을 더 사랑하게 되었다는 걸까? 확실히 맞아!

> 이러므로 내가 네게 말하노니 그의 많은 죄가 사하여졌도다 이는 그의 사랑함이 많음이라 사함을 받은 일이 적은 자는 적게 사랑하느니라 [누가복음 7:47]

그 회개의 여정은 나를 하나님께로 돌이키는 과정이었습니다. 제가 하나님을 더 사랑하게 했을 뿐만 아니라 나를 향한 하나님의 사랑을 더 온전히 받을 수 있도록 변화시켰습니다.

이스라엘에서 보낸 10일 간의 그 휴가 기간 동안 이스라엘 사람들이 나에게 던진 질문을 통해서, 나는 지금 하나님께서 나를 용서하셨음을 나타내시고 계신다는 것을 알수 있었습니다. 심지어 그 질문을 통해서 그분의 사랑을 받고 있었습니다.

이스라엘에서 이것이 처음이었나요? 분명히 대답은 '예, 그랬습니다.' 였습니다. 그리고 이 깨달음과 함께 저는 이제 확신할 수 있습니다.

우리는 무엇을 위해 이 회개 예식을 하나요? 우리는 **사랑을 위해 이것을 합니다**.

요약

성경 전체에서 가장 위대한 장이라고 불리는 곳에서 사도 바울은 하나님 앞에서의 우리 삶을 다음과 같이 요약하고 있습니다.

> 그런즉 믿음, 소망, 사랑, 이 세 가지는 항상 있을 것인데 그 중의 제일은 사랑이라
> [고린도전서 13:13]

이 회개 기도문을 따라 함께 기도하겠습니다.

하늘에 계신 아버지,

우리가 이 40일 회개의 길을 걸을 때, 아버지께서 우리의 마음이 주님과 주님의 목적을 향해 함께하게 해주세요. 주님이 누구이시며 주님의 위대하심에 대한 우리의 믿음을 크게 해주시고 그리스도인과 유대인에 대한 주님의 확고한 언약에 대한 우리의 믿음이 커지게 하여 주십시오.

주님의 계획과 목적을 신뢰함으로써 우리의 희망이 온전히 자라게 해 주십시오. 주님의 이야기가 아직 쓰여지고 있다는 흔들림 없는 믿음과 함께 우리의 마음을 단단하게 묶어 주소서. 우리에게 악한 가운데에도 선한 것이 남아 있다는 것을 볼 수 있는 분별력을 주시고 주님의 나라가 하늘에서 이루어 진 것 같이 땅에서도 임하도록 준비하시는 과정에 참여할 수 있도록 우리의 믿음을 강하게 붙들어 주십시오.

마침내, 이 과정에서 우리가 주님을 향한 사랑이 자라도록 허락해 주십시오. 적게 용서받은 자는 적게 사랑할 것이라고 말씀하셨습니다. 그렇다면 미움이 아닌 다른 방향으로 이끌어 주십시오! 아직도 고백과 용서가 필요한 우리 마음의 자리를 성령으로 드러나게 하여 주시고 그 과정에서 우리가 주님을 더욱 더 사랑하게 해주소서.

그리고 마지막으로, 주님의 완벽한 때에 완벽한 방법으로 우리에게 베푸시는 주님의 이해 할수 없는 사랑으로 우리의 삶이 변화되는 놀라운 경험을 주님에게서 우리가 받도록 허락 하소서. 주님께서 우리를 먼저 사랑하셨기 때문에 우리는 주님을 사랑할 수 있습니다. 주님은 사랑의 위대한 창시자이십니다! 우리를 향한 주님의 큰 사랑을 알고 경험하는 기쁨을 우리에게 허락해 주십시오.

예수님 이름으로 기도합니다.

아멘.

Day 6

고넬료 - 이방인의 돌

목표일
☐ 22.10.5 대 속죄일
☐ 23. 4. 9 부활절
☐　.　.

밥 오델

『리스트』가 작성되어야 했던 이유는 교회 역사에서 잘못된 것이 있었기 때문이었습니다. 그렇지만 교회가 처음 시작됐을 때부터 잘못되었을까요?

유대인인 베드로는 예수님께서 교회를 세우시겠다고 약속하실 때 예수님께 자신의 이름이 선언되는 영광을 얻었습니다. 예수님은 마태복음 16장 18절에서 다음과 같이 말씀하셨습니다.

> 또 내가 네게 이르노니 너는 베드로라 내가 이 반석 위에 내 교회를 세우리니 음부의 권세가 이기지 못하리라 [마태복음 16:18]

추후 이방인인 고넬료에게 직접 성령님이 임하시는 영화로운 사건을 보게된 사람도 바로 이 베드로였습니다. 베드로는 고넬료와 그의 온 집에 성령님이 임하시는 것을 보며 7년 전 예루살렘에서 있었던 오순절 성령 강림 사건을 떠올렸을 것입니다. 최초의 교회가 오순절, 예루살렘에서 유대인들 사이에서 탄생했다면 7년 후 가이사랴 해안 마을에 사는 이방인들에 의해 교회가 확장되었습니다.

하나님께서는 고넬료를 선택하시고 확정하셨습니다. 사도행전 10장을 보면 알수 있듯이 고넬료가 그리스도의 몸인 교회를 **건축하는 데에 도움을 주는** 적절한 행동을 했기 때문이었습니다. 그럼에도 불구하고 오늘날 우리 교회에서는 사도행전 10장에 자세히 묘사된 고넬료의 행동과 노력은 잘 보려고 하지 않습니다. 이 글을 읽는 여러분, 잠시 읽기를 멈추고, 사도행전 10장을 읽고 오셔도 좋을것 같습니다.

우리는 이방인 최초로 예수님을 믿는 합당한 생활을 한 '이방인의 돌' 고넬료에게서 무엇을 배워야 할까요?

첫째, 고넬료의 이야기는 로마나 다른 어떤 국가에서 일어난 것이 아니라 이스라엘의 해안에서 발생한 이야기입니다. 그렇습니다. 가이사랴는 로마의 통치 아래에 있는 도시였고, 이교도들이 많이 사는 도시였지만, 분명히 이스라엘 안에 있는 곳이었습니다. 여기서 내가 얻는 교훈은 이스라엘 땅을 방문하거나 그곳에서 시간을 보내려고 하는 그리스도인들에게 하나님의 축복이 임할 수 있다는 것입니다.

둘째, 고넬료는 직업상 가이사(Caesar)에게 충성을 맹세해야 했습니다. 뿐만 아니라 고넬료는 유대인에 대한 적대감을 가지고 있는 로마에서 이스라엘로 왔습니다. 가장 가능성이 희박한 곳에서 누군가를 선택하는 것이 꼭 하나님 같지 않습니까? 당신은 당신의 삶을 돌아봤을 때 하나님께서 교회와 유대인 사이의 분열을 연결시키는 역할로 사용하실 것이라고 생각되지 않으신가요? 다시 생각 해보세요! 가능성이 없는 것을 사용하는 것은 하나님의 본성이시니까요!

셋째, 성경은 고넬료가 이스라엘의 유대 민족에게 자선을 베풀었고, 이 구제를 하나님께서 보시기에 좋았다고 분명히 말하고 있습니다. 고넬료는 이스라엘을 축복하고 있었습니다! 그러자 하나님은 그가 기대했던 것보다 더 큰 영광과 축복을 그에게 주셨습니다. 만약 이스라엘을 축복하면 더 큰 축복을 받는다는 개념이 지난 2천년 동안 교회에서 계속해서 가르쳐져 왔다면 교회 역사에 얼마나 큰 변화들을 만들어 냈을지 상상해 보십시오!

넷째, 이 구절은 고넬료가 유대 민족과의 관계에서 자선을 베풀었다는 것을 강하게 암시합니다. 그것은 복종적인 관계도, 권위주의적인 통제도 아니었고, 사랑을 기반으로 한 친밀한 관계였습니다. 이 사랑이 어디서 왔고 어떻게 시작되었는지는 모르지만, 본문을 보면 고넬료가 하나님을 경외하고 경건한 사람이었다는 것은 알 수 있습니다. 본문 내용처럼 우리가 하나님을 경외하고 있는지 점검해 볼 수 있는 한 가지 방법은 우리가 주변 이웃, 특히 평소 관계 맺고 싶어 하지 않았던 이웃들에게 어떻게 대하고 있는지를 점검해 보는 일일 것입니다. 여러분 곁에 유대인이 살고 있지 않는다고 해도 이제 핑계할 수 없는 것은 인터넷을 통해 전 세계의 유대인들과 만날 수 있는 시대에 살고 있기 때문입니다.

마지막으로 고넬료가 자연적 세계(natural)에서 초자연적 세계(supernatural)로 넘어가는 부분을 살펴보도록 하겠습니다.

[그림] 고넬료, 첫 번째 '이방인의 돌'

하루는 제 구 시쯤 되어 환상 중에 밝히 보매 하나님의 사자가 들어와 이르되 고넬료야 하니 고넬료가 주목하여 보고 두려워 이르되 주여 무슨 일이니이까 천사가 이르되 네 기도와 구제가 하나님 앞에 상달되어 기억하신 바가 되었으니 [사도행전 10:3-4]

여러분은 하나님의 은혜에 압도되고, 하나님의 초자연적인 환상(vision)과 방문(visitations)을 받기를 원하십니까? 많은 그리스도교 책들은 사람들이 어떻게 하면 하나님의 임재를 더 강하게 경험할 수 있는 지를 이야기하고 조언합니다. 성경에서는 하나님께서 유대 민족을 향한 고넬료의 기도와 자선에 감동을 받으셨기에 이러한 환상과 방문을 허락하셨다고 말하고 있습니다. 혹시 이전에 누군가 당신에게 하나님으로부터 놀라운 통찰력과 예언적 계시(revelation)를 받을 수 있는 방법의 첫 번째 단계가 유대인들과 올바른 관계를 맺는 것이라고 말해준 적이 있으신가요?

그렇게 볼수 있는 눈이 있으면 좋겠다고 기도하기는 했었지만, 제가 사도행전 10장을 처음 읽었을 때부터 이 축복의 개념을 알게된 것은 아니었습니다. 아래와 같은 경험 이후에 알게 된 것입니다. 우리는 이스라엘과 유대인들을 위해 우리가 좀 더 할 수 있는 일에 대해서 의논하기 위해서 몇 명의 그리스도교인을 우리 집으로 초대하게 되었습니다. 점심 식사 전, 10분 동안 음식에 대한 감사 기도를 하고 있는데 함께 있던 두 사람이 연속으로 치유되었습니다. 저는 우리가 이스라엘과 유대인을 향해 의지를 가지고 그들을 돕기 원할 때 하나님께서 그분의 능력을 더 쉽게 베푸신다는 신호를 보내시는 게 아닐까 생각했습니다. 그리고 이 경험을 한 후에야 저는 사도행전 10장의 축복 원칙이 깨달아졌습니다.

베드로는 고넬료와 함께 며칠만 머물렀습니다. 고넬료는 이후에 어떤 삶을 살았을까요? 이제 예수가 메시아임을 믿었기 때문에 유대인과의 친밀한 관계에서 벗어났을까요? 본문은 이것과 그 이후에 일어난 모든 일에 대해 침묵하고 있습니다.

여러분에게 한 가지 질문을 해도 될까요? 당신이 방금 천사의 방문을 받았고 당신의 기도와 자선이 하나님께 기억하신 바 되었다는 말을 들었다고 상상해 보십시오. 이런 초자연적인 천사의 방문과 환상 이후에 여러분들은 이전에 했던 일을 계속 할 가능성이 더 높을까요? 아니면 이 일을 덜할 가능성이 높을까요? 이제 예수가 메시아임을 믿고, 성령님을 받은 고넬료가 유대인을 향한 사랑과 구제 행동을 중단했을 것이라고 상상할 수 있습니까? 그가 멈출 것이라는 것은 상상할 수 없는 일입니다. 오히려 그는 더 많이 할 것입니다!

분명히 하나님은 교회가 유대인들과 함께 교제하며 걷기를 항상 원하셨습니다. 예, 우리는 이러한 관계를 떠났지만 그것은 우리의 잘못이었습니다. 사도행전 10장에 나타난 하나님의 계획은 분명했습니다. 우리는 그것을 읽고 고넬료를 우리의 귀감으로 삼아야 합니다.

고넬료는 이방인으로서 교회에 처음으로 사용된 '**이방인의 돌**'이었습니다. 우리가 그 교훈을 온전히 배우기를 바랍니다.

이 회개 기도를 저와 함께 하시겠습니다.

하늘에 계신 아버지,

로마의 이방인 고넬료를 최초의 이방인 그리스도인으로 선택해 주셔서 감사합니다. 우리가 물질과 시간을 들여 이스라엘을 방문하고 축복할 때 일어나는 일들을 알 수 있는 성경 속 고넬료와 같은 모델을 알수 있게 해주셔서 감사합니다. 우리와 같이 연약한 자를 사용하셔서 이스라엘을 축복할 수 있게 해주심에 감사드립니다.

우리가 이스라엘을 축복할 수 있는 실질적인 방법을 찾을 수 있도록 도와주시고, 주변의 유대인들과 하나님 안에서 함께 걸을수 있도록 도와주소서. 우리가 그렇게 살아낼 때, 하나님의 힘과 능력이 우리 삶에 가득함을 믿게 하소서.

아버지, 우리 교회 선조들이 고넬료에 대한 가르침을 다음 세대에 전하지 못했음을 용서하여 주소서. 우리가 하나님께서 고넬료를 세계사의 특별한 사건으로 또 하나님 당신이 짓고 계신 성전에 사용한 아름다운 이방인의 돌임을 알지 못했음을 용서해 주소서. 또한 우리가 오늘날 고넬료처럼 이방인의 돌로서 살아내야 함을 알지 못하고 살아내지 못했던 것을 용서해 주소서. 우리가 고넬료처럼 이방인의 돌이 되게 하소서.

우리 자신을 유대 민족과 분리시킨 것을 용서해 주십시오. 우리와 교회 선조들이 유대인과 관계에서 벗어날 구실을 찾은 것을 용서하십시오. 유대인들에게 축복으로 걸어가는 길에 초점을 맞추기보다 그들의 불완전함과 허물에 초점을 맞춘 우리와 우리 선조들을 용서해 주십시오. 우리의 마음을 완악하게 만든 것을 용서해 주십시오. 참으로, 우리 각자의 마음에 손을 내미시어 우리의 돌 같은 마음을 부드러운 마음으로 바꾸어 주십시오. 그리고 주님이 우리에게 주신 그 부드러운 마음이 최초의 이방인 신자인 고넬료 안에 있던 그 마음과 같음을 알게 하소서. 주님의 은혜를 영원히 감사합니다.

예수님의 이름으로 기도합니다.

아멘.

Day 7

목표일
☐ 22.10.5 대 속죄일
☐ 23. 4. 9 부활절
☐

제2성전: 결코 두 번 다시 생각하지 말라

밥 오델

바빌론 제국이나 로마제국의 멸망을 두고 눈물 한 방울이라도 흘린 적이 있습니까? 페르시아 제국이 그리스에 의해 전복되거나 그리스가 로마의 지배에 굴복했을 때 조금은 우울한 적이 있습니까? 거대한 원형 극장이나 경기장의 폐허를 보고 앉아서 머리를 감싸 쥐고 울어 본 적이 있습니까?

있다면, 당신은 내가 한 번도 가입한 적이 없는 동호회의 회원입니다. 나에게 이러한 사건은 단순히 역사입니다. 저는 이 일에 대해 한 번도 깊이 생각해 본 적이 없습니다. 이러한 사건은 전혀 나의 마음을 슬프게하거나 변화시키지 못합니다.

그러나 나는 당신과 내가 모두 놓친 중요한 것을 당신에게 말하고 싶습니다. 저도 친구에 의해 듣기 까지 한 번도 생각해 본 적이 없었습니다만, 예루살렘과 제 2 성전이 불타고 파괴된 사건을 말입니다. 이것은 정말 울 만한 가치가 있는 사건입니다.

『리스트』에서 언급된 바와 같이 이 사건은 서기 70년에 발생했으며, 다음과 같이 설명될 수 있습니다.

> '두 번째 성전은 서기 66년에 시작된 포위공격 후 티투스에 의해 파괴되었다. 요세푸스는 이때 97,000명의 유대인이 노예로 팔렸다고 기록한다. 유대인의 인구는 티투스의 포위공격 이전 60만 명에서 포위공격 이후 약 4만 명으로 감소했다.'

오늘 제가 여러분께 묻고 싶은 질문은 다음과 같습니다.

그 역사적 사건에 대해 어떻게 생각하십니까?

『리스트』에 기록된 서기 70년 이후 교부들의 글들은 우리가 그 질문에 대한 답을 추론할 수 있게 해 줍니다. 오늘날의 언어로 우리는 그것들을 다음과 같이 표현할 수 있습니다.

[그림] 두 번째 성전의 파괴(Destruction of the Second Temple)

속 시원해.
그들이 자초한 일이야.
만세! 그들은 마침내 뿌린 대로 거두었구나!
그리스도를 죽인자들!
예수님의 말씀을 믿었어야 했는데!

그러나 훨씬 더 중요한 질문은 다음과 같습니다.
하나님과 예수님께서는 이 사건을 어떻게 바라보고 계실까요?
그런 의문이 처음 든 것은 2018년 친구 스티브 호손과 아브월 9일에 우리 그리스도인들이 유대인과 함께 어떤 기도를 할 수 있는지 대화를 나누던 때였습니다. 스티브는 "그리스도인으로서 우리가 진정으로 아브라함과 이스라엘에 접붙여졌다고 믿는다면 유대인과 함께 제2성전을 잃은 것을 슬퍼해야 한다"고 나에게 말했을 때 나는 그런 생각을 해본 적이 없었기 때문에 너무 놀랐습니다. 이어서 스티브는 '아마 초창기의 1세기 그리스도인들은 유대인들의 성전 파괴를 가슴 아파했을 거야.'라고 말해 또 한번 나를 충격에 빠뜨렸습니다.

나는 제 2 성전이 파괴된 사건에 대해 생각해 본 적이 없었습니다. 나는 이것이 '유대인의 문제'라고 생각했습니다. 나는 유대인이 아니었기 때문에, 이 사건은 나와 관련이 없었습니다. 그러나 예수님께서 다음과 같은 유명한 말씀을 하셨을 때 어떤 일이 있었습니까?

> 대답하여 이르시되 너희가 이 모든 것을 보지 못하느냐 내가 진실로 너희에게 이르노니 돌 하나도 돌 위에 남지 않고 다 무너뜨려지리라 [마태복음 24:2]

그분이 손가락질하며 바리새인들을 모욕하였습니까? 아닙니다. 예수님께서 그 때 성전 밖에 계셨었지만 단지 성벽을 가리키고 있는 제자들과 말씀하고 계셨습니다.

'동족에게 인정받지 못한 예수'를 '38년 후의 제2성전 멸망'과 연결 짓는 것은 틀림없이 가능하지만, 그 말이 예수님께 기쁨이 되었는지는 생각해 보아야 합니다. 성전 계획은 하나님의 임재 안에서 모세에게 주어졌습니다. 성전의 목적은 지상에서 하나님이 사람과 만나는 곳이 되는 것이었습니다. 그런데 성전을 파괴하는 것이 어떻게 하나님께 기분 좋은 행위가 될 수 있겠습니까? 그 질문을 더 자세히 설명하겠습니다. 하나님의 임재 앞에서 모세에게 성전 건축 계획이 주어졌고, 이 성전의 목적이 하나님께서 사람과 교제하시는 장소가 되는 것인데 어떻게 성전 파괴가 하나님께 기분 좋은 일이 될 수 있겠습니까?

선지자들이 예루살렘에 성전이 있었을 때 하나님이 이 성전에만 거하신다고 제한하지는 않았었습니다. 맞습니다. 예수님께서 빌라도에게 "내 나라는 이 세상에 속한 것이 아니요"(요한복음 18:36)라고 말씀하신 것도 사실입니다. 그러나 그것이 예수님께서 하늘에 있는 것들만 생각하시고 땅의 것들을 반대하셨다는 의미가 될 수는 없습니다.

유대인들은 성전이 운영되고, 제사를 드리는 동안에는, 악취도 없고 불쾌한 냄새도 없고 파리도 없었으며, '냄새는 달콤했다'고 기록했습니다.

오늘날, 많은 사람들은 유대인들의 제사가 동물 학대 행위라고 생각합니다. 이것은 말도 안되는 생각입니다. 오늘날 그리스도인들은 유대인들의 동물 제사가 자신의 죄악을 용서받기 위한 행위로 생각하고, 이렇게 가르침을 받아왔습니다. 이것도 말도 안되는 생각입니다. 유대인들은 오직 하나님만이 죄를 용서하실 수 있다는 것을 알고 있었습니다.

성전 멸망의 결과를 생각해 보십시오. 제2 성전의 멸망이 열방 가운데 하나님의 이름에 영광을 돌리게 하였습니까? 아닙니다. 우리 교회의 선조들은 제2성전의 멸망과 예루살렘에서 대부분의 유대인이 추방된 일에 대해 '하나님께서 이스라엘 백성을 버리셨다는 명백한 증거'처럼 생각하고 있습니다. 이것은 하나님께서 이스라엘에 대한 언약과 은총, 축복을 교회에 대한 언약과 은총, 축복으로 바꾸셨다는 대체 신학신학(Replacement Theology)을 위한 강력한 증거로 사용되고 있습니다.

우리의 선조들은 그 도시의 먼지에서 그 "증거"를 취하여 예루살렘이 다시 한번 완전한 유대인의 지배를 받는 1967년까지 정확히 1,897년 동안 수많은 유대인의 짓밟힌 머리 위에 그것을 던졌습니다!

그에 반해, 초기 그리스도인들은 성전을 반대하지 않았습니다. 그들은 성전이나 그 근처에서 자주 만났습니다. 그 당시 그리스도 지도력은 예루살렘을 중심으로 이루어져 있었습니다. 그리고 최종적으로 예루살렘이 포위되었을 때, 누가복음에 있는 예수의 예언을 읽은 그리스도인들은 지금의 요르단에 있는 페트라(Petra)로 떠났습니다. 그럼에도 그들이 성전과 도시의 파괴를 기뻐했을 것이라고 생각하는 것은 터무니없는 생각입니다.

대다수가 유대인 혈통인 예루살렘의 초기 그리스도인들은 제2성전의 상실과 예루살렘의 파괴를 큰 슬픔의 시간으로 여겼을 것입니다. 또한 그들의 유대인 가족과 친구들은 깊은 상심에 빠졌을 것입니다. 한편 첫 번째 성전과 두 번째 성전이 파괴된 시점이 시사하는 바가 큽니다. 두 성전 모두 아브월 9일에 파괴되었기 때문입니다.

그러나 두 번의 성전이 무너진 고통의 아브월 9일은 곧 기쁨의 날이 될 것입니다. 유대인들을 향한 하나님의 약속의 말씀이 있기 때문입니다. 하나님께서는 선지자 스가랴를 통해 아브월 9일이 궁극적으로는 모든 유대인들이 크게 기뻐하는 기쁨의 날이 될 것이라고 말씀하셨습니다. 따라서 두 번째 성전이 파괴된 사건이 유대 역사의 마지막이 되지 않을 것입니다. 앞으로 성취될 하나님의 약속은 지금까지의 재앙보다 훨씬 더 클 것입니다. 이 약속은 새 왕국, 재건된 성전, 예루살렘에서 통치하실 메시아의 왕국이 될 것입니다!(이사야 2:1-4, 요한계시록 21:2-3, 에스겔 41:1 & 43:4-5).

이 희망의 약속은 유대인들에게 결코 잊혀진 적이 없습니다. 만일 우리들이 하나님의 마음에 귀를 기울이기 위해 잠시 멈추었다면, 두 번째 성전의 파괴가 하나님께서 이스라엘을 멸망시키고 교회로 대체하신다는 신호가 아니라 희망의 약속을 이루시겠다는 신호임을 알아챘을 것입니다.

이 회개 기도를 저와 함께 하시겠습니다.

하늘에 계신 아버지,

우리는 우리의 초기 교회 선조들이 예루살렘과 제 2 성전에 큰 멸망이 임하는 것을 지켜보고 있었던 것이 어떤 것이지 우리 자신의 작은 방법으로 보지 못했습니다. 우리는 주님이 당신의 계획이 불길 속에서 소실되고 있는 것을 하늘에서 바라보시는 심정이 어떨지 거의 생각해 본 적이 없습니다. 우리는 유대인을 미워하는 모든 나라들에 의해 당신의 길을 통해 보여 주신 성품과 능력이 훼손되는 모욕들을 조금도 생각지 아니하였고 이스라엘의 유일한 참 하나님에 대해 거의 고려해 보지 않았습니다.

아버지, 우리의 경솔함을 용서해 주십시오. 제2성전의 상실을 유대인만의 손실이며 우리 자신에게는 이익으로 생각한 것을 용서해 주십시오. 우리가 이스라엘이라는 바로 그 왕국에 접붙여진 것으로 여기지 않고, 열방이 주님을 모욕하는 것처럼 그 멸망의 수치를 스스로 받아들이지 않은 것을 용서해 주십시오.

'우리 대 그들, 승자 대 패자, 그리스도인 대 유대인의 관점'에서 생각하는 우리를 용서하여 주소서. 그리스도인으로서 이 붕괴의 손실을 기회로 활용하여, 주님의 백성 유대인들에게 그것을 사용해 공격한 것에 대해 우리를 용서해 주십시오. 이 파괴가 주님에게 아무런 고통도 주지 않는 것 마냥 우리 자신에게는 좋은 언약들만 취하고, 유대인들은 단지 파괴와 불태움에 처하게 둔 우리를 용서해 주십시오.

주님이 바라보는 방식으로 성전을 볼 수 있는 눈을 저희에게 주소서. 그리고 당신의 크신 영광 속에서 유대인들이 세 번째 성전을 재건하도록 허락하신다면, 우리가 메시아 예수님의 재림을 간절히 기다리는 동안에 제 3 성전에 대한 주님의 계획과 목적에 완벽하게 일치하도록 우리의 마음을 준비하기 시작할 것입니다.

예수님의 이름으로 기도합니다. 아멘.

Day 8

유대인에 대한 교부들의 죄를 회개함

제프 데일리

목표일
☐ 22. 10. 5 대 속죄일
☐ 23. 4. 9 부활절
☐ . .

> 서로 말하되 자, 벽돌을 만들어 견고히 굽자 하고 이에 벽돌로 돌을 대신하며 역청으로 진흙을 대신하고 또 말하되 자, 성읍과 탑을 건설하여 그 탑 꼭대기를 하늘에 닿게 하여 우리 이름을 내고 온 지면에 흩어짐을 면하자 하였더니 [창세기 11:3-4]

살아 계신 하나님을 모시지 않는 인간의 교만한 마음은 자기 자신을 위해 궁전을 짓고 하나님의 거룩한 것을 무너뜨릴 것입니다.

이 모든 것은 서기 70년 아브월 9일, 로마의 디도 장군이 제2성전을 파괴함으로 시작되었습니다.

1년 후인 서기 71년 아브월 9일에 로마인들은 예루살렘의 땅을 소금으로 갈아 엎어서, 인구를 부양하는 데 필요한 모든 식물을 말라 버리게 했습니다. 이로 인해 예루살렘은 로마에 완전히 의존하여 생존하는 로마 식민지로 바뀌었습니다. 이는 선지자 미가를 통한 예언의 말씀이 성취된 것입니다.

> 이러므로 너희로 말미암아 시온은 갈아엎은 밭이 되고 예루살렘은 무더기가 되고 성전의 산은 수풀의 높은 곳이 되리라 [미가서 3:12]

서기 130년 아브월 9일, 로마 황제 하드리아누스(Hadrian)는 루푸스(Rufus) 총독에게 새로운 이교도 도시 '엘리아 카피톨(Aelia Capitolina)'을 건설하기 위해 예루살렘을 갈아엎으라고 명령했습니다.

이후 6년 뒤인 서기 136년 아브월 9일, 로마인들은 예루살렘의 명칭을 '팔레스티나(Palaestina)'로 바꾸었고, 이곳에 '제우스(Jupiter)'를 위한 이교도 신전을 세웠습니다.

이 일이 일어났을 때 메시아 예수님을 따르는 사람들은 무엇을 하고 있었습니까? 스데반처럼 성령 충만한 지도자가 앞으로 나와서 그리스도를 증거하고 이 신성모독을 막으려 했을까요? 예루살렘이 다시 이교화 되고 로마가 '이스라엘' 지역을 '팔레스티나'로 바꾸면서, 반유대주의가 훨씬 더 깊어졌나요?

교만은 우리 모두를 감염시킵니다. 우리가 회개하고 성령과 하나님의 거룩한 말씀으로 우리 마음에서 견고한 진을 제거하기 전에는, 우리는 마치 하나님이 필요하지 않는 사람들처럼 행동합니다. 우리가 살아계신 하나님으로부터 돌아선다면, 우리는 하나님을 두려워하는 대신 육체적인 쾌락, 가족, 명예, 재산, 타인에 대한 두려움에 초점을 맞춥니다.

우리가 우리 스스로에 초점을 맞춘다면 우리는 하나님께 택함 받은 백성 됨을 포기하고 아브라함, 이삭, 야곱, 예수님의 하나님으로부터 완성된 구원을 포기하게 됩니다.

여기 곰곰이 생각해 봐야할 질문이 있습니다. 만약 우리가 서기 136년 예루살렘 예슈아에 있는 신자들 중에 있었다면, 죽음 앞에서도 하나님의 성전을 위해 설 용기가 있었을까요? 죽음 앞에서 유대인들의 신앙을 대변할 수 있었을까요? 또 우리가 성령의 열매인 믿음을 통해 주님의 말씀과 진리를 수호하고, 유대인들과 함께 그들의 성전 터를 지키려고 했을까요?

오늘날 우리는 그때와 같은 선택과 결정에 직면해 있습니다. 오늘날 교회에는 이교도적인 신앙이 넘쳐납니다. 오늘날 교회 지도자들은 종종 미온적입니다. 그들은 예배를 친절함을 찾는 자들을 위한 예배로 바꾸려고 합니다. 로마의 세속적인 문화도 교회에서 되살아나고 있습니다. 살아 계신 하나님을 아는 사람은 거의 없습니다.

우리는 성령의 전입니다.

> 너희 몸은 너희가 하나님께로부터 받은 바 너희 가운데 계신 성령의 전인 줄을 알지 못하느냐 너희는 너희 자신의 것이 아니라 [고린도전서 6:19]

이 계산할 수 없는 값진 선물은 살아 계신 하나님으로부터 온 것입니다. 우리는 우리의 것이 아닙니다. 그래서 바로 오늘날 우리는 서기 136년에 예루살렘의 교회 지도자들이 했던 것과 같은 선택에 직면해 있습니다.

[사진] 유대인 성전 대신 지어진 로마 신전의 예

우리는 이교도의 공격에 맞서 용기를 낼 것인가? 아니면 우리의 성전이 이교화 될 것인가?

부활하신 그리스도께서는 요한계시록 21장 8절에서 두려워하는 자들은 천국에 들어갈 수 없는 첫 번째 무리라고 하셨습니다.

> 그러나 두려워하는 자들과 믿지 아니하는 자들과 흉악한 자들과 살인자들과 음행하는 자들과 점술가들과 우상 숭배자들과 거짓말하는 모든 자들은 불과 유황으로 타는 못에 던져지리니 이것이 둘째 사망이라 [요한계시록 21:8]

우리는 우리 안에 계신 성령의 전을 깨끗하게 보존하는 것과 마찬가지로 예수님의 거룩하신 이름을 높이며 그분 앞에 예배해야 합니다.

이로부터 우리가 배워야 할 교훈은 당신과 내가 '자신을 위한 궁전'을 건설해서는 안 된다는 것입니다.

이 회개 기도를 저와 함께 하시겠습니다.

아바 아버지,

유대인과 우리 신앙의 히브리어 뿌리를 지키지 못한 신앙의 선조들의 죄를 예수님(예슈아)의 거룩한 이름으로 회개합니다. 저의 교만을 용서해 주십시오. 주님의 진리를 무너뜨리려 하는 다른 사람들과 맞서지 못하는 비겁함을 용서해 주십시오. 이스라엘과 우리 유대인 형제 자매들이 박해를 받을 때 그들을 옹호하지 못한 것을 용서해 주십시오.

하나님이여 내 속에 정한 마음을 창조하시고 내 안에 정직한 영을 새롭게 하소서
[시편 51:10]

모든 이름 위에 뛰어나신 예수님의 거룩하신 이름으로 기도드립니다.
아멘.

Day 9 / 마르키온의 이단과 우리

목표일
☐ 22.10.5 대 속죄일
☐ 23. 4. 9 부활절
☐ . .

밥 오델

초기 그리스도교 역사에서 가장 악명 높은 이단자 중 한 사람은 시노페의 마르키온(Marcion of Sinope)이었는데, **서기 140년의 『리스트』에 그의 생각 중 일부가 표현되어 있음을 발견했습니다.** 폰토스의 마르키온(Marcion of Pontus)이라고도 불리는 이 사람은 아시아의 많은 교회에서 행해지고 있는 '마르키온 복음서'를 가르친 장본인입니다.

그는 예수님과 바울이 묘사한 신약 성경의 하나님은 구약 성경에 묘사된 하나님이 아니라고 믿고 이를 가르쳤습니다. 다시 말해, 신약 성경의 하나님은 구약 성경의 하나님이 아니라고 가르쳤습니다. 그는 심지어 자신이 동의할 수 없는 신약 성경 구절의 일부를 편집하기까지 했습니다.

위키피디아는 그의 가르침을 다음과 같이 요약합니다.

> '마르키온은 히브리 성경에 대한 연구와 더불어 초기 교회에서 회자되는 많은 신약 성경속 예수님의 가르침이 구약 성경의 호전적인 야훼 하나님의 성품과 양립할 수 없다는 결론을 내렸다. 결국 144년 경, 마르키온은 이단적인 '이신론' 신앙 체계를 만들었다.'[1]

이신론 신앙은 근본적으로 다른 두 측면이 동시에 공존할 수 있도록 하는 이원론적 관점을 말합니다. 마르키온은 서로 다른 성품을 가진 신약성경의 자애로운 신(예수님)과 구약성경의 호전적인 신(하나님)이 동일하지 않다고 보며 구분하였습니다.

마르키온은 바울을 참조했습니다.

바울은 마르키온 때보다 70년 전에 사망했습니다. 만약 그가 살아 있었다면, 그

[그림] 시노페의 마르키온

는 분명히 마르키온을 반대했을 것입니다. 더구나 마르키온은 바울의 편지들 중 일부 또는 수정본들을 근거로 자신이 제안한 신학의 많은 부분을 만들기로 결정했는데, 이 사실은 바울에게 특히 고통스러운 충격이 되었을 것입니다.

바울은 마르키온과 같은 사람들의 배짱을 염두에 두고 에베소 사람들에게 다음과 같이 썼을 것입니다.

> 내가 떠난 후에 사나운 이리가 너희 가운데로 들어와 양 떼를 아끼지 아니할 줄을 내가 아노라. 그리고 너희 가운데서 제자들을 끌어 자기를 좇게 하려고 어그러진 말을 하는 사람들이 일어나리라 [사도행전 20:29-30]

마르키온은 그런 사나운 늑대 중 하나였습니다. 많은 제자들이 그의 가르침에 미혹되었습니다. 마르키온은 분명한 이단이었습니다.

오늘날 우리는 어떻습니까?

그의 추종자들은 마르키온파(Marcionites)라고 알려져 있었지만, 그리스도교가 아닌 사람들이 봤을 때 그의 이단적 견해는 그리스도교 정통파에 매우 가까웠습니다. 그래서 마르키온 추종자들은 심지어 그리스도인이라고 불러지기도 했습니다. 그 당시에는 신약성경 진위 여부를 가릴 수 있는 정경이 정해지지 않았을 때였기 때문에 그의 이단적 가르침을 제제할 방법이 없었습니다. 어쩔 수 없이 마르키온의 가르침은 퍼져나갔고, 그의 일부 가르침은 오늘날 교회에도 존속하고 있습니다.

오늘날, 마르키온의 이단 사상은 우리 교회 안에 조용히 자리잡고 있습니다. 우리는 신약의 하나님과 구약의 하나님이 실제로 다른 하나님일 것이라고 믿지는 않지만, 하나님이 신약보다 구약에서 더 남성적인 폭력을 행사하는 것으로 봅니다. 우리는 심지어 율법시대와 은혜시대('세대주의(Dispensationalism)'라고도 함)로 구분지어 말하기도 합니다. 우리는 또한 신약성경을 '복음' 또는 '좋은 소식'이라고 부르며, 듣는 이로 하여금 히브리어 성경(구약) '나쁜 소식'이라고 연상하게끔 합니다.

나는 복음이 구원에 이르게 하는 하나님의 능력이기 때문에 복음을 부끄러워하지 않습니다. 그러나 히브리어 성경 또한 부끄러워하지 않습니다!

더 큰 일

저는 하나님께서 교회에서 하시고자 하는 일이 있다고 믿습니다. 하나님은 우리가 이전에 유대인들에게 잔혹한 행동들을 일으켰던 숨겨져 있는 불신앙의 뿌리들이 우리 가운데서 근절되기를 원하십니다. 더 나아가 하나님께서는 우리가 히브리 성경의 더 넓은 관점으로까지 성장하도록 돕기를 원하시고 계십니다.

그렇다면 우리는 구약 성경을 정말 오래된 옛것으로 생각해야 할까요, 아니면 처음의 것으로 생각해야 할까요? 또 구약과 신약은 서로 다른 두 개의 성서일까요, 아니면 변하지 않으시는 분이라고 말씀하신 완전하신 하나님의 하나로 통합되는 완전한 자비의 메시지로 봐야 할까요?

> 나는 여호와라 변하지 아니하노라 [말라기 3:6]

> 오직 여호와의 인자하심은 자기를 경외하는 자에게 영원부터 영원까지 이르고 그의 의는 자손에게로다 [시편 103:17]

우리는 이 모든 것들이 의미하는 바에 동의할 필요는 **없습니다**. 우리는 과거의 죄를 회개하기 위해 공통된 신학을 가질 필요는 **없습니다**. 기꺼이 나서서 회개할 마음만 있으면 됩니다.

내가 말하고 싶은 것은 유대인에 대한 회개의 필요성을 느끼고 회개하는 일의 완성은 하나님이 히브리(구약) 성경과 그리스(신약) 성경을 어떻게 보시는 지와, 우리의 관점이 완전히 일치할 때까지 완성되지 않을 것이라는 것입니다.

하나님과의 완전한 일치가 정확히 어떤 것인지는 알지 못하지만, 우리는 적어도 하나님께서 은혜로 이 여정 중에 우리를 도우시고 여전히 멀어 있는 우리의 눈을 열어 주시기를 뜻을 모아 함께 기도할 수 있습니다.

개인적으로 만약 마르키온이 다음과 같이 단호하게 말한 예수의 형제 야고보의 말에 귀를 기울였다면, 오늘날 세상이 어떻게 달라졌을지 궁금합니다.

내 형제들아 너희는 선생된 우리가 더 큰 심판을 받을 줄 알고 선생이 많이 되지 말라 [야고보서 3:1]

이 회개 기도를 저와 함께 하시겠습니다.

하늘에 계신 아버지,

오늘날 우리가 '신약성경'이라고 부를 수 있는 1 세기의 기록들을 함께 모아 주셨음을 주님께 감사합니다. 바울이 '모든 성경은 하나님의 감동으로 된 것'이라고 썼을 때, 오직 구약성경만이 존재 했었고, 그리고 주님께서 우리가 항상 구약성경을 당신의 진리로 받아 들일 수 있도록 격려해 주심에 감사 드립니다.

저희가 믿는 주님에 대한 믿음이, 주님이 원하시는 믿음과 일치하지 않는 것을 용서해 주십시오. 우리는 아버지로서의 당신이 누구신지에 대한 충분한 이해와, 메시야이신 예수님에 대해 완전한 이해로 걷지 않습니다. 오늘 우리의 기도가 당신을 변치 않는 하나님으로 더 잘 이해하게 되기를 바랍니다. 오늘 우리의 기도는 당신을 경외하는 자에게 영원부터 영원까지 자비를 베푸시는 하나님이심을 더 잘 이해하게 되는 계기가 되기를 바랍니다.

주님! 마르키온과 관련된 모든 다른 사람들의 가르침이 우리 가운데에 뿌리내려져 있는 것을 뽑아 주시고, 여전히 우리 안에 남아 있는 모든 불의를 제거하여 주시기를 간구 드립니다. 오늘날 교회에 그리스도 안에 구체화된 완전한 이해와 신약성경의 가르침을 회복시켜 주십시오. 그리고 그 생각들이 히브리어(구약) 성경에도 어떻게 온전히 표현되어 있는지 우리에게 보여 주십시오.

그리고 우리가 현재 사용하는 '구약과 신약'이라는 용어에 대해 당신의 뜻이 이루어지기를 원합니다.

예수님(예슈아)의 이름으로 기도합니다. 아멘.

---

1. https://en.wikipedia.org/wiki/Marcion_of_Sinope

Day 10 / 그리스도인과 유대인의 1세기 대화: 저스틴 마터와 트리포

목표일
☐ 22.10.5 대 속죄일
☐ 23. 4. 9 부활절
☐   .   .

로라 덴스모어

저스틴 마터(Justine Martyr)는 2세기 당시 교부 중 한 명으로 알려져 있습니다. 그와 관련된 사건은 『리스트』 책의 서기 155-160년 시대 이야기에 실려 있습니다.

그가 기록한 '트리포(Trypho)와의 대화'는 '저스틴 마터'과 유대인 '트리포'와의 대화 내용이 기록되어 있는데, 저스틴 마터가 트리포에게 예수님이 메시아임을 확신시키는 내용을 담고 있습니다. 대화 내용에는 오늘날 대체 신학의 중심이 되고 있는 많은 개념들이 포함되어 있습니다. 여기서 등장하는 트리포는 실존 인물이 아니라 저스틴 마터가 유대인의 생각을 철저히 바꾸기 위해 만든 가상 인물입니다. 따라서 가상 인물인 트리포가 말한 유대인들이 무엇을 생각하고, 무엇을 믿고, 말하는지는 저스틴 자신의 생각일 뿐입니다.

아래 대화 내용을 읽으면서 우리는 1세기 초기 그리스도인과 유대인의 관계가 어떠했는지를 엿볼 수 있습니다. 다시 한번 강조드리고 싶은 것은 아래 대화가 저스틴 마터와 가상인물 트리포와의 대화 내용이라는 점입니다.

10장 - 율법(토라)을 준수하지 않는다는 점으로 그리스도인을 비난하는 트리포(유대인)

그들이 멈추자, 나는 다시 그들에게 이렇게 말했다.

저스틴 마터: 친애하는 여러분, 우리가 율법을 따르지 않고 여러분들의 선조들과 같이 육체에 할례를 받지 않으며, 여러분들과 같이 안식일을 지키지 않는 것, 이것 외에 저희를 책망할 일이 있으십니까? 우리의 생활 풍습조차 여러분들께 책망을 당해야 하겠습니까?

트리포: 그렇지만 당신이 말한 것들이 저희 유대인들이 가장 곤란하게 생각하

는 부분입니다. 여러분은 경건하다고 공언하고, **다른 사람들보다 뛰어나다고 자부하면서** 실제로는 그들과 다를바가 없습니다. 여러분들이 안식일과 절기를 지키지 않고, 할례를 행하지 않는다는 점에서 세상 사람들과 구별된 생활 방식으로 살아가고 있지도 않습니다. **더 나아가 하나님의 계명을 지키지 않으면서도**, 십자가에 못 박힌 사람에게 소망을 두고, 하나님에게서 좋은 것을 얻으려고 기대하고 있습니다.

[그림] 저스틴 마터

당신은 팔일 만에 할례를 받지 않은 그 영혼은 그의 백성에게서 끊어질 것이라는 말을 읽어본 적이 없습니까? 이것은 이방인과 노예들에게도 동등하게 적용되었습니다. 그러나 여러분들은 경솔하게 이 언약을 경시하고, 이로 인한 의무를 저버리면서도 스스로 하나님을 안다고 말하고 있습니다. 하나님을 경외하는 자들이 해야 할 일들은 하나도 하지 않으면서 말입니다. **당신이 율법(토라)을 지키지 않더라도** 무엇이든 바라는 대로 이룰 수 있다면, 우리는 당신의 의견을 매우 기쁘게 듣고 다른 방법을 살펴볼 것입니다.

그리스도교 신앙에 대한 트리포의 반대는 무엇입니까?

저는 둘 사이에서 논의되고 있는 문제의 요점이 무엇인지 여러분들의 이해를 돕고, 트리포의 사고방식과 그가 반대하는 맥락을 좀 더 잘 이해할 수 있도록 히브리어 성경(구약)에 대한 정의를 말씀드리고자 합니다.

> 너희는 그의 **언약** 곧 천 대에 명령하신 말씀을 영원히 기억할지어다 이것은 아브라함에게 하신 **언약**이며 이삭에게 하신 맹세이며 이는 야곱에게 세우신 율례 곧 이스라엘에게 하신 **영원한 언약**이라 [역대상 16:15-17]

> 그런즉 너는 알라 오직 네 하나님 여호와는 하나님이시요 신실하신 하나님이시라 그를 사랑하고 그의 계명을 지키는 자에게는 **천 대까지 그의 언약**을 이행하시며 인애를 베푸시되 [신명기 7:9]

그들은 하나님의 언약을 지키지 않았습니다. 시편 78편 10절은 그들이 그의 율법(토라)을 행하기를 거절하였다고 말하고 있습니다.

> 그들이 하나님의 언약을 지키지 아니하고 **그의 율법(토라)을 행하기를** 거절하였느니라 [시편 78:10]

트리포가 대표하는 세계관인 토라(즉, 히브리어 경전)는 하나님과 그의 백성 사이의 언약입니다. 그는 우리가 하나님의 계명을 지킬 때, 하나님께서 아브라함, 이삭, 야곱, 모세에게 약속하신 하나님의 언약 안으로 들어갈 수 있다는 것을 알고 있었습니다.

반대로, 우리가 그의 명령을 따르지 않는다면, 우리는 이스라엘의 하나님과의 언약에서 벗어난다는 것입니다. 토라는 하나님께서 당신의 백성에게 주신 언약이며 그 언약 안에 있기 위해 우리는 토라를 따라야 합니다.

저스틴 마터와 트리포의 토론으로 돌아가 보겠습니다. 트리포의 반대는 다음과 같습니다.

1. 이스라엘의 하나님을 따른다고 하는데 왜 하나님의 율법을 따르지 않습니까?
2. 토라를 따른다는 것은 시내산에서 우리와 맺은 언약에 들어가는 것인데 왜 토라(율법)를 지키지 않습니까? 하나님이 그의 백성과 맺은 언약을 멸시할 것 같습니까?

저스틴 마터는 트리포에게 다음과 같이 답합니다.

제11장 - 폐지된 율법(구약)과 하나님께서 주신 새 언약(신약)

저스틴 마터: 그러나 우리는 모세의 율법으로 인해 믿는 것이 아닙니다. 호렙산에서 주어진 율법은 이제 유대인들만의 것이 되었고, **옛 것**이 되었습니다. 그러나 신약은 모든 사람들에게 해당되는 것입니다. 새로운 법이 예전에 있던 법을 대체하듯이 마찬가지로 신약은 이전에 있었던 율법을 폐지하였습니다. 다시 말해, 하나님께서 우리에게 **영원한 새 언약되신 예수 그리스도**를 주셨고, 그 언약은 신실하니 이후에는 **율법도 없고 계명도 없고 규례도 없을 것입니다.**

43장의 대화에서 저스틴 마터는 율법(토라)은 그리스도 예수를 통해 폐지되었다고 결론을 내립니다.

이 대화를 읽으면 몇 가지 중요한 정보를 얻을 수 있습니다. 저스틴 마터는 율법도 없고, 토라도 없고, 계명도, 규례도 없다고 말하면서 대체 신학의 기초를 닦았다는 것입니다. 저스틴 마터는 시내산에서 모세에게 주신 율법 곧 하나님의 계명과 규례는 그리스도로 대체되었으며 폐지되었다고 말합니다.

저는 그런 생각이 우리 마음 속의 문제에서 비롯되었다고 생각합니다. 토라(구약이나 히브리어 경전)에는 문제가 없었습니다. 문제는 우리 마음에 있었습니다.

> **그들의** 잘못을 지적하여 말씀하시되 주께서 이르시되 볼지어다 날이 이르리니 내가 이스라엘 집과 유다 집과 더불어 **새 언약**을 맺으리라 또 주께서 이르시기를 이 언약은 내가 그들의 열조의 손을 잡고 애굽 땅에서 인도하여 내던 날에 그들과 맺은 언약과 같지 아니하도다 그들은 **내 언약 안에 머물러 있지 아니하므로** 내가 그들을 돌보지 아니하였노라 또 주께서 이르시되 그 날 후에 내가 이스라엘 집과 맺을 언약은 이것이니 내 법을 그들의 생각에 두고 그들의 마음에 이것을 기록하리라 나는 그들에게 하나님이 되고 그들은 내게 백성이 되리라 [히브리서 8:8-10]

기록된 바와 같이 굳은 마음은 다음과 같이 토라를 거부합니다.

> 그 마음을 금강석 같게 하여 율법과 만군의 여호와가 그의 영으로 옛 선지자들을 통하여 전한 말을 듣지 아니하므로 큰 진노가 만군의 여호와께로부터 나왔도다 [스가랴 7:12]

돌덩이 같이 굳어진 마음으로 인해 구약의 말씀은 거부되었고, 이는 대체신학 사고방식으로 이어지게 됩니다. 수세기에 걸쳐 지어져 온 초기 교회들의 벽, 지붕과 같은 기초 토대가 이 교리적인 거짓말 위에 지어지게 되었습니다. 우리는 초기 교회가 대체 신학을 토대로 건축되는 동안, 이 교회의 지하실에 유대인들에게 공포감과 고문을 가한 어두운 지하실이 생겼다는 것을 모르고 있었습니다. (『리스트』 책 '내가 회개의 여정을 시작한 방법' 참조)

참으로 우리 손에는 많은 피가 묻어 있습니다. 우리는 어디서부터 회개해야 하나요? 아마도 우리 중 많은 사람이 우리 교회 선조들의 죄에 대한 회개의 길을 걸어 간다면, 우리는 우리의 눈물로 돌담의 시멘트를 녹임으로써 수세기 동안 유대인과 그리스도인 사이에 있었던 벽을 함께 허물기 시작할 수 있을 것입니다.

이 회개 기도를 저와 함께 하시겠습니다.

아바 아버지, 내 마음 속에 여전히 돌 같은 곳이 많이 있음을 고백합니다. 내가 사람의 의례와 전통을 따르면서, 실제로 주를 알지 못하였고, 주의 거룩한 말씀에 순종하지 아니하였습니다.

아바 아버지, 나는 당신의 말씀의 일부(구약 율법)를 무효화된 옛것으로 생각했습니다. 저의 이러한 죄를 회개하오니 용서해주시길 바랍니다. 나는 하나님의 말씀을 당신을 나타내는 살아있는 말씀으로 보지 못했고, 옛 유물로 여겼었습니다. 이 죄를 회개합니다. 아버지 용서해주세요. 아버지, 저는 이 시간 이 죄들을 회개하고 하나님 아버지의 말씀으로 돌아가길 원합니다. 이제부터 창세기부터 요한계시록에 이르기까지 주님이 주신 모든 말씀들을 믿고 따르겠습니다.

아바 아버지, 아바 아버지, 제가 유대인들보다 영적으로 뛰어나다고 생각했던 영적 교만함과 자기 의를 회개합니다. 아버지 이 시간 제 마음속에 제가 알지 못하는 오만함들이 당신 안에서 다 드러나길 원합니다. 아버지, 하나님의 거룩한 영으로 제 마음에 새로운 일들을 행해주시길 원합니다.

> 또 새 영을 너희 속에 두고 새 마음을 너희에게 주되 너희 육신에서 굳은 마음을 제하고 부드러운 마음을 주리라. 내가 내 영을 너희 속에 두어 너희로 내 율례를 행하게 하리니 너희가 내 규례를 지켜 행하리라 [에스겔 36:26-27]

아바, 아버지, 말씀하신 것처럼 당신의 영으로 내 마음에 새로운 일을 행해 주소서. 예수님 이름으로 기도 드립니다. 아멘.

1. In 165, Justin and his disciples were arrested for their faith. When the Roman prefect, Rusticus, threatened them with death, Justin said, "If we are punished for the sake of our Lord Jesus Christ, we hope to be saved." They were then taken out and beheaded. Since he gave his life for the faith, Justin was surnamed Martyr, the term now used for those who die for their faith in Christ.
2. http://www.earlychristianwritings.com/text/justinmartyr-dialoguetrypho.html

Day 11 / 콘스탄티누스: 로마로 가는 길을 따라... 아니면 예루살렘으로?

목표일
☐ 22.10.5 대 속죄일
☐ 23. 4. 9 부활절
☐

로라 덴스모어

우리가 살펴볼 수 있는 또 다른 교회의 선조는 콘스탄티누스입니다(『리스트』, 315 및 321 항목 참조).

로마인들은 기원 70~71년의 반란을 진압한 후 예루살렘과 거룩한 성전을 파괴했습니다. 일부 유대인들은 노예가 되었고 많은 사람들이 죽었으며 일부 사람들은 목숨을 위해 도피했습니다. 예루살렘은 엘리아 카피톨리나(Aelia Capitolina)로 개명되었고 옛 예루살렘 성전이 있던 자리에 제우스 신전이 세워졌습니다.[1] 그 후 240년 동안 초기 신자들은 로마 제국의 핍박을 받고 흩어져 지하로 내려가게 되었습니다.

로마 황제 콘스탄티누스은 예수님을 초기에 믿은 사람들에 대한 박해를 종식시킨 것으로 유명합니다. 313년에 그는 밀라노 칙령을 아래와 같이 공포하였습니다.

- 로마 제국에서 그리스도교에 대한 종교적 관용을 선언
- 그리스도교를 새로운 국교로 선언

이것들은 모두 그리스도교에 도움이 되었습니다만, 우리는 전체적인 그림을 살펴볼 필요가 있습니다.

밀라노 칙령은 그리스도교에 대한 박해를 끝내고, 그리스도인들에게 종교적 관용을 확장한 반면, 동시에 초기 교회들을 히브리적인 뿌리들에서 분리시켰습니다. 아래와 같이 말입니다.

- 예배일을 안식일에서 일요일로 대체
- 성경의 절기를 크리스마스와 부활절로 대체

서기 325년에 콘스탄티누스는 최초의 니케아 공의회[2]를 소집하여 오늘날 니케아

신조³를 갖게 되었습니다. 이 공의회는 오늘날까지도 교회에 막대한 영향을 미치고 있는 많은 중요한 결정을 내렸습니다. 이것은 우리 교회 선조들이 예루살렘으로 가는 길에서 벗어나 로마로 가는 길을 걷기 시작하게된 초기 교회 여정의 결정적인 순간이 되었습니다.

니케아 공의회가 끝나자 콘스탄티누스는 교회들에게 부활절에 관련하여 다음과 같이 편지하였습니다.

"... 공의회에서 우리는 가장 신성한 날인 부활절의 문제를 논의했습니다. 그리고 만장일치로 부활절은 모든 사람들이 같은 날에 그것을 축하해야 한다고 결정되었습니다. 가장 신성한 부활절을 유대인의 풍습에 따라 지킨다는 것은 매우 가치 없는 일이라고 생각합니다. 유대 민족은 분노에 찬, 가장 끔찍한 죄를 지은 민족이며, 당연히 이 죄로 인해 그들의 영혼은 더럽혀졌고, 맹인이 되었습니다. 우리는 절기 날짜를 계산하는 유대인들의 방식을 버림으로써 다음 세대들이 우리가 현재까지 지켜온 정확한 시간에 절기들을 지키도록 할 수 있습니다. 그러므로 여러분은 가장 적대적인 민족, 유대인들과 공통점이 하나도 없게 됩니다. 우리는 구세주라는 다른 길을 받았습니다."

여기에 많은 사람들이 주목한 흥미로운 유사점이 있습니다. 교부들이 히브리어 성경(구약성경)을 따르지 않을 때, 또한 유대 민족들로부터 떠나게 되었다는 것입니다.

콘스탄티누스는 강력한 로마의 '거룩하지 않은 도끼'를 마구 휘두르며, 초기 교회가 히브리어 성경(구약성서)을 지키지 못하도록 막고, 유대인과 그리스도인 사이를 가르는 거대한 벽을 쌓았습니다.

기원 321년에 콘스탄티누스 황제가 첫 번째 일요일 법을 제정했습니다.⁴

콘스탄티누스 1세의 칙령에는 다음과 같이 명시되어 있습니다.

"거룩한 태양절에 성읍의 치안판사들과 거주민들이 모두 쉬게 하고, 모든 작업장이 문을 닫도록 하십시오. 그러나 농업에 종사하는 사람들은 자유롭고 합법적으로 그들의 활동을 계속할 수 있습니다.

다른 날은 곡식 파종이나 포도나무 심기에 적합하지 않은 경우가 종종 있기 때문입니다. 그러한 작업을 위한 적절한 순간을 등한시 하여 하늘의 은혜를 잃지 않도록 하십시오."

콘스탄티누스의 전임자인 아우렐리아누스(Aurelian) 황제는 솔 인빅투스(떠오르는 태양신)를 전통적인 로마 숭배와 전통적인 로마 종교와 함께 공식적인 종교로 만들었습니다. 콘스탄티누스의 새 법령 '솔 인빅토스'는 태양 숭배와 관련된 것이었습니다. 사실 '태양의 날(SUN DAY)'은 이교도 로마인들이 태양을 숭배하는 날이었습니다.

비록, 콘스탄티누스은 그리스도교를 국교로 삼았지만, 실행하는데 있어서 '이스라엘의 하나님'과 '태양의 신, 솔 인빅투스'

[사진] 서기 313년에 주조된 금화: 콘스탄티누스을 태양신 솔 인빅투스의 동반자로 묘사하고 있음

를 숭배 사상을 혼합하고 있었습니다. 공식 로마 주화에는 계속 태양신, 솔의 이미지가 새겨져 있으며 금메달(왼쪽 사진)에는 태양신 솔과 콘스탄티누스의 흉상이 나란히 그려져 있습니다.

콘스탄티누스의 개선문은 콜로세움 옆에 있는 거대한 솔 동상과 일직선이 되도록 세심하게 배치되어 주요 방향에서 개선문을 보았을 때, 솔 동상이 주요 배경으로 보이도록 하였습니다.

콘스탄티누스 칙령의 목적은 태양 숭배 관행을 주류화하고 그 관행을 새로운 그리스도교 국교로 통합하는 것이었습니다. 이렇게 제도화된 새로운 로마의 국교, 그리스도교는 히브리어 성경에서 완전히 벗어난 것이었습니다.

대체 신학의 시작은 히브리어 성경을 인간이 만든 전통과 법으로 대체함으로써 발생했다고 볼수 있습니다. 즉, 콘스탄티누스는 대체 신학을 공식화하고 제도화하는 데 큰 역할을 했습니다. 대체 신학이란 정확히 무엇일까요?

대체 신학은 이방인 지도자들이 예루살렘의 유대인 지도자들로부터 리더십을 인수받은 후 교회에 처음 도입되었습니다. 대체신학의 신념은 다음과 같습니다.[6]

1. 유대 민족은 더 이상 '하나님의 택하신 백성'이 아닙니다.
2. 신약에서 오순절 이후의 '이스라엘'이라는 용어는 교회를 가리킵니다.
3. 모세를 통한 '구' 언약은 이제 '새' 언약으로 대체되었습니다. 따라서 신약의 가르침들이 구약의 가르침보다 더 강조되어야 합니다.

[사진] 콜롯세움 트라이엄벌리스 가에서 오른쪽, 남쪽에 있는 콘스탄티누스 개선문

4. 실제 할례는 마음의 할례로 대체됩니다.

우리는 다음과 같은 질문들을 고려해봐야 합니다.

- 왜 우리 교회의 선조들이 더 이상 하나님의 말씀(창세기부터 요한계시록까지)을 높이 평가하지 않고, 귀하게 여기지도 않고, 따르지도 않고 오직 신약 성경에만 초점을 맞추었을 때와 히브리어 성경(구약 성경)을 우리에게 전해 준 유대인들을 주님의 택하신 사람들로서 소중히 대접하지 못하고 가치 없는 존재로 여기는 현상이 맞물려 일어났을까요?
- 만일 우리가 교회에서 하나님의 모든 말씀(구약성경/히브리어 성경 포함)을 소중히 여기고, 높이 평가하고, 따르기 시작했다면 어떻게 될까요? 우리가 만약 그렇게 한다면, 그분이 택하신 유대 민족들 또한 소중하게 여기게 되지 않을까요?

나는 콘스탄티누스 대제와 니케아 공의회가 내린 원래의 결정이 교회의 선조들을 예루살렘으로 가는 길에서 멀어지게 하고, 로마로 가는 길로 인도했다고 생각합니다.

교회는 아주 오랫동안 이 길을 걸어왔습니다. 우리는 모두 교회의 선조들로부터 로마로 가는 이 여정을 물려받았습니다.

우리가 교회의 선조들로부터 거짓말을 물려받은 것은 아닐까요? 만약 그렇다면, 우리는 어떻게 해야 그러한 거짓말들을 분별하고, 진실로 돌아갈 수 있을까요?

> 여호와 나의 힘, 나의 요새, 환난날의 피난처시여 민족들이 땅 끝에서 주께 이르러 말하기를 우리 선조들의 계승한 바는 허망하고 거짓되고 무익한 것뿐이라 [예레미야 16:19]

우리는 어떻게 하다 이스라엘로 가는 길에서 벗어나 로마로 가는 길목에 들어섰는지, 왜 로마로 가는 이 길을 걷고 있는지 생각해볼 기회가 없었습니다. 어쩌면 우리가 교회 안에서 길을 잃은 것이 아닐까요?

많은 사람들이 깨어나 예루살렘과 유대인들에게로 마음을 돌리기 시작하고 있습니다.

예수님께서는 예루살렘에서 천 년 동안 통치하고 다스릴 것입니다(요한계시록 20:4). 예수님께서 모든 민족에게 모세오경(토라)을 가르치실 곳 또한 예루살렘입니다(이사야 2:3-4). 예루살렘에서 우리는 오랫동안 잃어버린 형제 자매인 유대 민족을 만날 것입니다(호세아 1:11).

여호와 하나님께서 그의 이름을 두신 곳도 예루살렘입니다(신명기 16:2, 6, 11). 성경에 따르면, 마지막 날에 하나님의 백성이 시온과 예루살렘으로 가는 길을 물을 것이라고 예언되어 있습니다.

> 나 여호와가 말하노라 그 날 곧 그 때에 이스라엘 자손이 와서 유다 자손이 함께 가고 울며 가서 그들의 하나님 여호와를 찾을 것이요 그들이 그 얼굴을 시온으로 향하는 길을 그리로 물으며 이르기를 오라 우리가 잊지 아니할 영원한 언약으로 여호와와 연합하자 하리라 [예레미야 50:4-5]

이 회개 기도를 저와 함께 하시겠습니다.

아바, 길을 잃었습니다. 우리는 아주 오랫동안 로마로 가는 길에 있었고 어떻게 여기까지 왔는지조차 모릅니다. 우리는 구약성경(히브리어 성경)을 평가절하했습니다. 우리는 당신의 택한 백성인 유대인들을 평가절하했습니다. 아바, 우리는 이것을 회개하고 당신의 자비를 구합니다. 용서해 주십시오.

아바, 우리를 다시 예루살렘으로 가는 길로 안내해주실 수 있나요? 우리의 목자되신 예수님을 보내주셔서 우리를 예루살렘으로 다시 인도해 주시길 바랍니다. 그리고 이 회개 여정에서 예수님께서 잃어버린 양들인 우리를 모으실 때, 우리 각자가 히브리 성경에 다시 연결될 수 있기를 바랍니다.

시온과 예루살렘으로 가는 길을 찾도록 도와주시길 바랍니다. 그리고 오랫동안 잃어버린 우리 가족인 유대 민족과 다시 만날 수 있도록 도와주시길 바랍니다. '상하고 통회하는 마음'(다윗의 시편 51:17절에서 하나님이 받으시는 제사로 표현: 역자 주)으로 돌아올 때, 우리가 그들을 조건없이 사랑하게 되기를 바랍니다.

예수님의 이름으로 기도합니다. 아멘.

---

1. https://www.quora.com/Why-did-Romans-expel-Jews-from-Israel
2. https://www.britannica.com/event/Council-of-Nicaea-Christianity-325
3. https://en.wikipedia.org/wiki/Nicene_Creed
4. http://biblelight.net/sunday.htm 및 https://en.wikipedia.org/wiki/Sunday
5. https://en.wikipedia.org/wiki/Sol_Invictus
6. https://carm.org/questions-replacement-theology

Day 12 / 니케아 공의회

목표일
☐ 22.10.5 대 속죄일
☐ 23. 4. 9 부활절
☐   .   .

에이미 코그델

    많은 그리스도인들은 니케아 공의회를 우리 그리스도교 역사의 승리로 여깁니다. 니케아 공의회는 예수님의 신성 관련 문제들을 논의하고 결정하여, 교회들을 하나로 통합시키기 위해 소집된 최초의 전 세계 주교 모임이었습니다. 수세기간의 논쟁 끝에, 우리 교회 선조들은 하나님 아버지와 그의 아들이신 예수님과의 관계에 대한 신비를 다음과 같이 표현하기로 결정하였습니다.

> '하나님의 아들 주 예수 그리스도는 참 하나님으로부터 나신 참 하나님이시며, 아버지에게서 나신 독생자 이시며, 빛으로부터 나신 빛이시고, 창조함을 받지 아니하시었으며, 아버지와 같은 본성을 가지시었고, 아버지와 한 본체이신 분이십니다…'[1]

    17세기 이후, 니케아 신조는 가장 보편적으로 받아들여지는 그리스도교 교리 중 하나로 남아 있습니다.
    그러나 유대교 신자들에게 니케아 공의회는 승리보다는 분리되는 아픔이었을 것입니다. 공의회의 선언문에는 부활절 날짜를 표준화하고 그 날짜를 유대인의 유월절과 분리하는 명령이 있었습니다(『리스트』 항목 325 참조). 유대 달력에서 그리스도교 달력을 분리하는 것은 유대인에 대한 수년간의 논쟁의 결과로 자연스러운 열매였습니다. 교회의 이방인 지도자들은 오랫동안 유대인들을 하나님의 약속에 대한 권리를 상실한 패배한 백성으로 묘사해 왔습니다. 유대인 신자들과 이 해결되지 않은 공통점을 근절하는 것은 우리 니케아 선조들에게 합리적이고 바람직한 일처럼 보였을 것입니다.
    그러나 그렇게 함으로써 그들이 하나님의 마음을 슬프게 했다고 생각합니다. 그들은 교회의 신비를 이스라엘의 신비에서 분리시킴으로써, 교회의 신비를 깨트리고 왜

[그림] 니케아 공의회

곡시켰습니다. 결과적으로 이들은 하나님 아버지의 성품을 왜곡되게 표현했습니다. 왜냐하면 그분은 변함없는 신실하심과 사랑의 하나님이시기 때문입니다.

  나는 신실한 가톨릭 신자로서 이 성찰을 씁니다. 사실 저는 천주교로 개종한 개신교도입니다. 나를 끌어당긴 것은 니케아와 니케아 이전의 교부들의 글이었습니다. 저는 그들의 열정, 성경에 대한 깊이 있는 통찰력, 그리고 그들이 화합을 가장 중요하게 여기는 것에 매료되었습니다. 그들의 설교를 읽으면서 나는 나의 서구적 개인주의에 대해 죄책감을 느꼈습니다. 나는 성령이 인도하시는 권위에 겸손히 복종하는 데 뿌리를 둔 하나됨의 비전을 보았고, 교회 안에 있는 그리스도의 경이로움을 새롭게 믿었습니다.

  다음은 저에게 깊은 감동을 준 글의 두 가지 예입니다.

> 사랑이 두려움을 완전히 몰아내고 두려움이 사랑으로 바뀔 때, 우리 구세주께서 우리에게 가져다주신 하나됨이 완전히 실현될 것입니다. 모든 사람은 모든 것을 능가하시는 한 분, 하나님과의 연합을 통해 서로 하나가 될 것이기 때문입니다.
> [니사의 성 그레고리우스 (강론 15: 야거르 6세, 466)]

> 우리도 그분(예수님)을 본받아 우리 형제들을 대신하여 아무리 비천하고 힘겨워 보이는 일이더라도 그 일을 거절하지 맙시다. 우리가 이 일을 맡는다면 작고 하찮은 사람을 섬겨야 할 수도 있습니다. 그 일은 매우 힘들 수 있습니다. 산과 절벽이 우리의 길을 가로막을 수 있습니다. 우리 형제들의 구원을 위해서는 모든 것을 견뎌야 합니다. 결국 하나님께서는 사람의 영혼을 너무나 사랑하셔서 당신의

아들도 아끼지 않으셨습니다. [성 요한 크리소스톰 (강론 59)]

최근에 나는 그 강론을 쓴 사람들이 유대인에 관해 다음과 같은 말을 썼다는 것을 알게 되었습니다(『리스트』, 335-395 항목 참조).

> 주님을 살인한 자들, 선지자들을 죽인 자들, 하나님의 원수들이며 비방하는 자들, 율법을 범하는 자들, 은혜를 대적하는 자들, 선조들의 믿음을 거스르는 자들, 마귀를 변호하는 자들, 독사의 자손들… 바리새인들의 분노로 가득 찬 자들, 흑암 가운데 마음이 묶인 자들, 사탄의 공회. 범죄자들, 타락한 자들… 모든 품위 있고 아름다운 것의 적들… [니사의 성 그레고리우스(St. Gregory of Nyssa)]

이제 요한 크리소스톰의 말을 들어보십시오.

> 유대인 당신들이 그리스도를 죽였기 때문입니다. 여호와께 손을 뻗쳐 반항했기 때문입니다. 당신들이 그리스도의 보혈을 흐르게 했기 때문에, 이제 더 이상 당신들에게는 회복도, 자비도 없으며, 더 이상의 변호도 없을 것입니다… [성 요한 크리소스톰 (강론 87)]

가톨릭 신자로서 이 갈등에 어떻게 반응해야 할까요? 내가 존경하는 신조를 만든 교부들과 하나됨과 연민에 대해 강력하게 말한 주교들이, 오히려 유대인들을 비방하고 유대인 신자들을 증오하며 때때로 폭력을 선동하기까지 했습니다. 그들은 유대인 신자들이 어떠한 언약 준수 행위도 하지 못하게 억압함으로써 믿는 유대인들의 교회를 손상시켰습니다. 그들은 유대인에게 "회복도 없고 자비도 없다"고 주장함으로써 선지자들을 부인하고 은혜의 복음을 묶어 놓기까지 했습니다. 그런 말이 성인들에게서 나오는 것을 보니 마음이 아픕니다.

나는 우리 교회가 이러한 역사적 사실을 인정하고 밝히며, 이런 말들과 생각을 거부하고, 유대인들에게 이런 말들을 한 것을 슬퍼하고 용서를 구하기를 간절히 기도합니다.

그리스도인들이 이스라엘 백성과 그토록 철저하게 이혼하지 않았다면 교회는 자신의 복잡한 역사를 더 잘 이해할 수 있었을 것입니다. 우리는 구약에서 하나님의 부르심이 있는 거룩한 백성이라고 해서 오류를 범하지 않지는 않는다는 것을 봤습니다. 그래서 거룩한 백성 이스라엘이라고 하더라도 종종 하나님의 명령에서 벗어나 자신의 죄로 인해 고통을 겪었습니다. 그러나 하나님은 거듭해서 그의 백성에게 회개를 촉구하는 선지자들을 보내셨습니다. 주님은 그들에게 하신 약속을 폐지하지 않으셨고 이스라엘에 대한 사랑을 결코 중단하지 않으셨습니다.

그리스도인과 유대인 모두 세상을 축복할 수 있는 거룩한 선물을 받았습니다. 또 그리스도인과 유대인 모두 예배와 저술 활동을 통해 하나님의 이름을 증거합니다. 둘 다 하나님께서 믿음의 남녀를 통해 기적을 행하시는 것을 보았습니다. 그리고 둘 다 때때로 소명의식이 심각하게 부족할 때도 있습니다.

예수께서 돌아가신 지 2천 년이 지난 지금 그리스도교 교회가 존재하는 이유는 단 하나입니다. 유대인들이 살아남은 것도 같은 이유입니다. 하나님께서 끝없는 신실함으로 당신의 백성들을 사랑하시기 때문입니다. 우리 그리스도인들은 이 놀라운 은혜를 묵상할 때 놀라움과 감사함으로 마음이 불타올라야 합니다. 우리는 하나님이 사랑하시는 것을 사랑하고 그분이 원하시는 것을 갈망해야 합니다. 하나님은 당신의 백성을 사랑하시고 그들 안에서 영광을 받기를 원하십니다. 이스라엘과 교회는 모두 메시아 안에서 연합된 하나님의 백성입니다.

이 회개 기도를 저와 함께 하시겠습니다.

아버지,

그리스도교 사상의 구조에 일찍부터 깊숙이 뿌리내린 유대교 증오의 죄를 밝혀 주십시요. 이방인 그리스도인들에게 이 어둠과 그 어둠이 낳은 폭력을 슬퍼할 수 있는 은총을 주십시요. 아버지, 저희 마음을 새롭게 하시고 주님의 신실하심을 가르쳐 주시기를 간구합니다. 이스라엘 백성과 교회에서 주님 자신을 영화롭게 하사 우리가 주님을 합당하게 예배할 수 있게 하소서. 그리고 유대인, 그리스도교인을 막론하고, 여호와의 절기인 유월절에 주님의 백성들에게 기쁨과 희망, 감사가 넘쳐나길 기도합니다. 그래서 이들 모두가 그리스도 안에서 하나로 연합되는 여호와의 절기가 되기를 간절히 기도합니다.

예수님의 이름으로 기도드립니다. 아멘.

Day 13

사악한 씨앗, 사악한 뿌리와 사악한 열매

목표일
☐ 22.10.5 대 속죄일
☐ 23. 4. 9 부활절
☐   .   .

로라 덴스모어

우리는 우리 교회 선조들의 죄를 가까이서 개인적으로 살펴보는 회개의 여정을 계속하고 있습니다.

교회의 선조 중 한 사람은 요한 크리소스톰(John Chrysostom)이라는 한 사람이 있었습니다. 그는 5세기 콘스탄티노플 대주교였으며 저명한 초대 교부로 불립니다. 그는 대중 연설과 설교로 유명했습니다. 가톨릭, 성공회, 동방 정교회에서 그는 교회의 건국 선조 중 한 사람으로 영예를 받았으며 그는 '성인' 요한 크리소스톰으로 불립니다.

여기에 몇 가지 유명한 요한 크리소스톰의 인용문[1]이 있습니다.

"기도는 모든 근심의 피난처, 즐거움의 기초, 끊임없는 행복의 근원, 슬픔으로부터 보호하는 것입니다."

"아무리 당신의 말이 정당하고, 공정할지라도 또 그 말을 아무리 담대하게 말했더라도 그 어떤 경우더라도 당신이 화를 내며 말했다면, 당신은 모든 것을 망치게 됩니다." "언제나 우리의 혀를 지킵시다. 혀가 항상 조용해야 한다는 말이 아니라, 적절한 때에 혀가 말을 하도록 해야 합니다."

"항상 혀를 지킵시다. 그것은 항상 침묵해야 한다는 것이 아니라, 말해야 할 때 적절하게 말해야 한다는 것입니다."

위의 인용문은 듣기 좋고 성경 말씀과 일맥상통하는 것 같습니다. 그것들은 냉장고에 자석으로 붙일 수 있는 일종의 인용문입니다. 그러나 완전한 그림을 이해하기 위해 우리가 살펴보아야 하는 요한 크리소스톰의 어두운 면이 있습니다.

386-87년에 요한 크리소스톰은 유대인에 대한 증오로 가득찬 '유대인에 대항하여' 라고 불리는 8편의 설교 시리즈를 전했습니다.

---

1. https://www.azquotes.com/author/21940-Saint_John_Chrysostom

"보배로운 피를 흘리셨기 때문에, 이제는 회복도 없고 자비도 없고 변호도 없습니다… 당신들이 그리스도를 죽였기 때문이며, 주님을 대항하여 채찍을 휘둘렀기 때문입니다.

그리스도에 대한 당신들의 광기로 인해 당신들은 궁극적인 범죄를 저질렀습니다. 그래서 지금은 과거보다 더 심한 벌을 받고 있는 것입니다. 그렇지 않았다면, 하나님은 당신들에게서 완전히 등을 돌리지 않았을 것입니다."

"당신들은 그리스도를 죽였고, 주님을 대적하여 폭력적인 손을 들어 그분의 귀중한 피를 흘렸습니다. 이것이 당신에게 속죄, 변명, 변호의 기회가 없는 이유입니다… 기름부음 받은 자 그리스도에 대한 당신들의 미친 분노는 아무도 당신의 죄를 능가할 여지를 남기지 않았습니다. 이것이 바로 당신들이 지금 받고있는 형벌이 당신들의 선조들이 받았던 형벌보다 더 큰 이유입니다. 이것이 당신들의 현재 불명예의 이유가 아니라면 어찌 하나님께서 옛날에 당신들이 우상 숭배하며 자녀를 바칠 때에도 참아주시고, 지금은 당신들이 그런 죄를 지을만큼 대범하지도 않는데 이렇게 당신들을 외면하시겠어요? 이래서 내가 유대인을 증오합니다. 그들은 율법을 가지고 있으면서도, 그것을 터무니없이 사용하고 있습니다."

이 8개의 강론에서 그는 다음과 같이 말합니다.

- **유대인에 관하여**: 그는 그들을 '개, 미친 말, 이리, 야수, 돼지, 염소'에 비유합니다. 그는 모든 사람 중에서 그들을 '가장 비참하고 끔찍한 사람'이라고 부릅니다. 그리고 다음과 같이 유대인을 묘사하기도 했습니다. "그 영혼에는 귀신이 거한다", "그들은 죽이기에 합당하다 … 그들 스스로 일할 수 없는 상태로 자신들을 만드는 동안, 살육 당하기에 적당하게 자랐다.", "배를 위하여 살고 이 세상 것을 염려하며 방탕하고 탐식하므로 그들의 상태가 돼지나 염소보다 나을 것이 없다."
- **회당에 관하여**: "회당은 매춘업소와 극장일 뿐만 아니라; 강도의 소굴이요 들짐승의 거처요. 정말 사악한 씨앗이요, 악한 뿌리와 악한 열매이다." 회당은 여관보다 명예롭지 못하다. 강도와 사기꾼의 숙소일 뿐만 아니라 악마의 숙소이기도 하다. 이것은 회당 만이 아니라 유대인의 영혼에도 해당된다.
- **성전에 관하여**: "유대인 국가와 생활 방식이 여전히 널리 퍼져 있었을 때 성전은 이미 도둑의 소굴이었습니다. 이제 그것을 사창가, 죄악의 요새, 귀신의 처소,

마귀의 요새, 영혼의 멸망, 모든 멸망과 형벌의 구덩이라고 하거나, 이 밖의 어떤 이름이라도 이들이 마땅히 받아야 할 이름들을 붙여주십시오."

이런 증오심 가득한 말이 요한 크리소스톰의 입에서 나왔습니다. 너무 놀라운 것은 역설적이게도 크리소스톰이라는 이름이 '황금의 입'을 의미한다는 것입니다.

이 '황금의 입'에서 나온 이 말, 이 '증오의 악한 씨'는 비옥한 땅에 떨어졌습니다. 이 씨앗은 초기 교회 선조들의 마음과 정신의 비옥한 토양에서

[그림] 요한 크리소스톰

배양되었습니다. 이 씨앗은 뿌리를 깊이 내렸습니다. 녹색 묘목은 위로 솟구쳐, 매우 깊고 넓은 뿌리 체계를 가진 가시 덤불로 자랐습니다. 이 가시덤불에서 사악한 열매가 맺혔습니다. 그 열매는 무엇이었습니까?

그는 사람들에게 "유대인을 증오하라"고 제안하고, 유대인들을 '야수, 돼지, 염소'로 간주하고, 그들이 "살육 당하기에 적합하다"고 말하였습니다. - 이러한 단어와 아이디어는 종교 재판, 십자군 전쟁 및 '홀로코스트(대량 학살) 계획의 기초가 되었습니다.

가시덤불은 자를 수 있지만, 뿌리를 뽑지 않으면 다시 자라납니다. 크리소스톰의 말, 생각, 아이디어는 가시 덤불의 '뿌리'에 비유할 수 있습니다.

우리는 떨기나무가 맺은 악한 열매(유대인에게 행해진 사건, 행위, 악행)를 회개할 수 있지만, 가시덤불의 '뿌리'를 제거하지 못하면 그 사악한 결실은 반드시 다시 열매 맺게 될 것입니다.

이것의 '뿌리'는 무엇입니까? 마음의 문제라고 생각합니다. 어떻게 그런 증오에 가득 찬 말이 유명한 초대 교회 교부의 입에서 나올 수 있습니까? 이 사람의 마음 속에는 무엇이 있었을까요? 성경은 우리에게 다음과 같이 답을 줍니다.

선한 사람은 마음의 쌓은 선에서 선을 내고 악한 사람은 그 마음의 쌓은 악에서 악을 내느니라. **그의 입이 마음에 가득한 것을 말함이라** [누가복음 6:45]

요한 크리소스톰의 말을 들으며 곰곰히 생각해 보니 그의 마음에는 영적 우월함, 오만함, 교만함의 태도가 들어있었습니다. 이것이 이러한 문제의 '근원'이었습니다. 악한 열매뿐 아니라 악한 뿌리까지 참회하는 것이 우리가 해야 할 일입니다. … 그러면 이 골치 아픈 가시덤불과 사악한 열매가 뿌리까지 뽑히게 할 수 있습니다.

이 회개 기도를 저와 함께 하시겠습니다.

하나님 아버지, 저는 우리 믿음의 선조인 요한 크리소스톰이 유대 민족에게 내뱉은 이 악한 말을 회개합니다. 그 악랄하고 가증한 말들이 대대로 교회 성도들의 마음과 생각의 땅에 뿌리를 내리고 아주 악한 열매를 맺었습니다. 하나님 아버지, 요한 크리소스톰과 우리 교회의 다른 선조들의 영적 교만과 오만함을 회개하고 용서를 구합니다.

내 안에 있는 돌 같은 마음을 제하시고, 영적인 교만과 오만과 우월감을 없애 주시기를 간절히 바라며 회개합니다. 주님께 용서를 구합니다. 나의 자존심을 뿌리째 뽑아 주소서. 나는 예수님의 보혈을 내 심장과 마음, 생각과 영혼에 바릅니다. 제 마음을 바꿔주세요. 제 성품을 바꿔주세요. 제 생각을 바꿔주세요

하나님 아버지, 유대 민족을 향한 주님의 마음을 저에게 부어 주십시오.

제가 동료 유대인 형제 자매들에게 겸손한 종이 되도록 허락해 주시기 원합니다. 유대 민족에 대한 깊은 사랑을 주십시오. 그 사랑을 구체적이고 실천적으로 보여줄 수 있는 문을 열어주세요.

예수님의 이름으로 기도드립니다. 아멘 아멘!

Day 14

유대인들을 대항한 '성자(?) 크리소스톰'

목표일
☐ 22.10.5 대 속죄일
☐ 23. 4. 9 부활절
☐   .   .

레이 몽고메리

> 혀에는 생명과 사망의 권세가 있나니 혀를 사랑하는 자는 그 열매를 먹으리라
> [잠언 18:21]

요한 크리소스톰(349~407년)은 그리스도교의 지도자[1]이며, 4명의 위대한 그리스 교부중 한 명으로 여겨집니다(『리스트』, 386-387 항목 참조). 그가 안디옥에서 장로로 있던 첫 2년(386-387) 동안 그는 유대교의 절기와 금식을 계속 지킨 그의 교회 성도들을 대상으로 한, 8편의 시리즈 강론 '유대인에 대항하여'에서 유대교와 유대인들을 비난했습니다. 이와 같이 유대교와 유대인에 대해 비판적인 그는 유대교와 회당을 부정적인 시각으로 바라보았습니다. 그는 유대인을 결코 용서받을 수 없는 귀신 들린 사람들로 묘사하고 유대인을 미워하는 것이 그리스도인의 책임이라고 주장했습니다. 그는 그가 쓴 모든 글에서 이 주장을 정당화하기 위해 다양한 성경 구절을 인용하였습니다.

다음은 그의 첫 번째 강론에서 발췌한 것입니다[2]

> 그러나 내가 유대인들을 불쌍하다고 한 것에 놀라지 마십시오. 정말 불쌍하고 비참한 사람들입니다. 하늘에서 내려온 많은 축복이 그들의 손에 임할 때에, 그것을 밀어내고 거절하기 위해 무척 애를 쓰다니 말입니다. 유대인들이 비록 하나님의 아들로 입양되도록 부르심을 받았다고는 하지만, 오히려 개들의 친족과 같이 타락했으니 말입니다.

> 그러나 그 후 순서가 어떻게 바뀌었는지 보십시오. 그들은 개가 되었고 우리는 자녀가 되었습니다.

…짐승들이 가득 찬 여물통의 먹이를 먹고 살면 살이 통통하게 찌고, 더 고집이 세지며, 더 통제하기 어려워집니다. 그 짐승들은 어떤 멍에와 고삐도 지기 싫어하며, 마부꾼의 손길을 견디지 못하게 됩니다. 유대인들도 이와 같이 술취함과 통통하게 살쪄가며 궁극의 악으로 나아갔습니다. 그들은 그리스도의 멍에를 메지 않고, 그의 가르침에 따라 쟁기를 끌지도 않았습니다. 한 선지자는 '이스라엘은 완고한 암소와 같이 완고하다(호세아 4:16)'라며 이런 상황에 대해 암시했습니다. 또 다른 선지자도 유대인을 '길들여지지 않은 송아지(렘 31:18)'라고 불렀습니다.

그런 짐승들은 일하기에 적합하지 않지만, 죽이기에는 적합합니다. 유대인들도 마찬가지입니다. 그들은 일하기에는 적합하지 않지만, 살육 당하기에 적합하게 되었습니다. 원래 금식하는 사람은 마땅히 자제하고, 뉘우치고, 겸손해야 합니다. 분노에 취해서는 안됩니다. 그러나 이제 유대인들은 금식할 때, 시장에서 맨발로 춤 추며, 과음하며 궁극의 방탕함을 추구하고 있습니다.

또 유대인들은 많은 매춘부들, 여성 합창단, 배우들을 모아 회당에 데리고 가며, 마치 회당을 극장처럼 만들고 있습니다. 이제 극장과 회당 사이에는 차이가 없습니다.

많은 사람들이 유대인을 존경하며 현재 그들의 생활 방식이 고결하다고 생각하는 것을 압니다. 이것이 내가 서둘러 이 치명적인 견해를 뿌리 뽑고 제거하는 이유입니다. 회당은 매춘업소이자 극장일 뿐만 아니라, 도적들의 소굴이자 짐승들의 숙소이기도 합니다.

그러나 유대인들은… 배를 위해 살고 이 세상 일을 바라보며 방탕함과 탐식으로 말미암아 돼지나 염소보다 못합니다. 그들은 한 가지만 알고 있습니다. 배를 채우고 취하는 것…

… 실제로 회당은 여관보다 명예를 누릴 자격이 없습니다. 강도와 사기꾼의 숙소일 뿐만 아니라 악마의 거주지이기도 합니다. 회당뿐만 아니라 유대인의 영혼 또한 이와 마찬가지입니다.

제가 이 유대인들을 신실하다고 부르는 것을 하늘이 금지하였습니다… 비록 신상이 서 있지 않는다고 하더라도 마귀가 사는 이 곳이 불경한 장소가 아니겠습니까? 여기에서 그리스도를 죽인 자들이 모이고, 여기에서 십자가가 쫓겨나고, 여기에서 하나님이 모독을 당하고, 여기에서 아버지가 무시당하고, 여기에서 아들이 분노하고, 여기에서 성령의 은혜가 거부됩니다. **유대인들 자신이 마귀인 즉, 여기**

에서 더 큰 해가 나지 아니하겠습니까?

따라서 유대인과 이교도의 불경건함은 동등합니다. 그러나 유대인들은 더 위험한 기만을 행합니다. 그들의 회당에는 양과 송아지가 아니라 사람의 영혼을 제물로 바치는 보이지 않는 속임수의 제단이 있습니다.

확실히 지금은 유대교 회당에 악마가 살고 있다는 것을 보여줄 때입니다. 회당뿐만 아니라 유대인들의 영혼에도 말입니다…

여러분은 악마가 그들의 영혼에 살고 있고, 이 악마가 오래된 옛 악마보다 더 위험하다는 것을 보고 계십니까? 이 말은 다음과 같은 사실로 인해 매우 타당한 말입니다. 옛날에는 유대인들이 선지자들을 모욕했었는데, 지금은 그 선지자들의 주인인 예수님을 모욕하고 있지 않습니까? 여러분들은 귀신에 홀린 자, 살육과 유혈 속에서 자란 더러운 영혼들을 가지고 있는 자들과 같은 곳에 있다는 것이 두렵지 않습니까? 이런 자들은 온 세상의 수치요, 전염병이니 그들을 외면해도 되지 않겠습니까? 그들은 악마에게 자신의 아들과 딸을 제물로 바쳤습니다. 그들은 어떤 야수들보다도 더 야만적으로 변했습니다. 그들은 전 세계 만민의 공통적인 수치이자 전염병이니, 그들을 외면해야 하지 않겠습니까? … 그들은 자신의 아들과 딸을 악마에게 제물로 바쳤습니다. 그들은 어떤 야수보다 더 야만적이 되었습니다. 내가 여러분에게 또 무슨 말을 해주기를 바랍니까? 그들의 약탈, 탐욕, 가난한 자들에 대한 버림, 도둑질, 장사의 속임수에 대해 말해야 합니까? 하루 종일 걸려도 이러한 일에 대해 설명하기에 충분하지 않을 것입니다. 또 유대인의 절기에도 엄숙하고 훌륭한 무엇인가가 있을까요? 유대인들은 그들의 절기들 역시 불순하다는 것을 보여주었습니다. 선지자의 말을 아니, 하나님의 말씀을 들어보시길 바랍니다. 하나님께서 얼마나 강력한 말씀으로 그들에게서 등을 돌리시는지 말입니다.

'내가 너희 절기를 가증히 여기고 내 자신에게서 쫓아 내었다(이사야 1:13-15, 저자 의역). 내 말을 가볍게 여기지 마십시오. 이 병을 앓고 있는 유대인들을 꼼꼼히 사냥하십시오. 여자는 여자를, 남자는 남자를, 종은 종을, 자유인은 자유인을, 어린이는 어린이를 찾게 하십시오.'

제가 발췌한 글은 835개의 단어로 이루어져 있습니다. 요한 크리소스톰의 전체 설교는 8,600단어로 10배 이상 분량이 많습니다! 그리고 이것은 그의 첫 번째 강론일 뿐입니다. 같은 뉘앙스의 같은 생각을 담은 강론 일곱 개가 더 있습니다. 그가 가지고 있던 직위와 사람들에게서 받고 있었던 존경을 생각해볼 때 그의 강론 내용이 그의 회중에게 어떤 영향을 미쳤을 지 쉽게 상상이 갑니다. 또 중세시대 그리스도인들이 왜 유대인을 악마와 연관시키기 시작했는지 이해하기 어려운 것도 아닙니다. 이렇게 한번 유대인과 악마 사이에 연결 고리가 생겼으니 말입니다.

교회 가르침에 대한 그의 영향력은 현재 가톨릭 교회 교리문답서 전체에 걸쳐 있으며 18개 항목에서 인용됩니다. 그는 '사도 시대 이래로 사람들에게 진리와 사랑의 신성한 소식을 전한 가장 웅변적인 설교자 중 한 사람', '밝고 쾌활하며 온화한 영혼, 세심한 마음'으로 일컬어졌습니다.

그는 그리스도교계의 여러 지파에서 다양한 축제일을 가진 성인으로 칭송받고 있으며, 초대 교회에서 가장 많은 작품을 남긴 작가 중 한 사람입니다.

그러나 독일과 오스트리아 그리스도인들에게 있어 그의 작품은 제2차 세계 대전 동안 나치당이 홀로코스트를 합법화하려는 시도로 자주 인용되고 사용된 것에 불과합니다. 오늘날 많은 신나치주의(neo-Nazi) 웹사이트들이 그의 말을 맹렬한 반유대주의적 견해를 뒷받침하기 위해 사용하고 있다는 점도 주목할 만합니다.

흥미롭게도 크리소스톰은 그리스어로 '황금 입'을 의미하며 그의 유명한 웅변을 나타냅니다. 그러나 이것은 양날의 검입니다. 혀에는 생명과 사망의 권세가 있기 때문입니다(잠언 18:21). 이것이 그가 이 기도문의 제목에서 '성인'이라는 칭호를 받을 자격이 있는지 의문을 제기한 이유입니다.

이 회개 기도를 저와 함께 하시겠습니다.

하늘 아버지,

우리는 혀가 어떻게 죽음의 힘을 가지고 유대인에 대한 역사적 학대를 부추기고 있는지, 또 오늘날에도 여전히 반유대주의의 불길을 선동하고 있는지 보았습니다.

그러나 혀에는 생명의 능력도 있습니다. 오늘날 우리는 혀를 사용하여 우리 교회의 선조들의 말씀이 입힌 피해를 회개하고 용서를 구합니다. 주님의 백성에게 죄를 범함으로 인해 지속되어 온 저주를 깨기 위해 우리의 고백하는 말의 힘을 사용하기를 기도합니다.

그리고 우리가 회개할 때, 치유와 위로의 말씀으로 우리의 입을 채워 주시기를 간구합니다. 이 시대에 당신의 영을 부어 과거의 말을 구속하시고, 은빛 바탕에 진정한 황금 사과인 새롭고 생명을 주는 감동적인 말로 과거의 파괴적인 '웅변'을 압도하는 말을 할 수 있는 남성과 여성의 군단을 일으키십시오. 유대 민족 이스라엘 민족을 축복하고 그렇게 함으로써 지구상의 민족들도 축복받을 것입니다.

예수님의 이름으로, 아멘

Day 15

대체 신학: 더 나은 질문

밥 오델

목표일
☐ 22.10.5 대 속죄일
☐ 23. 4. 9 부활절
☐ .   .

저스틴 마터(Justin Martyr)는 그의 작품인 '유대인과의 대화'에서 일반적으로 대체 신학을 지지한 최초의 교회 선조로 여겨집니다. 그는 서기 150년경에 다음과 같이 썼습니다.

> 그러므로 그리스도가 이스라엘이요 야곱이심과 같이 우리 곧 그리스도의 배에서 나온 자가 참 이스라엘 족속이니라. (『리스트』, 155-160 항목 참조)

서기 167년에 사데(Sardis)의 멜리토(Melito)는 기록상 최초로 '유대인들이 하나님을 죽였다'고 언급한 최초의 기록자입니다. 이후 많은 사람들이 『리스트』 책에서 나오듯, 대체 신학의 다양한 측면에 무게를 두게 되었습니다.

- 서기 180 년의 이레네우스 (Irenaeus)
- 서기 197 년 터툴리안의 변증 (Tertullian s Apologeticus)
- 서기 220 년 오리겐의 선언 (Origen s Declaration)
- 서기 249 년경의 성 키프리아누스 (St. Cyprian)
- 300 년경 에메사의 유세비우스 (Eusebius of Emesa)
- 325 년 니케아 공의회 (Council of Nicea)

니케아 공의회는 유대인들의 유월절 주간 절기에서 그리스도의 부활일을 강제로 분리하고, 부활일을 '부활절(Easter)'로 개명함으로써 교회 관행에서 '대체 신학'을 제도화하기 시작했습니다.

오늘날, 교체주의라고도 하는 대체 신학은 일반적으로 교회가 이스라엘을 하나님의 백성으로 대체했다는 생각으로 정의됩니다. 극소수의 신학자들은 자신이 대체 신학을 지지한다고 자처할 것입니다. 그러나 대체신학을 중심으로 한 모든 주장이 신약과, 예레미야 31장에 언급된 새언약의 개념에서 비롯되었다는 점에서, 보다 긍정적인 용어인 '언약신학'이 때때로 사용됩니다.

그의 책 『Father Forgive Us(아버지 우리를 용서하세요)』 1351쪽에서 프레드 라이트(Fred Wright)는 대체 신학의 4가지 주요 명제를 아래와 같이 밝히고 있습니다.

1. "현대 이스라엘 국가는 신학적으로 벗어 났으며, 역사적 괴물이고, 성경의 이스라엘과는 전혀 관련이 없는 국가입니다.
2. 이스라엘은 하나님의 목적 안에서 교회로 대체되었습니다. 성경, 예언, 약속은 이제 교회의 독점적 전유물입니다.
3. 이스라엘과 유대 민족은 이제 신학적으로 무의미합니다. 관련된 주요 개념 중 하나는 유대 민족이 메시아의 길을 준비하는 데 사용되었다는 것입니다. 따라서 이 특별한 구원 역사의 시대는 '그리스도의 십자가 사건'으로 끝났고, 이제는 '교회'가 하나님의 선택됨과 구원의 권능을 새롭게 나타낸다고 주장합니다. 또 다른 흐름에서는 교회가 이스라엘이 연장된 것이라고 주장합니다. 이렇게 되면 '이스라엘'은 지리적, 민족적, 정신적 정체성을 잃게 되며, '믿는 공동체'를 뜻하는 일반적 개념이 되게 됩니다.
4. 대체신학 단체의 극우파는 유대인들이 예수님을 거부한 것처럼, 이제 하나님도 그들을 거부했다고 주장합니다. 유대 민족은 운명도, 선택된 민족이라는 특별함도, 부르심도 없다는 것입니다. 따라서 '유대인(Jews)'이라고 말하는 것이 적절하지 않게 됩니다. 단지 이스라엘에 속한 유대인들은 그저 이스라엘인, 미국에 속한 유대인들은 그저 미국인이라고 불러야 한다고 주장합니다. 유대인이 어떤 관련성을 가질 수 있는 유일한 방법은 그가 예수를 개인의 구주로 받아들이고 교회의 일원이 되는 것뿐입니다."

만약 20억 명의 그리스도인들이 위의 네 가지 사항을 각각 비난한다면 전세계 교회는 크고 긍정적인 발전을 이루게 될 것입니다. 많은 친 이스라엘 그리스도인들이 이 목적을 위해 위에 나열된 교회의 교리들을 폭로하고, 성경 전체에 걸친 명확한 가르침으로 대체하기 위하여 노력해야 합니다. 사실, 대체 신학의 주장을 증명하기 위해, 구약과 신약 성경 전체를 왜곡하는 것은 매우 어려운 일입니다. 만약 대체 신학 사상을 뒷받침하는 어떤 성경 구절이 있다 하더라도, 저는 친 이스라엘 그리스도인들이 그 주장을 전복시키는 많은 성경 구절과 함께 이스라엘과 유대 민족에 대한 하나님의 선하심과 영원한 언약에 대해 말할 수 있다고 생각합니다. 대체신학은 대부분의 신학교에서 자명한 이치로 가르치기 때문에 어디에나 존재합니다. 문제는 이 강의 과정 중에 토론이나 논쟁과 같이 다른 대안적 견해가 제시될 기회조차 없다는 것입니다. 즉, 전 세계의 큰 교회 목사님들과 신학 박사들에게 일방적인 대체 신학 개념이 제공된다는 것입니다. 대체 신학을 지지하는 지도자들은 다른 견해의 가능성을 공개적으로 제시하지 않고 있습니다. 이 결과로 대체 신학은 교회에 다니는 사람들이라면 누구나 가지고 있는 일반적 믿음이 되어버립니다.

대체 신학을 반대하고, 하나님 나라의 일을 하길 원하는 사람들은, 사람들에게 이와 관련된 주제로 말을 걸고, 토론과 논쟁을 벌여야 합니다. 한마디로 문제를 일으키는 '트러블 메이커(trouble maker)'가 되어야 합니다.

대체 신학에 대해 단 한 번이라도, 한 사람에게 라도 말을 한 적이 있다면 주님의 축복이 있기를 빕니다! 당신은 나의 영웅입니다!

그러나 우리가 회개 여정을 함께 하고 있는 만큼, 한 가지 중요한 사실을 말씀드리고 싶습니다. 바로 예수님을 메시아로 믿는 우리 또한 대체 신학을 반대하는 과정에서 '우리'와 '그들'로 구분지었다는 사실입니다. 대체 신학이 '유대인'으로부터 '그리스도인'을 분리시키고 우월하게 생각한 반면, 우리 역시 '대체 신학을 믿는 동료 그리스도인들'을 '우리'에게서 분리시키고, 우리를 더 높여왔던 것입니다.

저는 아주 교묘하게 이런 생각이 나온 것도 봤습니다. 예로, 친 이스라엘 그리스도인이 "나는 대체신학에 반대합니다", 또는 "나는 대체 신학을 안 믿습니다"라고 말할 수 있는데, 이와 같은 진술들이 우리를 구분짓게 한다고 생각합니다. 물론 이 생각들이 잘못된 것들이 아니지만, 은연중에 '우리'와 '그들'이라는 시나리오를 설정하게 됩니다. 나는 더 나은 집단인 '우리'에 속했고, 다른 이들은 우리보다 부족한 집단인 '그들'에 속했다고 생각하는 시나리오를 말입니다. 그 생각은 우리가 비난하고 있는 '분리'와 '격상'이라는 동일한 문제를 담고 있습니다.

방금 언급한 사람은 다른 사람이 아닌 제 자신을 말한 것입니다. 제가 대체 신학이 잘못된 가르침이라는 것을 알게 되자 처음에 저렇게 행동했었습니다. 그러던 어느 날 주님은 제가 들어본 설교 중 가장 훌륭한 설교 중 하나인 말씀에 주의를 기울일 필요가 있다고 하셨습니다. 그 교훈은 우리 주변, 우리 동네, 우리 도시 사람들과의 관계를 고려할 때, '그들'은 없고, 오직 '우리들'만 있다는 것이었습니다. 그런 맥

락에서 저는 더 나은 질문이 있다고 생각했습니다. 저는 그것을 묻기 보다는 발견해 냈습니다.

나는 대체 신학을 믿는가?

스스로 물어봐야 합니다.

내 안에 아직도 대체신학의 태도가 남아 있는가?

다시 말해서, 하나님께 "나를 살피사 내 마음을 아시며 내 속에 악한 행위가 있나 보십시오(시편 139:23-24, 저자 의역)"라고 기도하는 것입니다.

저는 이제 대체 신학 사상을 제거하는 것이 순간적으로 어떤 방에서 나가는 개념이 아니라, 대체 신학과 관련된 태도가 아직도 내 안에 존재하는 곳은 없는지를 발견해 나가는 하나의 여정임을 알게 되었습니다. 즉, 제가 위에서 언급된 대체 신학의 네 가지 신조들에 대해 강력하게 잘못된 것이라고 말할 수 있지만, 그렇다고 해서 제 안에서의 대체 신학 제거 작업이 완전히 끝났다고는 생각하지 않습니다.

이 시점에서 제가 찾아낸, 제 안에 살아있는 대체 신학 관련 태도들을 언급해드릴 수도 있을 것입니다. 하지만 오늘 저의 목적은 이것이 아닙니다. 제 목적은 여러분이 하나님께 자신의 마음을 열고, 당신 안에 대체 신학이 여전히 존재할 수 있는 곳들을 보여달라고 기도할 의향이 있는지 물어보는 것입니다. 우리 모두가 이 기도를 함께 한다면, 하나님께서 우리 모두에게 훨씬 더 많은 일들을 이루실 수 있다고 믿습니다.

우리는 모두 발견의 여정 가운데 있습니다. 우리 모두는 하나님의 진리와 빛을 받을 때 성장할 여지가 있습니다.

궁극적으로, '그들'이라는 단어는 없고 '우리'라는 말만 있을 뿐입니다.

이 회개 기도를 저와 함께 하시겠습니다.

하늘에 계신 아버지,

이스라엘과 유대 민족을 위한 당신의 계획과 목적을 주님의 말씀에 기록해 주셔서, 또 이렇게 기록된 주님의 말씀이 영원히 변하지 않는 것임에 감사드립니다. 우리는 주님께서 언약을 맺으시고, 언약을 성취하시는 분이심에 감사드립니다.

그러나 우리는 또한 주님이 우리 안에서 하실 일들이 아직 남아 있음을 인정합니다.

[현재 이 글에 있는 대체 신학의 네 가지 신조 모두에 대해 "아니오"라고 말할 수 없는 사람들은 다음과 같이 기도하십시오.]

하나님 아버지, 아버지께서 정하신 때에 앞에서 열거된 대체 신학의 네 가지 신념에 대해 아버지의 말씀은 무엇이라 말하고 있는지 알려주시길 기도합니다. 각 신념에 대한 아버지의 진리의 말씀과 아버지의 마음을 계시해주시길 기도합니다. 또한 그리스도께서 피 흘리심으로 인해 우리에게 주신 새 언약에 대한 이해와 감사도 늘어나게 해주시기를 기도합니다. 아버지의 길을 가르쳐 주십시오.

[위 기록에 있는 대체신학의 네 가지 신조 모두에 대해 "아니오"라고 말할 수 있는 사람들은 다음과 같이 기도하십시오.]

하나님 아버지, 이스라엘과 유대인을 향한 아버지의 계획과 뜻들을 저에게 계속해서 가르쳐 주시기를 기도합니다. 또한 제 마음 속 깊은 곳에 아직도 존재하고 있는 대체 신학적인 사고와 태도들을 발견하게 해주시길 기도합니다. 주님으로부터 비롯되지 않은 신념들과 생각을 제 안에서 계속하여 뿌리 뽑아주시기를 주님께 기도합니다.

[모두를 위해 함께 기도해 주십시오.]

하나님 아버지, 우리가 우리의 형제, 자매들이 '이 방'과 '저 방'에 각각 서 있다고 분리하여 보기 보다 '함께 여정을 걸어나가는 과정'으로 보는 법을 배울 수 있기를 기도합니다. 우리가 우리 자신을 분리하고, 다른 누구보다 자신을 높이는 일을 그만둘 수 있기를 기도합니다.

예수님 이름으로 기도합니다. 아멘.

---

1. Fred Wright, 아버지, 우리를 용서해 주십시오: 유대인 박해라는 교회의 유산에 대한 그리스도인의 응답, (영국, 모나크 북스, 2002), 135-136.

Day 16

목표일
☐ 22.10.5 대 속죄일
☐ 23. 4. 9 부활절
☐   . .

이웃을 사랑합니까?

에이미 머클스톤

토라에서 가장 큰 계명이 무엇이냐는 질문에 예수님께서는 이렇게 대답했습니다.

> 네 마음을 다하고 목숨을 다하고 뜻을 다하여 주 너의 하나님을 사랑하라 하셨으니 이것이 크고 첫째 되는 계명이요. 둘째는 그와 같으니 네 이웃을 네 몸과 같이 사랑하라 하셨으니 이 두 계명이 온 율법과 선지자의 강령이니라 [마태복음 22:37-40]

우리는 가장 기본적인 믿음 수준에서 우리가 이웃을 사랑해야 한다는 것을 압니다. 우리는 이웃을 사랑해야 할 필요를 발견합니다. 『리스트』에 반영된 유대 민족에 대해 저지른 모든 범죄는 이 간단한 가르침을 적용하는 데 완전히 실패했음을 보여줍니다. 우리의 반유대주의 선조들이 유대인들을 복음의 위선적인 바리새인으로 규정한 반면 정작 그들 자신은 율법의 더 중요한 '공의, 긍휼, 신실함(마태복음 23:23)'을 무시했다는 사실은 역설적입니다.

그러면 '내 이웃은 누구인가?'라는 의문이 생깁니다. 누가복음 10장에서 한 율법학자가 예수님께 이 질문을 했을 때, 예수님은 선한 사마리아인의 이야기로 대답하셨습니다. 예수님을 따르는 자들로서 우리는 모든 사람에게 착한 일을 하되 특히 믿음의 가정들에게 할 책임이 있습니다(갈라디아서 6:10). 우리는 영적으로, 또 육적으로 상처 받은 이들을 치유하고 그들의 상처를 싸매도록 위임 받았습니다.

> 여호와께서 예루살렘을 세우시며 이스라엘의 쫓겨난 자를 모으시느니라. 마음이 상한 자를 고치시며 그들의 상처를 싸매시는도다 [시편 147:2-3]

하요벨에서 우리는 이스라엘의 포도원과 올리브 과수원에서 일하는 특권을 누리며, 천연 포도주와 기름으로 유대 민족의 영적 상처를 치유합니다. 하지만, 이 특권과과 함께 우리가 왜 여기 있는지 기억하는 겸손한 마음이 동반되어야 합니다. 우리는 여러 세대에 걸쳐 대체 신학에서 비롯된 소경됨, 의도적 무지 등의 짐을 지고 있습니다. 우리가 할 수 있는 어떤 일들도 이 대체 신학이라는 중대한 실수로 인해 유대인들에게 가해진, 『리스트』에 매우 고통스럽게 기록되어 있는, 엄청난 학대와 고문, 인명 손실 등을 보상할 수는 없을 것입니다.

고드프리 드 부용(Godfrey de Bouillion)에 대한 섹션을 읽으면서(『리스트』 1099 항목 참조), 저는 제 족보가 기록되어 있는 것을 보았습니다. 몇 년 전, 저는 제 선조를 조사할 시간이 있었고 제 가문에서 예루살렘의 십자군 왕을 발견하고 놀랐습니다. 처음에 저는 큰 감명을 받았습니다.

하지만 깊은 묵상을 함에 따라 제 자존심은 깊은 수치심으로 바뀌었습니다. 만약 대체 신학에 깊이 관여한 예루살렘의 왕 중에 제 가문의 혈통이 없었다면, 저는 이 자리에 없었을 것입니다.

저는 제 이웃을 사랑하고 제 조상들이 오랫동안 행한 피해에 맞서 싸우기 위해, 제가 아무리 먼 후손이더라도 제가 할 수 있는 모든 것을 행할 책임이 있다는 것을 깨달았습니다.

> 이에 의인들이 대답하여 이르되 주여 우리가 어느 때에 주께서 주리신 것을 보고 음식을 대접하였으며 목마르신 것을 보고 마시게 하였나이까 어느 때에 나그네 되신 것을 보고 영접하였으며 헐벗으신 것을 보고 옷 입혔나이까 어느 때에 병드신 것이나 옥에 갇히신 것을 보고 가서 뵈었나이까 하리니 임금이 대답하여 이르시되 내가 진실로 너희에게 이르노니 너희가 여기 내 형제 중에 **지극히 작은 자** 하나에게 한 것이 곧 내게 한 것이니라 하시고 [마태복음 25:37-40]

위 말씀은 예수님을 따르는 우리가 그분의 형제, 즉 그분의 가족들에게 어떻게 행동했는지에 따라 심판을 받게 될 것임이 분명하게 나타내고 있습니다. 저는 『리스트』에 유대인들을 대상으로 범죄를 저지르거나 동의한 사람들의 행동과 또 이런 행동에 대해 아무런 행동도 취하지 않은 사람들이 직면하게 될 크고 두려운 심판의 날을 생각하면 너무 두렵습니다.

[그림] 1099년 예루살렘의 십자군

> …네 이웃의 생명이 위협받는 동안 가만히 있지 말라. 나는 주님이시다. [레위기 19:16, 저자 의역]

가해자에게 동의하지 않는 사람들이 성경을 진지하게 받아들이고 그분의 백성을 변호하기 위해 노력했다면 이러한 잔학 행위의 많은 부분을 피할 수 있었을 것입니다.

그러나 『리스트』의 범죄 행동들 중에서 저는 희망의 실마리를 봅니다. 나는 몇 명의 돕기 위해 행동했던 사람들이 있다는 것을 보게 되어 정말 감사합니다. 고드프리가 예루살렘에서 유대인을 학살하고 있을 바로 그 무렵, 독일 쾰른의 주교는 그의 관할 아래에 있는 유대인들을 보호하고 있었습니다(『리스트』, 1096 항목 참조). 그는 나중에 자신이 관할하고 있는 도시로 유대인들을 호송하고 보호하기까지 했습니다.

프레데릭 바르바로사(Frederick Barbarossa), 아라곤 왕 제임스 1세(King James I of Aragon), 교황 그레고리우스 10세(Pope Gregory X)도 산발적이긴 하지만 상황을 개선시키기 위해 노력한 사람들입니다. 우리는 이 사람들의 사례를 보면서 선인들의 죄에 개개인이 꼭 얽매이지 않아도 된다는 것을 알 수 있습니다. 단지 우리가 이 죄에 참여할 것인지, 아니면 이 죄의 유산을 끊고 유대인들에게 보상하기 위해 앞으로 나아갈 것인지 선택하면 됩니다. 이것은 선지자들이 예언한 말씀들의 위대한 회복의

40일의 회개 95

일부일 것입니다.

이제 우리는 땅 끝에서 겸손한 마음으로 와서 이렇게 말할 차례입니다.

> 여호와 나의 힘, 나의 요새, 환난날의 피난처시여 민족들이 땅 끝에서 주께 이르러 말하기를 우리 조상들의 계승한 바는 허망하고 거짓되고 무익한 것뿐이라 [예레미야 16:19]

우리 모두가 기회가 있을 때 준비되어 열방에서 '의로운 사람'들로 여겨지기를 간절히 바랍니다.

이 회개 기도를 저와 함께 하시겠습니다.

아버지 하나님, 우리 선조들의 죄를 용서하시고 저와 우리 자녀들이 그들의 행위로 말미암아 받은 모든 저주를 풀어주십시오.

겸손과 의로 주님을 섬기고, 주님의 마음과 길을 따라 지혜롭게 행하게 하소서. 유대 민족과 이스라엘 땅과 맺은 주님의 언약에 신실하신 하나님을 통해 이방에서 합류하도록 초대받은 저희도 주님께서 버리시지 않을 것이라는 것을 알게 해주심에 감사드립니다.

저희에게 성문을 통과할 기회를 주시고, 백성의 길을 예비하시고, 대로를 건설하시고, 주의 길에 남겨진 돌, 곧 걸림돌을 제거할 수 있는 기회를 주십시오.

계속해서 우리의 눈에서 비늘을 제거하고 우리의 돌 같은 마음을 부드럽게 바꿔주소서.

주님이 하고 계신 일에 감사드립니다, 아바!

예수님 이름으로 기도드립니다. 아멘.

Day 17

목표일
☐ 22.10.5 대 속죄일
☐ 23. 4. 9 부활절
☐

트렌트의 시몬과 성체 모독: 잊혀진 피의 죄책감

조엘라 수녀

15세기 말, 북부 이탈리아의 트렌트 유대인 공동체는 갑자기 박해와 강제 이주의 대상이 되었습니다. 도대체 왜 그랬을까요?

그것은 수세기 전에 로마 카톨릭의 성찬식에 대한 견해가 정의된 제4차 라테라노 공의회(Lateran Council)에서 시작되었습니다(1215년 『리스트』 항목 참조).

"제4차 라테라노 공의회는 대공의회라고도 하며, 화체설(化體說:빵과 포도주가 그리스도의 실제적인 피와 몸이 되는 것)에 관한 가톨릭 교리가 정의된 곳입니다. 제임스 캐롤의 책 '콘스탄티누스의 검'[1]에서는 라테라노 공의회를 가장 중요한 공의회라고 부릅니다. 왜냐하면 교회가 보편적 권위를 획득하게 되면서, 유대인들을 대상으로 노란색 별모양의 '수치의 배지'를 달도록 강제화 하는 등 반유대주의 관행을 체계화했기 때문입니다…"

이 '화체설' 교리는 불과 28년 후 베를린 근처 베를리츠에서 '성체 모독'[2]의 첫 번째 사건의 발판을 마련했습니다(『리스트』, 항목 1243 참조).

성체 모독

화체설 교리에 따르면 봉헌된 빵은 예수 그리스도의 살이 됩니다. 중세 그리스도인들은 유대인들이 그리스도의 십자가형을 재현하고 모독하기 위해, 봉헌된 빵을 훔치고, 칼로 찔러 피를 흘리게 할 것이라고 생각했습니다. 한편 이 빵의 붉은색은 19세기에 피가 아닌 흔히 발견되는 붉은색 곰팡이라는 것이 밝혀졌습니다.

또한 유대인들은 그리스도인 아이들을 살해하고, 아이들의 피를 유대교 종교 의식에 사용했다는 비난을 받았습니다. 교황이 이것은 사실이 아니라고 해명했지만,

대중들은 여전히 유대인들의 소행이라고 생각했습니다.³

유대인들은 또한 의식적으로 그리스도교 어린이들을 살해하고 그들의 피를 유대교 종교 의식에 사용한 혐의를 받았습니다. 교황이 그 이야기를 부인하더라도 대중의 인식에서 지울 수는 없었습니다.

트렌트의 시몬

그렇다면 트랜트에서 정확히 무슨 일이 일어났던 걸까요? 1475년 시몬이라는 3살짜리 아이가 아디제 강에서 익사했습니다(1475년 『리스트』 항목 참조). 당시 그 아이는 실종된 상태였습니다. 이후 부활절 주일에 한 유대인이 자신의 땅에서 이 아이의 시신을 발견하게 되었습니다. 이 유대인은 사람들의 비방과 오해가 두려워, 즉시 지역 주교에게 자신이 발견한 사실에 대해 말했습니다. 그러나 광신적인 프란치스코회 수도사였던 '베르나르디노 다 펠트레(Bernardino da Feltre)'는 즉시 그 아이의 피를 유대인들이 사용했다고 비난하며, 발견한 유대인에게 책임을 물었습니다. 이로 인해 17명의 유대인이 2주 동안 고문을 당했고, 6명의 유대인이 화형을 당했으며, 2명은 목이 졸려 죽었습니다. 5년 후, 이 문제에 대한 재판이 재개되었고 5명의 유대인이 더 처형되었습니다.

[그림] 순교한 트렌트의 시몬을 묘사한 프레스코

종교재판 절차가 시작되었습니다. 1475년 3세 소년이 익사하는 사고로, 모든 유대인이 1486년 트렌트에서 300년 동안 추방되었습니다. 시몬의 이야기가 설교단에서 이야기 되었고, 사람들은 이 곳으로 순례를 오기 시작했습니다. 사람들은 순례를 시작했습니다. 마침내 시몬이란 아이는 성자화 되었습니다. 인쇄기가 발명된 지 얼마 되지 않은 시기였기에 시몬에 대한 이야기가 널리 출판되었습니다. 사실 이것은 역사상 최초의 미디어 열풍 중 하나였으며, 이 재판은 수백 년 동안 반유대주의 저술의 기초가 되었습니다.

괴테(Goethe)의 일생(1749-1832)에도 프랑크푸르트의 '구교(Old bridge)' 탑에서 이 이야기를 묘사한 프레스코화를 볼 수 있었습니다. 이 하나의 그림을 통해 유대인을 향한 가장 악랄하고 사악한 그들의 중상 모략을 알 수 있습니다. 그림을 보면 '순교당한 아이 시몬'과 가운데에 있는 '유대인 돼지', 그리고 '사탄'이 그려져 있습니다. 그리고 다음과 같은 운율이 생겼습니다.

"트렌트와 그 아이가 그랬던 것처럼 악랄한 유대인이 분명히 보일 것입니다."

1965년 가톨릭 교회는 이 이야기를 재수사했고, 유대인이 아이를 죽인 것은 거짓이라고 밝혔습니다. 이에 따라 시몬의 축일은 달력에서 삭제되었고, 그의 향후 숭배는 공식적으로 금지되었습니다.

1399 성체 모독

그러나 트렌트의 시몬 사건이 있기 76년 전, 폴란드 포즈난의 유대인들이 '그리스도교 여성에게 뇌물을 주고 지역 교회의 성찬 빵을 훔치게 해 성찬 빵을 모독했다'는 혐의로 기소된 사건이 있었습니다.(『리스트』, 1399년 항목 참조). 그들은 유대인들이 여자가 훔쳐온 그 성찬 빵을 칼로 찌르자 피가 났고, 이 빵을 우물에 던졌다고 주장했습니다. 대주교는 이 신성 모독 사건에 대해 알게 되자, 13명의 유대인 랍비들과 그리스도인 여자를 기둥에 묶어 산 채로 천천히 화형시키라고 명령했습니다.

오늘날 그 우물에서 나오는 물은 '기적의 물'이라고 교회에서 팔리고 있는데, 유대인들이 그때 우물에 던진 성찬 빵 때문이라고 합니다. 우물 위에 새겨진 내용은 동요처럼 불려지고 있습니다.

"기적의 물
당신의 몸이 익사한 이 우물에서 나오는 기적의 물
많은 아픈 사람들이 이로 인해 건강을 찾네
그러나 무엇보다도 주님, 우리 영혼의 건강이 회복되기를 간구합니다."

유대인을 향한 성찬의 신성모독 혐의는 수세기 동안 계속되었으며, 1836년 루마니아 베를라드에서 마지막으로 기록된 누명 사건은 다음과 같습니다.[2]

피 흘림 - 범죄

세상이 죄에 빠졌을 때, 즉 우리가 거짓말을 하고, 죽이고, 전쟁을 할 때 우리는 놀라지 말아야 합니다. 우리의 죄악 된 본성은 '이 세상 임금'의 본성입니다. 교회 또한 '정의로운 척'하면서, 거짓말을 하고, 죽이고, 전쟁을 일으키기 시작했고 죄악으로 이끄는 리더십을 갖게 되었습니다. 교회는 예수께서 '거짓의 아비'이자 '처음부터 살인한 자(요한복음 8:44)'라고 호칭한 사탄과, 세상보다 더 깊은 동맹을 맺었습니다.

[그림] 칼로 성찬 빵 찌르는 유대인. 카탈로니아 국립 미술관의 유대인에 의한 성찬 모독의 중세 그림

수세기 동안 적에게 권리가 부여되었고, 우리는 여전히 적에게서 벗어나기 위해 고군분투하고 있습니다. 교회의 죄는 보이는 세계와 보이지 않는 세계에 더 깊고 훨씬 더 파괴적인 영향을 미칩니다.

하나님께서 우리를 위해 '사랑하는 독생자, 예수님을' 십자가에 희생시키시셨는데, 우리가 이 '예수님의 이름'으로 박해하고, 싸우고, 죽이는 것을 보면서, 하나님의 마음은 얼마나 아프실까요? 우리가 이 땅에서 받은 가장 귀한 선물인, 예수님의 몸과 제물을 바치는 예식과 성체를 더럽힌 것에 대한 비난으로 야기된 고의적인 유대인 학살은 '네 이웃에 대하여 거짓 증거하지 말라(출애굽기 20:16)'라는 하나님의 계명에 어긋날 뿐만 아니라, 교회에 엄청난 유혈의 죄값과 죄책감을 안겨주었습니다.

우리 모두는 홀로코스트에 대해 알고 있습니다. 하지만 이 죄책감에 대해 무엇을 알고 있을까요? 우리는 예수님 시대에 영적 지도자들이 사용했던 것과 같은 주장을 사용하는 심각한 위험에 처해 있습니다.

> 화 있을진저 외식하는 서기관들과 바리새인들이여! 이는 너희가 선지자들의 무덤을 건축하고 의인의 묘를 꾸미며 이르기를 우리가 **선조 때에 있었더라면 선지자의 피에 참예하는 자가 되지 아니하였으리라** … 너희는 의로운 아벨의 피로부터 성전과 제단 사이에서 너희가 죽인 바라갸의 아들 사가랴의 피에 이르기까지 땅에서 흘린 모든 의로운 피를 돌릴지어다. [마태복음 23:29-30, 35]

우리는 여러 해에 걸쳐 주님 앞에서 이 구절들을 숙고해 왔으며, 우리를 곤란하게하는 결론에 도달했습니다. 우리가 회개하지 않는 한, 또 우리가 교회의 선조들보다 우월하다 생각하고, 그들이 지은 죄가 우리의 죄보다 크다고 스스로를 계속 높인다면, 주님은 무고하게 흘려진 모든 피 값을 전 세계의 교회인 우리들에게 요구하실 것입니다.

이 회개 기도를 저와 함께 하시겠습니다.

오 주님, 이 순진한 피가 하늘을 향하여 부르짖고 있습니다. 그리고 이러한 사실을 아는 사람도 거의 없습니다. 만약 알았다고 해도, 그들은 종종 모른체 했을 것입니다. 우리는 우리가 직면하는 모든 힘들고 어려운 짐에 대한 우리의 태도가 강한 거부감인 것을 고백합니다. 매번 우리는 이렇게 너무 끔찍하고 우울하고 부담스러운 사실들을 무시하고 싶을 뿐입니다. 그것들은 우리의 이기적인 삶을 자극합니다. 우리는 주님의 용서를 구하며 주님의 사랑이 우리의 딱딱하게 굳고, 무관심한 마음을 깨뜨릴 수 있기를 기도합니다.

우리가 주님을 알고 사랑하기를 갈망하는 동안에도 주님의 성품을 그토록 잔인하고 비뚤어지게 훼손한 우리를 용서해 주십시오. 우리 교회와 공동체가 회개의 길을 걷지 않았음을 용서해 주십시오. 주님께서 십자가 보혈로 회개의 길을 쉽게 걷도록 해주셨는데, 우리가 이 길을 걷지 못했습니다. 우리가 주님 백성에게 대대로 남긴 깊은 상처를 치유해 주소서.

우리는 거짓으로 포장되어 유명해진 많은 곳을 위해 기도합니다. 그 곳에서는 유대인의 슬픔을 단순한 '문화 역사'로 간주시키고 있기 때문에, 우리의 마음과 양심을 움직이지 못하게 합니다. 어둠 속에 있는 것을 밝히 드러내시고 진리와 정의의 왕으로 주님을 드러내 주시길 원합니다. 저희 마음을 변화시켜 우리를 주님의 사랑과 겸손과 자비의 아름다움 안에서 자유롭게 해주십시오.

예수님 이름으로 기도 드립니다. 아멘.

---

1. James Carroll, 콘스탄티누스의 검: 교회와 유대인, (New York, Houghton Mifflin Harcourt, 2001), 282-83
2. https://en.wikipedia.org/wiki/Host_desecration
3. https://www.huffingtonpost.com/2013/06/03/illuminating-faith-eucharist-inmedieval-life-and-art-photos_n_3210234.html

Day 18 / 마틴 루터: 영적 소경

목표일
☐ 22.10.5 대 속죄일
☐ 23. 4. 9 부활절
☐ .   .

레이 몽고메리

"내가 유대인이었더라면, 그런 얼간이와 멍청이들이 그리스도인 신앙을 다스리고 가르치는 것을 보았다면, 나는 그리스도인이 되기보다 차라리 돼지가 되었을 것입니다. 그들은 유대인을 인간이라기보다 개처럼 대했습니다. 그들은 유대인들을 조롱하고 재산을 빼앗는 것 외에는 아무것도 하지 않았습니다. 그들이 유대인들에게 세례를 줄 때에 그리스도교 교리나 생활에 대하여 아무 것도 보여주지 않고, 다만 독선과 조롱의 대상일 뿐이었습니다… 만일 우리 이방인들이 유대인들을 대하듯이, 유대인이었던 사도들이 우리 이방인들을 대하였다면, 이방인들 사이에 그리스도인들은 결코 없었을 것입니다. 우리가 그리스도인으로서 우리의 위치를 자랑하고 싶을 때, 우리는 단지 이방인일 뿐이고, 반면에 유대인들은 그리스도의 혈통이라는 것을 기억해야합니다. 우리는 이방인이자 양자입니다. 반면에 그들은 우리 주님의 혈족이자, 사촌이며, 형제입니다. 그러므로 혈육을 자랑하려면 유대인들이 우리보다 실제로 그리스도에게 더 가깝습니다… 우리가 진정 그들을 돕고자 한다면 우리는 그들을 대할 때 교황의 법이 아니라 그리스도 사랑의 법에 따라 그들을 대해야 합니다. 우리는 그들이 우리와 함께 어울리고, 우리의 그리스도교 가르침을 듣고, 우리의 그리스도교 삶을 볼 수 있는 기회와 때를 가질 수 있도록 그들을 따뜻하게 맞이하고, 그들이 우리와 함께 거래하고 일할 수 있도록 허락해야 합니다. 그들 중 일부가 완고하다는 것이 입증된다고 해서 뭐가 달라지나요? 어떻게 하면 좋을까요? 우리들 또한 좋은 그리스도인들이 아닌데 말입니다."
[마틴 루터, 그의 에세이 '예수 그리스도는 유대인으로 태어났다'중 유대인에 대한 호의적인 말 발췌. (『리스트』 항목, 1523년 참조)]

"이에 대해서는 앞서 모세가 인용한 것 외에 다른 설명이 없습니다. 즉, 하나님이 유대인을 '광기와 맹목, 마음의 혼란함'으로 치셨다는 것입니다(신명기 28:28). 그러므로 예루살렘이 멸망한 후 삼백 년 동안, 유대인들이 흘려온 예수님과 그리스도인들, 눈과 얼굴에서 반짝반짝 빛이 났던 아이들의 피에 대한 대한 보복을 하지 않은 것은 우리의 잘못입니다. **우리가 그들을 죽이지 않은 것은 잘못한 일입니다.**"(저자 강조) [마틴 루터, 그의 에세이 '유대인과 그들의 거짓말에 대하여'에서 반유대적인 말 (『리스트』, 1543 참조)]

서기 100년경 사도들이 죽자, 초기 교회의 많은 빛이 점차 희미해졌고, 4세기에 이르러서는 이단, 타협, 부패와 교회의 결합은 정신적인 면과 지적인 면에서 모두 어두웠던 암흑기를 가져왔습니다. 그것은 천 년 동안 지속되었습니다.

마틴 루터가 '비텐베르크' 교회 문에 95개의 논제들이 적힌 선언문을 못박았을 때, 교회에 다음과 같은 도전들을 주었습니다.(『리스트』, 항목 참조, 1517)

"26. 교황은 그가 가지고 있지 않은 '열쇠(면죄부)의 힘'에 의해서가 아닌, 중보 기도를 통해서 연옥에 있는 영혼들을 사면해야 잘하는 것이다.

27. 그들은 돈이 돈궤에 철컹철컹 들어가면, 연옥에서 영혼이 벗어나게 된다는 '인간의 교리'만을 전한다.

32. 면죄부를 가지고 있기 때문에 구원을 확신할 수 있다고 믿는 자는 스승과 함께 영원한 저주를 받을 것이다.

36. 진정으로 회개하는 그리스도인은 면죄부 없이도 형벌과 죄책감을 완전히 용서받을 권리가 있다.

45. 궁핍한 사람을 보고 지나치면서도 면죄부를 위해 돈을 주는 그리스도인은 교황의 면죄부를 사는 것이 아니라 하나님의 진노를 사는 것임을 가르쳐야 한다.

49. 그리스도인들은 교황의 면죄부가 그것들을 신뢰하지 않을 때에만 유용하지만, 그것들로 인해 하나님에 대한 두려움을 잃는다면 매우 해롭다는 것을 배워야 한다."

이렇게 어두웠던 교회에 절실히 필요했던 종교개혁을 시작한 마틴 루터가 어떻게 친유대주의자에서 불과 20년 만에 사악한 반유대주의자로 변모되었을까요? 또 왜 이런 사실이 그리스도교 내에서 대부분 은폐되었을까요?

역사를 통해 우리는 그가 통일된 개신교 사회를 갈망했다는 것을 알 수 있습니다. 그는 교회와 국가가 연합하여 모든 위협적인 집단들을 추방시키는 공동체를 만들었습니다. 일종의 '개신교 중세주의'라고 볼 수 있겠습니다.[1]

그래서 1524-25년의 농민 전쟁에 대응하여 독일의 독일어권 지역(알자스, 스위스,

오스트리아)에서 지배 계층에 대한 광범위한 경제적, 종교적 반란에 대한 대응으로 루터는 농민들의 고충 사항에 대해 동조하면서도 동시에 동조하면서도 당시 지배 계층들을 지지했습니다. 그의 에세이 '살인적이고 도둑질하는 농민 무리에 반대하여'에서 그는 다음과 같이 말했습니다.

"그러므로 모든 사람을 때리고, 죽이고, 찌르는 반란군만큼 독하고, 해롭고, 악마적인 것은 없다는 것을 기억하도록 하십시오. 그러나 우리 농민들은 타인의 재산은 공유화하고, 그들 자신의 재산은 자신들만의 것으로 유지하기를 원하고 있습니다. (이렇게 이기적이니)아주 훌륭한 그리스도인들입니다! 나는 지옥에 악마가 남아 있지 않다고 생각합니다. 그들은 모두 농민에게 들어갔습니다. 그들의 고함소리는 도를 넘었습니다."

이러한 반응을 미루어 볼 때, 그가 '반란'이 일어나는 것에 대해 매우 염려했다는 것을 알수 있습니다. 1531년에 그의 동료 '필립 멜랑크톤(Philip Melanchthon)'이 작성하고, 루터가 승인한 '제안서'에서도 '재세례파(다시 세례를 받는 파)'가 개신교의 통합을 위협하는 '반란' 행위를 하자, 사형에 해당하는 범죄라고 말하고 있습니다. 그는 다음과 같이 말했습니다.

"칼로 응징하는 것이 잔인해 보이지만, 말씀 사역을 규탄하고, 훈련받은 제대로 된 교리가 없고, 진리를 억압하며 시민질서를 전복시키려 하는 행동은 더 잔인합니다."

결과적으로, 재세례파는 그들의 믿음 때문에 벌금형을 받고 화형을 당하고 고문과 박해를 받았습니다. 수천 명이 죽임을 당했습니다. 그리고 그들은 완전한 침례에 의한 세례를 믿었기 때문에, 많은 사람들이 물에서 익사 당했습니다.

그러나 여기에는 속임수의 씨앗이 포함된 영적인 측면도 고려해야 합니다. 이 속임수로 인해 루터는 영적인 눈이 멀게 되어 주님께서 그리스도교 국가에서 하고 계신 일을 보지 못하게 되었습니다. 나는 이 속임수가 그를 후기에 반유대주의자로 이끌었다고 생각합니다.

종교개혁을 시작하면서 주님은 부패와 탐욕과 이단으로 잃어버린 진리를 당신의 몸(교회)에 회복시키셨습니다. 루터는 '믿음으로 말미암는 칭의(하박국 2:4; 로마서 1:17)'라는 이 진리를 첫 번째로 발견했으며, 이 진리는 당시 종교계를 완전히 뒤흔들었고 절실히 필요했던 종교 개혁을 일으켰습니다(『리스트』 항목 참조, 1517), 그리고 그 과정에서 루터교 교파가 설립됐습니다.

그러나 1525년 재세례파는 완전한 침수로 물세례의 진리를 회복했습니다.

재세례파가 회복한 물세례는 세례를 원하는 자가 그리스도에 대한 신앙을 고백하고 세례를 받기를 원할 때만 가능합니다. 이로 인해 교회에서 시행되던 유아 세례는 무효가 되게 되었습니다. 루터는 이것이 그리스도의 몸이 회복되는 더 큰 진리라는 것을 깨닫지 못했고 그는 그것을 거부했습니다. 사실상 그는 진리를 거부했으며, 그러한 견해를 가진 사람들을 사형시키는 것을 지지하였고 이것은 그를 영적으로 눈이 멀게 만들었습니다.(유아세례에 관한 위 견해에 동의하지 않음. 역자 주)

[그림] 마틴 루터

> 빛 가운데 있다 하면서 그 형제를 미워하는 자는 지금까지 어둠에 있는 자요 그의 형제를 사랑하는 자는 빛 가운데 거하여 자기 속에 거리낌이 없으나 그의 형제를 미워하는 자는 어둠에 있고 또 어둠에 행하며 갈 곳을 알지 못하나니 이는 그 어둠이 그의 눈을 멀게 하였음이라. [요한일서 2:9-11]

루터는 유대인 뿐아니라 동료 그리스도인(재세례파, 로마 가톨릭교도)과 토요일에 안식일을 지킨 안식교인(유대인과 그리스도인)도 싫어했습니다(1538년 『리스트』, '안식일에 반대하여' 항목 참조). 계시된 진리를 거부한 결과로 영적으로 눈이 멀게 된 것은 바로 이 증오심이었고, 그로 인해 이후에 반유대주의의 길로 들어섰습니다.(안식일에 관한 위 견해에 동의하지 않음. 역자 주)

루터의 유산은 이중적입니다. 믿음으로 의롭다 함을 받는 '이신칭의'의 진리를 회복했으며, 종교개혁을 시행했고, 성경을 모두가 읽을 수 있는 언어로 번역했다는 점들에 대해서는 공로를 인정받아야 합니다. 그러나 우리는 또한 그의 후기 반유대주의와 그가 후대에 남긴 끔찍한 유산을 기억해야 합니다. 이 유산은 나치 독일의 홀로코스트로 절정에 달했습니다. 우리는 그의 영적 무지의 교훈을 배워야 합니다.

> 들을 귀 있는 자는 들을지어다. [마태복음 11:15]

이 회개 기도를 저와 함께 하시겠습니다.

하나님 아버지,

우리는 마틴 루터가 진리를 옹호하고 교회의 위선과 이단을 폭로한 용기에 감사드립니다. 우리는 그가 종교 개혁을 수립하는 데 역할에 대해 감사합니다.

그러나 우리는 그의 반유대주의와 결과적으로 홀로코스트를 야기시킨 끔찍한 유산에 대해서도 용서를 구합니다. 그가 보지 못한 교훈, 즉 진리를 거부함으로 인해 영적인 눈이 멀어버리게 되었다는 교훈을 우리들로 하여금 배우게 해주시길 바랍니다.

다윗이 시편 51편에서 우리에게 기도하라고 권한 것처럼, 우리는 주님이 한 때 다루기를 원하셨으나, 우리가 마음을 완악하게 하고, 거부한 죄의 어떤 부분이 있는지 알려주시기를 간구합니다. 주님이 요구하시는 것은 순종 뿐입니다. 그래서 우리는 주님의 은혜와 자비를 구합니다. 다시 우리에게 말씀하시고 우리의 눈을 '진리, 온전한 진리, 오직 진리 외에는 아무 것도 아님'을 깨닫게 하십시오. 우리에게 '들을 귀'를 주소서. 그래서 우리의 불순종을 회개하고, 주님이 우리를 회복할 수 있게 하소서.

예수님 이름으로 간구 드립니다. 아멘.

---

1. https://www.thegospelcoalition.org/article/luthers-jewish-problem/
2. http://zimmer.csufresno.edu/~mariterel/against_the_robbing_and_murderin.htm

Day 19 / 씨를 뿌리고 거두다

목표일
☐ 22.10.5 대 속죄일
☐ 23. 4. 9 부활절
☐   .   .

레이 몽고메리

> "그러므로 오늘 나는 전능하신 창조주의 뜻에 따라 행동하고 있음을 믿습니다. 유대인에 대항하여 나 자신을 변호함으로써 주님의 일을 위해 싸우고 있습니다."
> [아돌프 히틀러][1]

> 사람들이 너희를 회당에서 쫓아낼 것이다. 그리고 너희를 죽이는 사람마다 자신이 하는 일이 하나님을 섬기는 일이라고 여길 때가 올 것이다. [요한복음 16:2]

홀로코스트는 사도들이 죽은 지 겨우 100년 후에 시작되었습니다. 나치가 제정하려 하던 반유대주의 법률의 근거를 구체적으로 찾기 위해 성경을 조사했는지는 알 수 없지만, 반유대주의 법률은 분명 우리 교회 역사와 신학 이론에서 선례를 찾아볼 수 있습니다.

교회법(Canonical Law)은 교회 공의회와 교황이 공포한 성문화된 교회법, 특히 로마 가톨릭 교회의 법률입니다. 그러한 최초의 공의회는 예루살렘 공의회까지 거슬러 올라갑니다(『리스트』, 50 항목 참조).

이 공의회는 우리 교회 역사 전반에 걸쳐 미래의 교회 공의회와 종교회의를 위한 선례를 세워왔습니다. 유대교와 새로운 이방인 그리스도교 관점 사이에 서로 다른 견해가 명백했지만, 이 공의회는 그들의 차이점을 원만하게 해결할 수 있었습니다. 그러나 미래의 교회 공의회는 유대인들에게 그렇게 친절하거나 관대하지 않았습니다.

아래 표는 '교회 공의회에서 나온 교회법'과 '나치 법안'을 비교한 표입니다. 이 표를 보면 나치 법의 씨앗이 어디에서 유래했는지 보여줍니다. 그것들은 우리 교회의 교회법에서 유래되었습니다!

[사진] 책을 불태우는 나치

교회 법	나치 조치
그리스도인과 유대인 사이의 결혼 및 성관계 금지, 엘비라 공의회, 306.	독일 혈통과 명예 보호에 관한 법률, 1935년 9월 15일(RGB1 I, 1146).
유대인과 그리스도인은 함께 식사하는 것이 허용되지 않음, 엘비라 공의회, 306.	유대인은 열차 식당칸 타는 것 금지(교통부 장관에서 내무부 장관으로, 1939년 12월 30일, 문서 NG3995).
538년 제3차 오를레앙 회의. 유대인들이 수난주간에 거리에 모습을 드러내는 것 금지	1933년 12월 3일(RGB1 I, 1676) 특정 날짜(즉, 나치 공휴일)에 지방 당국이 거리에서 유대인을 금지할 수 있는 권한을 부여하는 법령.
탈무드와 다른 책들의 불태우기, 제12차 톨레도 회의, 681년.	나치 독일의 책 소각.
새로운 유대교 회당 건설 금지, 옥스퍼드 공의회, 1222년.	1938년 11월 10일 라이히 전체의 회당 파괴(하이드리히에서 괴링으로, 1938년 11월 11일, PS3058).
그리스도인이 유대인에게 부동산을 팔거나 임대하는 것 금지. 오펜 회의, 1279.	1938년 12월 3일 유대인 부동산의 강제 판매에 관한 법령(RGB1 I, 1709).
유대인의 학업 학위를 취득 금지. 바젤 공의회, 1434, 세시오 19.	1933년 4월 25일 독일 학교 및 대학의 과밀화에 대한 법률(RGB1 I, 225).

윌리엄 리콜스[2]의 「그리스도교 반유대주의: 증오의 역사」 책에서 일부 인용[3]

씨를 뿌리고 거두다

성경은 이렇게 알려 줍니다.

> 스스로 속이지 말라 하나님은 업신여김을 받지 아니하시나니 사람이 무엇으로 심든지 그대로 거두리라. [갈라디아서 6:7]

19세기의 격언은 다음과 같이 강력하게 말하고 있습니다.

> 생각을 심고 행동을 거둡니다.
> 행동을 심고 습관을 거둡니다.
> 습관을 뿌리고 성품을 거둡니다
> 성품을 심고 운명을 거둡니다.

이제 한 손에는 『리스트』를, 다른 한 손에는 이 격언을 사용하여 역사에서 어떻게 사용되었는지 확인할 수 있습니다.

생각을 심고 행동을 거둔다

[파종] 다음과 같은 '사상'은 우리 교회의 선조들이 심었습니다(모든 인용문과 교황 칙서는 해당 연도의 『리스트』 항목 참조).

"여호와께서 모욕을 당하셨고, 예수님이 죽임을 당하셨으며, 이스라엘 왕이 이스라엘의 권세자에 의해 멸망 당하셨습니다."(서기 167년, 초기 교회 권위자, 사르디스의 멜리토(Melito) 주교)

"유대인들은 하나님의 아들을 배척하고, 그를 죽였고, 그를 포도원에서 쫓아냈습니다. 그러므로 하나님이 그들을 공평하게 배척하시고, 포도원 밖에 있는 이방인들에게 그 재배한 열매를 주셨습니다."(서기 180년, 그리스도교 신학을 발전시킨 그리스 성직자, 이레네우스(Irenaeus))

"그들의 땅과 하늘에서 유배되고, 낙오되어 사방으로 흩어져서 그들(유대인)은 왕이 될 사람도, 하나님도 없이 세상을 떠돌아다닙니다…"(197년, 다작 그리스도교 작가, 터

툴리안(Tertullian))

"예전에 예언된 대로 유대인들은 하나님을 떠나 하나님의 은총을 잃었고…그리스도인들은 그 자리를 계승했습니다."(246-258, 성 사이프리안(St. Cyprian) 주교)

[수확] 반유대주의와 대체 신학이 교회법에 포함되었습니다(위 도표 참조). 유대인에 대한 박해가 시작됩니다.

행동을 심고 습관을 거둔다

[파종] 최초의 반유대주의 교회법이 통과되자, 선례가 세워지기 시작하면서 더 많은 선례가 따랐습니다.

[수확] 반유대주의와 대체 신학이 이제 교회법에 포함되면서 반유대주의 저술이 표준이 되는 분위기가 조성되었습니다.

"실제로 회당은 어떤 여관보다 불명예스럽다. 이곳은 강도와 사기꾼의 숙소일 뿐만 아니라 악마의 숙소이기도 하다. 이것은 회당뿐만 아니라 유대인의 영혼에도 해당된다." (기원 386-387년, 콘스탄티노플 대주교 '성 요한 크리소스톰', '유대인에 대항하여' 강론 [1] 8개 중 첫 번째)

"제사장 반열에 있는 사람 뿐아니라 평신도 조차도, 유대인의 무교병을 먹지 못하게 하고, 그들과 친밀한 교제를 하지 못하게 하며, 병으로 그들을 불러들이지 못하게 하며, 그들에게서 약을 받지도 말고, 그들과 함께 목욕하지도 말며…"(692년, '트룰로 에큐니칼(Trullo Ecumenical)' 공의회)

"우리는 황제께 유대인이 그리스도인을 다스리고 그들이 권력을 갖는 것을 더 이상 용인하지 않도록 할 것을 촉구합니다. 그리스도인들이 유대인들에게 지배되어 변덕에 빠지는 것을 허용하는 것은 하나님의 교회를 억압하는 것이며 그리스도 자신을 욕되게 하는 것입니다."(1081년, 교황 '그레고리우스 7세(Gregory VII)')

그리고 더 많은 박해, 성찬 모독 혐의, 성체 모독 혐의, 살인 및 추방.

습관을 심고 인격을 거둔다

[파종] 수세기에 걸쳐 반유대주의의 글을 쓰는 행위가 습관화되게 되었습니다.

[수확] 다음과 같이 유대인에 대한 교황의 교서(교황이 내린 칙령)가 발표되었습니다.

- 기원 1205년, 교황 인노첸시오 3세: 유대인 대상 고리대금, 신성모독, 오만, 그리스도교 노예 고용, 살인 혐의로 고발했습니다.
- 기원 1299년, 교황 보니파시오 8세: 고발자 이름 공개 없이 종교재판소에 유대인을 고발할 수 있을 것을 선언했습니다.
- 기원 1442년, 교황 에우제니오 4세: 유대인과 그리스도인의 완전한 분리를 요구했습니다(ghetto(게토)).

그리고 더 많은 박해, 피의 모독 혐의, 화체 모독 혐의, 살인, 추방, 빈민가, 포그롬, 십자군, 종교 재판 및 등의 열매를 맺게 됩니다.

성품을 심고 운명을 거둔다

[파종] 교회의 반유대주의적 성격은 이제 '유대인과 그들의 거짓말'(1543년 『리스트』 항목 참조)과 같은 마틴 루터 글의 발판을 마련했습니다. 그는 폭력적이고 저속한 언어를 사용하여 유대인을 비난했으며 "우리 그리스도인은 이 거부당하고 비난받는 사람, 유대인을 어떻게 해야 합니까?"라는 질문에 다음과 같이 답했습니다.[4,5]

"첫째, 그들의 회당이나 학교에 불을 지르는 것입니다.

둘째, 나는 그들의 집도 파괴될 것을 권고합니다.

셋째, 우상숭배, 거짓말, 저주, 신성모독을 가르치는 그들의 기도서와 탈무드 책들을 그들에게서 모두 없애라고 권고합니다.

넷째, 하나님은 '광기와 맹목과 마음의 혼란'으로 유대인들을 치셨습니다(신명기 28:28). 유대인들이 흘린 무고한 피를 갚지 못한 우리 잘못도 있습니다. 유대인들을 죽이지 않은 것은 우리의 잘못입니다.

[수확] '홀로코스트'로 루터의 소원이 이루어졌습니다.

홀로코스트의 주요 설계자인 히믈러(Himmler)는 철학자, 칼 야스퍼스(Karl Jaspers)가 다음과 같이 요약한 마틴 루터의 저술을 존경했습니다.

"이 저술에는 나치의 모든 프로그램을 가지고 있군요."[4]

유대인들은 우리의 원래 교회 선조들이 뿌린 생각에서 얼마나 끔찍한 운명을 거뒀는가!

결론

우리의 역사가 이렇게 드러나고 나면 이 사건들의 관계성들을 연결하고 영적으로, 감정적으로 마음이 움직이지 않을 수 없게 됩니다. 그 증거는 반박할 수 없습니다. 우리의 죄는 부인할 수 없습니다. 결론은 피할 수 없습니다. 씨를 뿌리고 거두는 법은 유대인들이 반유대주의에 따른 핍박의 결과를 겪었음을 의미합니다!

오 주님, 우리가 무슨 짓을...

이 회개 기도를 저와 함께 하시겠습니다.

하나님 아버지,

상한 마음으로 우리는 주님께 나아갑니다. 우리의 피 비린내 나는 역사가 드러났습니다. 우리는 유대 형제들을 박해한 우리 교회의 선조들의 죄에 대한 용서를 간구합니다. 우리는 이러한 태도가 마음에서 시작된다는 것을 알고 있으며, 주님 앞에 우리 자신의 마음을 드러냅니다. 주님, 저희의 마음에 언젠가 열매를 맺을 수 있는 씨앗이 있는지 살펴주십시오. 우리의 끔찍한 그리스도교 역사에서 씨를 뿌리고 거두는 것에 대한 교훈, 즉 뿌리지 말아야 할 것에 대한 교훈을 배울 수 있기를 소원합니다. 그 대신에 '의의 씨(호세아 10:12)'만 뿌리게 하소서.

예수님의 이름으로 기도합니다. 아멘.

---

1. https://en.wikiquote.org/wiki/Religious_views_of_Adolf_Hitler
2. Original research for this chart came from the book The Destruction of the European Jews, by Raul Hilberg, 1961. Thanks also to William Nichols, Christian Antisemitism: A History of Hate, (USA, Rowman & Littlefield, 2004), 204-206; and Baruch Hashem Messianic Synagogue in Dallas, TX for raising awareness of Hillberg's research, and from whom this chart was reproduced.
3. https://en.wikipedia.org/wiki/On_the_Jews_and_Their_Lies
4. https://archive.org/stream/TheJewsAndTheirLies1543En1948/LUTHERDr._Martin-The_Jews_and_their_Lies_1948-EN_djvu.txt (full text)
5. https://en.wikipedia.org/wiki/Martin_Luther_and_antisemitism

Day 20

오 주님, 나의 소경됨을 고쳐 주소서! 유뎬자우에 대한 고찰

목표일
- ☐ 22.10.5 대 속죄일
- ☐ 23. 4. 9 부활절
- ☐   .   .

로라 덴스모어

> 너희가 비판하는 그 비판으로 너희가 비판을 받을 것이요 너희가 헤아리는 그 헤아림으로 너희가 헤아림을 받을 것이니라 어찌하여 형제의 눈 속에 있는 티는 보고 네 눈 속에 있는 들보는 깨닫지 못하느냐 보라 네 눈 속에 들보가 있는데 어찌하여 형제에게 말하기를 나로 네 눈 속에 있는 티를 빼게 하라 하겠느냐 외식하는 자여 먼저 네 눈 속에서 들보를 빼어라 그 후에야 밝히 보고 형제의 눈 속에서 티를 빼리라. [마태복음 7:2-5]

우리가 이 비유를 좀 더 깊이 생각해 보면, 유대인 형제들의 눈에서 티를 제거하려고 노력해 온 것은 바로 우리 그리스도인들이라고 말할 수 있습니다. 그들은 예수가 메시아임을 믿지 않습니다. 그러나 우리 그리스도인들은 우리 자신의 눈에 대들보를 가지고 있습니다. 우리는 구약이 신약으로 대체되었고, 따라서 구약은 무효화된 것으로 생각하고 있었기 때문입니다.

우리 교회의 선조들은 어찌된 일인지 하나님께서 유대인들과의 관계를 끝내셨고, 어떤 이유인지는 모르지만 유대인들과 맺으신 영원한 언약 또한 일시적일뿐 영원하지 않은 것이며, 하나님께서 영원한 언약을 맺으신다고 하셨다가 실수를 하신 것처럼 생각했습니다.

[결론] 우리의 교부들은 하나님께서 택한 백성인 유대인이 교회로 대체되었다고 주장합니다. 하나님이 실수를 하시는 분입니까? 그분이 영원한 약속을 하시고 나서 일시적인 약속으로 마음을 바꾸시는 분입니까? 이것은 이스라엘 하나님의 본성과 성품과 일치하지 않으며 그분의 말씀과도 일치하지 않습니다.

낮에 빛을 내는 해를 주시고 달과 별들의 질서를 정하셔서 밤을 비추게 하시며 바다를 휘저어 성난 파도를 일으키시는 여호와, 그의 이름은 전능하신 여호와이시다. 여호와께서 말씀하신다. "이런 자연 질서가 지속되는 한 이스라엘도 언제까지나 나라로서 존속할 것이다. 하늘이 측량되고 땅의 기초가 탐지된다면 몰라도 그런 일이 있기 전에는 이스라엘 백성이 죄를 지었다는 이유로 내가 그들을 버리지 않을 것이다 [예레미야 31:35-37]

위의 하늘을 측량할 수 있습니까? **아니요!** 지구의 기초를 찾을 수 있습니까? **아니요!** 하나님이 이스라엘 백성을 버리실 것입니까? **절대로 아닙니다!**

우리는 하나님께서 이스라엘에게 하신 약속을 성취하실 수 있는 능력이 있는 분으로 믿습니까? 우리는 하나님께서 당신의 백성을 이집트에서 인도해 내실 때 시작하신 과정을 마치실 수 있는 전능하신 하나님이심을 능력을 믿습니까? 오늘날 교회에 있는 많은 사람들의 대답은 '아니오'이거나, 애매모호하게 생각하거나, 약간의 의구심을 가지고 있다고 대답합니다. 저는 오늘날 교회에 있는 이러한 불신앙과 의심의 죄를 드러내고 회개해야 한다고 믿습니다.

이 눈 멂과 불신앙은 교만과 독선의 죄에 뿌리를 두고 있습니다. 우리가 교회에 오랫동안 있었다면 다음과 같은 생각을 할 수 있습니다.

"글쎄, 난 괜찮아. 나는 어떤 죄도 회개할 필요가 없어. 나는 매주 일요일(또는 경우에 따라 안식일)에 교회에 가고, 헌금함에 십일조를 넣고, 도둑질하지 않고, 마약을 하지 않으며, 아내/남편을 속이지 않고 등등. 좋은 사람이 되려고 하니까 반성할 필요가 없어."

그것은 교만입니다. 교만은 우리 속에 아주 교묘하게 존재합니다. 그것은 은폐되고 숨겨져 있는 것을 좋아합니다. 우리를 눈멀게 하는 것은 교만의 죄입니다. 그러므로 교만을 회개하는 것부터 시작해야 합니다. 그러면 우리는 교만의 벽 뒤에 숨어 있는 나머지 죄들을 알아갈 수 있습니다.

『리스트』를 읽으면서 내 주의를 사로잡은 두 가지 항목이 있었습니다.

- 최초의 유덴자우(Judensau "유대인 돼지", 『리스트』 1230년 항목 참조). 1230년 독일 브란덴버그(Brandenberg)도시의 '브란덴버그' 대성당에 세워진 유덴자우는 교회 건물에 남아 있는 가장 오래된 유대인 돼지 조각품 중 하나입니다.
- 독일 비텐버그(Wittenberg)에 세워진 유덴자우(1305년 『리스트』 항목 참조). 1305년 카톨릭 교회 위에 세워진 이 교회는 1517년 종교 개혁을 일으킨 마틴 루터의 고향 교회가 되었습니다.

제가 궁금했던 것은 유덴자우가 무엇인가 였습니다. 저는 구글을 통해 찾아보았고, 교회 건물에 돌로 조각된 돼지 이미지를 보고 충격을 받았습니다! 나는 내 눈을 믿을 수 없었습니다.

눈물이 흘렀습니다. 나는 돌로 조각한 '유덴자우' 조각상이 존재한다는 사실과 유럽 전역의 교회에 오늘날까지도 부착되어 있다는 사실을 전혀 알지 못했습니다. 나는 그들의 존재에 대해 알지 못했습니다. 이 이미지들을 바라보는 동안 깊은 수치심과 슬픔이 내 마음을 두드렸습니다.

[사진] 비텐베르크에 있는 마틴 루터 교회에 부착된 유덴자우 부조

실제로 비텐베르크의 마틴 루터가 예배를 드린 교회의 건물 외벽에도 붙어 있습니다. '개신교 종교개혁' 탄생 500주년 기념일에 교회에서 유덴자우 석상을 제거해 달라는 청원이 제기되었습니다.1 슬프게도 청원은 거부되었습니다(『리스트』, 2016 항목 참조). 돼지 모양의 반유대주의 조각상은 교회 건물에 온전하게 남아있었습니다. 이 사실은 우리를 부끄럽게 합니다. 이 청원을 추진하는 데 동참한 조엘라 수녀는 '비텐베르크의 유대인 암돼지'라는 제목의 기도문에서 이에 대해 더 자세히 설명합니다.

우리 교회가 가지고 있는 이런 영적 눈멂은 여러 세기에 걸쳐 오랫동안 존재해 왔습니다. 우리는 우리 교회 선조들의 죄에 대해 책임을 져야 합니다. 우리는 성령께서 시작한 것을 온전히 이루실 수 있는 하나님의 능력을 불신한 것 또한 회개해야 합니다. 그리고 그 성령이 역사하심에 따라 우리는 그러한 죄와 불의로 인해 우리의 마음이 깨어짐을 수용하고, 이에 따라 회개할 수 있습니다.

예수께서 이르시되 내가 심판하러 이 세상에 왔으니 보지 못하는 자들은 보게 하고 보는 자들은 맹인이 되게 하려 함이라 하시니 바리새인 중에 예수와 함께 있던 자들이 이 말씀을 듣고 이르되 우리도 맹인인가 예수께서 이르시되 너희가 맹인이 되었더라면 죄가 없으려니와 본다고 하니 너희 죄가 그대로 있느니라. [요한복음 9:39-4]

이 회개 기도를 저와 함께 하시겠습니다.

아바 아버지,

『리스트』에 기록된 "교부들의 죄"를 저에게 알려주셔서 감사합니다. 저는 제 교회의 선조들이 지은 교만의 죄를 회개합니다.

아버지, 저는 저를 눈멀게 한 제 영적 교만을 회개합니다. 주님이 나의 눈을 여실 수 있도록 하려면 제가 먼저 눈이 멀 었다는 것을 인정해야 함을 알았습니다. 아버지, 제 멀어 있는 눈을 고쳐주세요. 제 눈에서 비늘을 빼 주세요. 제가 눈이 멀었던 제 교회 선조들의 죄를 볼 수 있게 해 주십시오.

내 마음 속에 있는 굳은 돌덩이 같은 곳을 부수기 위해 『리스트』를 '쇠망치'처럼 사용해 주시기 원합니다. 『리스트』를 내 안에 깊은 회개를 불러일으키는 도구로 사용해 주소서.

당신을 울게 하는 일 때문에 내가 울게 하시고, 내 뺨을 타고 흘러내리는 눈물이 당신의 눈물이 되게 하소서. 내 안의 회개가 유대 민족에 대한 생각과 믿음과 행동에 깊은 변화를 가져오기를 원합니다.

예수님(예슈아) 이름으로 기도합니다.

아멘 아멘!

---

1. 기념일 - 종교개혁 - 비텐베르그 - 루터

Day 21 / 오 주님, 눈 먼 우리를 위한 안약은 어떻게 살 수 있나요?

목표일
☐ 22.10.5 대 속죄일
☐ 23. 4. 9 부활절
☐   .   .

도나 졸레이

라오디게아 교회의 사자에게 편지하라 아멘이시요 충성되고 참된 증인이시요 하나님의 창조의 근본이신 이가 이르시되 내가 네 행위를 아노니 네가 차지도 아니하고 뜨겁지도 아니하도다 네가 차든지 뜨겁든지 하기를 원하노라 네가 이같이 미지근하여 뜨겁지도 아니하고 차지도 아니하니 내 입에서 너를 토하여 버리리라 네가 말하기를 **나는 부자라 부요하여 부족한 것이 없다** 하나 네 곤고한 것과 가련한 것과 가난한 것과 눈 먼 것과 벌거벗은 것을 알지 못하는도다 내가 **너를 권하노니 내게서** 불로 연단한 금을 **사서** 부요하게 하고 흰 옷을 사서 입어 벌거벗은 수치를 보이지 않게 하고 **안약을 사서 눈에 발라 보게 하라** 무릇 내가 사랑하는 자를 책망하여 징계하노니 그러므로 네가 열심을 내라 회개하라. [요한계시록 3:14-19(저자 강조)]

우리는 어떻게 우리의 먼 눈을 치료하기 위해 하나님으로부터 안약을 살수 있나요? 요한계시록 3:19에서 알 수 있듯이 '회개'는 하나님의 구속과 회복의 최고의 방법입니다!

회개하지 않는 죄는 우리의 영적 시야에 백내장과 같습니다. 로마서 11장에서 초대 '교회'에 대한 바울의 강력한 권고에 의해 입증된 바와 같이, 전체 역사 동안 그리스도교는 유대 민족과 관련하여 눈이 멀어 있는 영적 백내장을 가지고 있습니다.

형제들아 **너희가 스스로 지혜 있다** 하면서 이 신비를 너희가 모르기를 내가 원하지 아니하노니 이 신비는 이방인의 충만한 수가 들어오기까지 이스라엘의 더러는 '우둔하게' 된 것이라. [로마서 11:25(저자 강조)]

우리는 이 구절에서 이스라엘이 '우둔함'을 바로 알 수 있을 것입니다. 그렇지만 이렇게 생각한다는 사실이 우리가 '무지와 교만함'으로 눈이 멀어있다는 것을 증명합니다. 왜냐하면 그 '우둔하게 된' 것이 사실 우리 때문이기 때문입니다. 그것은 우리를 위한 것이기 때문입니다. 이 사실은 우리가 그들에게 심판과 박해가 아니라 감사와 사랑의 마음을 가져야 합니다.

하지만 그렇지 못했습니다. 우리의 이런 '우둔함'은 어디에서 오는 걸까요?

내 자신의 경험에 비추어 볼 때, 저는 유대인에 대한 끔찍하고 무자비한 그리스도교 박해에 대해 매우 무지한 것에서 비롯된다고 생각합니다. 이 가혹한 박해는 『리스트』에서 볼 수 있듯이 2,000년 동안 우리의 믿음이라는 뿌리에 엮여 전해 내려온 '대체 신학'이라는 부패한 뿌리의 증상일 뿐입니다.

우리는 대체 신학에 깊이 물들어 있기 때문에 자신도 모르는 사이에 그것을 받아들이는 경향이 있습니다. 대부분의 그리스도인들은 그리스도교에서 그토록 영향력 있고 존경받는 '종교개혁의 아버지'인 마틴 루터가 끔찍할 정도로 반유대주의자였다는 사실을 전혀 알지 못합니다(『리스트』 1538, 1543 항목 참조). 그의 반유대주의 감정과 주장들은 홀로코스트를 야기할 수 있는 분위기에 부채질을 한것입니다. 나는 유대인들이 엄청난 대가를 치르고 이 사실을 고통스럽게 생각하고 있습니다.

마틴 루터는 독일인이었고 독일에서 살았습니다. 히틀러는 그의 책『마인 캄프트(나의 투쟁)』에서 루터를 위대한 독일 영웅으로 인정합니다. 충격적이게도 『리스트』를 보면, 1543년부터 루터와 히틀러의 직접적인 연관성을 볼수 있습니다.

- 마틴 루터는 '유대인과 그들의 거짓말에 대하여'를 1543년에 씁니다. 여기에서 그는 실제로 홀로코스트의 기본 청사진을 모두 그리스도의 이름으로 제시했습니다.
- 1938년 11월 9일부터 10일까지 독일에서 열린 '크리스탈나흐트 포그롬'(1938년 11월 9-10일 밤에 독일과 오스트리아 전역에서 유대인과 그들의 재산을 대상으로 행해진 나치의 공동 폭력 사건.)은 마틴 루터의 생일인 11월 10일을 기념했습니다! 이것은 나치가 기리고 존경하는 사람이 누구였는지, 그리고 그들의 악한 아이디어가 어디에 기반하고 있었는지 보여줍니다.
- 유대인 대학살 '홀로코스트'(1939년-1945년)를 불러일으킨 '최후의 해결책(유대인 처리를 위한 나치의 계획서)'은 마틴 루터의 '유대인과 그들의 거짓말에 관하여'가 쓰여진 지 정확히 400년 후, 마틴 루터의 견해와 권고에 많은 영감을 받아 실행되었습니다. '유대인과 그들의 거짓말에 관하여'가 쓰여진 지 정확히 400

년이 지난 시점입니다.

'오직 믿음과 믿음으로 말미암는 의'라는 참으로 장엄한 계시를 받은 '종교개혁의 아버지'가, 다음과 같은 성경 말씀들과 완전히 모순되어, 하나님께서 선택하신 백성들(유대인)이라는 것을 알아볼수 없을 정도로 반유대적이라는 것을 알고 가슴이 아팠습니다.

> 이에 성경에 이른 바 아브라함이 하나님을 믿으니 이것을 의로 여기셨다는 말씀이 이루어졌고 그는 하나님의 벗이라 칭함을 받았나니. [야고보서 2:23]

> 만군의 여호와께서 이같이 말씀하시되 영광을 위하여 나를 너희를 노략한 여러 나라로 보내셨나니 **너희를 범하는 자는 그의 눈동자를 범하는 것이라.** [스가랴 2:8]

마틴 루터는 오늘날 우리가 여전히 영향을 받고 있는 우리 개신교에 반유대주의라는 독성의 검은 씨앗을 심었습니다. 이것은 다음에서 확인할 수 있습니다.

- 우리는 이를 인지하지 못하고, 우리는 그것을 눈치채지 못하고 있습니다.
- 우리가 유대 민족에게 '너희 아브라함의 믿음은 의롭지 못하다'라고 계속 말하는 것과 마찬가지인 뜻이 우리가 사용하는 용어에 담겨져 있습니다. 그 용어는 바로 '비신자'입니다. 우리는 '야고보서 2:23, 로마서 4:3, 갈라디아서 3:6'의 말씀들과 모순되게 유대인들을 '비신자'라고 부르고 있는 것입니다.

성경이 무엇이라고 말하였는가?

> 아브라함은 하나님을 믿었고 그것이 그에게 의로 여겨졌다. [로마서 4:3]

얼마 전에 주님께서 나를 강하게 꾸짖으셨습니다. 그분은 "감히 그들을 믿지 않는 자들(비신자)이라 부르지 말라. 너희가 믿는 이유는 그들이 믿었기 때문이다."라고 말씀하셨습니다. 본래부터 하나님을 믿어 온 사람들은 우리가 아니라 유대인들입니다. 저는 이 사실을 우리가 모르고 그들을 심판하고 있다는 것을 깨달았고, 저는 회개해야 했습니다.

우리 그리스도인들이 예슈아를 믿지 않는 사람들에 대해 말할 때, 불신자들이라고 부르는 것이 일반적입니다. 그러나 유대인들은 자신들이 아브라함, 이삭, 야곱의 하나님을 원래 믿는 자들이라고 생각합니다. 아브라함처럼, 그들은 하나님의 말씀이 참되다고 믿습니다! 그러므로 나는 유대 민족에 대해 하나님과 그분의 말씀에 동의하게 되었고 그리스도인이 유대인을 불신자라고 부르는 것은 옳지 않다고 생각합니다.

이 영적 눈멂은 우리가 우리 교회의 선조들의 죄와 유대 형제들에 관한 우리 자신의 죄를 우리 것으로 여길 때까지 그대로 남아 있습니다.

감사하게도, 우리가 덫에 걸리는 곳마다 하나님은 항상 탈출구를 마련해 주신다는 것입니다. 레위기 26장 40-42절에서 사랑의 하나님은 '그분의 눈동자'에게 말씀하십니다. 그들이 회개하지 않은 그들 자신의 죄의 저주에 시달리는 것을 발견하거나, 조상들의 죄의 저주에 시달리는 것을 알게되면 하나님께서는 다음과 같이 행동하라고 말씀하셨습니다. 우리가 해야 할 일도 이와같습니다.

> 그들이 나를 거스른 잘못으로 자기의 죄악과 그들의 선조의 죄악을 자복하고 또 그들이 내게 대항하므로 나도 그들에게 대항하여 내가 그들을 그들의 원수들의 땅으로 끌어 갔음을 깨닫고 그 할례 받지 아니한 그들의 마음이 낮아져서 그들의 죄악의 형벌을 기쁘게 받으면 내가 야곱과 맺은 내 언약과 이삭과 맺은 내 언약을 기억하며 아브라함과 맺은 내 언약을 기억하고 그 땅을 기억하리라 [레위기 26:40-42]

만약 우리가 회개하지 않고 이스라엘 자손을 저주한다면, 우리 자신과 우리 자녀들에게 저주를 퍼 붓는 것입니다… 그리고 그것이 오늘날 교회에 많은 사람들이 겪고 있는 고통입니다. 예수께서 이 땅을 걸으신 이래로 모든 세대에 반복되어 온 "하나님의 눈동자"에 대한 끔찍한 역사를 회개하지 않는 한, 우리는 결코 흠 없고 점 없는 영광스러운 교회가 될 수 없습니다. 그리고 우리가 히브리어로 '테슈바'라는 회개를 하지 않고 돌이키지 않으면 악순환될 운명에 처해있습니다.

하나님께서 이스라엘 민족에게 회복의 길을 마련해 주신 것과 같은 방법으로 우리는 기뻐할 수 있습니다. 우리가 아무리 눈이 멀었든지, 대대로 잘못을 저질렀든지 간에, 우리도 회복될 수 있습니다! 우리 하나님은 얼마나 선하신 분이십니까!

하나님 감사합니다. 그리고 땅의 기초가 놓이기 전, 세우신 주님의 계획의 중심에 주님의 사랑하는 유대 민족과 함께 좋은 계획을 세우신, 너무 좋으신 하나님 감사합니다!

유대 민족을 주님의 그릇으로 선택해 열방에 주님을 알리게 하시니 감사합니다. 나는 유대 민족 없이는 '주님과, 주님의 말씀, 주님의 구원'을 알지 못했을 것임을 고백합니다. 우리의 영적 선조들이 그들을 끔찍하게 대했음에도 불구하고 주님의 긍휼은 날마다 새로움을 주시니 감사합니다.

이 회개 기도를 저와 함께 하시겠습니다.

하늘에 계신 우리 아버지, 아비누 세바샤마임(주기도문 히브리 찬양). 눈 멀게 하는 백내장/비늘을 제거하고 시력을 회복하기 위해 연고를 살 수 있는 방법을 제공해 주셔서 감사합니다. 아버지, 우리는 주님의 이름으로 그처럼 무자비하고 끔찍하고 살인적인 박해를 초래한 우리 교회 선조들의 반유대주의적 죄를 주님께 고백하고 회개합니다. 우리는 또한 우리를 대체 신학이나 반유대주의로 이끌었던 우리 자신의 영적 무지와 오만함을 고백하고 회개합니다.

주님의 마음을 아프게 하는 것에 대해 계속해서 우리의 마음이 통회하게 하소서. 계속해서 우리의 영적 우둔함을 치유하시고 주님의 백성을 진정으로 위로하는 방법을 깨닫게 해 주십시오. 주님의 사랑과 부드러운 자비의 눈으로 "주님의 눈동자"를 볼 수 있도록 도와 주소서. 주님의 백성을 위한 주님의 목적이 우리 눈앞에서 이루어지고 우리가 그 일부가 될 수 있는 날에 우리가 살고 있음을 감사드립니다. 아브라함과 이삭과 야곱/이스라엘의 하나님의 이름으로 - Am Yisrael Chai! 이스라엘 백성이 산다!!! 시온이 은혜의 때가 왔다, **할렐루야!**

바룩 하솀(Baruch HaShem그 이름을 찬양하라)/주님의 이름을 찬양합니다.

Day 22

목표일
- ☐ 22.10.5 대 속죄일
- ☐ 23. 4. 9 부활절
- ☐ . .

비텐베르크의 '유대인 암돼지'

조엘라 수녀

> 너희는 알지 못하는 것을 예배하고 우리는 아는 것을 예배하노니 이는 구원이 유대인에게서 남이라. [요한복음 4:22]

마틴 루터가 한 때 설교했던 교회에 들어서면, 이스라엘의 하나님과 유대인의 왕 예수가 경배와 존귀를 받는 모습을 볼 수 있습니다. 그러나, 동일한 이 교회의 외벽에서 하나님께서는 그분의 백성인 유대인들과 함께 조롱과 비방을 받고 계십니다.

그곳에서 유태인들이 비텐베르크에 정착하는 것을 막기 위해 만든 암돼지 석상을 볼 수 있습니다. 이것은 1305년에 교회 벽의 높은 곳에 배치되었으며 그 이후로 계속 그곳에 남아 있습니다(『리스트』, 1305년 항목 참조).

부조 위에는 '신의 알 수 없는 이름'을 뜻하는 '라비니 세켐함포라(Rabini Schem-Hamphoras)'라는 글자가 금으로 새겨져 있습니다.

그것은 1543년에 출판된, 그의 최악의 반 유대적 저술인 『알 수 없는 이름과 그리스도의 세대에 관하여(Von Schem Hamphoras und vom Geschlecht Christi)』를 인용하여, 루터가 세상을 떠난 지 몇 년 후인, 1570년에 쓰여졌습니다. 그 책에서 그는 자신의 교회의 비웃는 듯한 조각품에 대해 다음과 같이 썼습니다. 그것은 증오로 가득 차 있고 진정으로 모욕적입니다.

"여기 비텐베르그의 우리 교구 교회에는, 어린 돼지와 유대인들이 젖을 빨고 누워 있는 암돼지가 새겨져 있습니다. 암돼지 뒤에는 랍비가 서 있는데, 그는 암돼지의 오른쪽 다리를 들어 올리고, 엎드려 절을 하고, 마치 그가 읽고 가장 어렵고 특별한 것을 보고 싶어하는 것처럼, 암돼지 밑의 탈무드를 열심히 들여다보고 있습니다. 의심할 여지없이 그들은 그곳에서 셈 함포라스[신의 '알 수 없는 이름']를 얻었을 것입니다…"

이 황금 글자 속에 거룩한 이름 "하셈(하나님 이름 여호와)"이 숨겨져 있다는 사실을 아는 사람은 거의 없습니다.

종교개혁 500주년을 위한 행사 (2016년)는 여러 해 동안 진행되어 왔습니다. 이 행사 때, 온 세상이 볼 수 있는 회개와 화해의 표시로 이 외설적이고, 하나님에 대한 조롱과 신성모독적인 조각품을 제거하는 것은 정말 좋은 기회였을 것입니다. 그러나 그런 일은 일어나지 않았습니다(2016년 『리스트』 항목 참조).

[사진] 비텐베르크에 있는 마틴 루터 교회에 부착된 유덴자우 부조

2013년부터 이 문제에 대해 고민하고 연구하기 시작했을 때, 그것이 제거되었으면 좋겠다는 불타는 열망이 커졌고, 저명한 사람이 그렇게 해 주길 간절히 바랬습니다.

처음에는, 이 전투에 참여할 생각이 별로 없었습니다. 비용이 많이 들고 성공 가능성이 제한적이라는 것을 알고 있었습니다. 마틴 루터의 교회는 또한 유네스코 세계문화 유산이기도 합니다! 나는 하나님에 대한 나의 사랑이, 종종 나를 움직이게 하기에는 너무 약한 불꽃임을 고백합니다. 그러나 하나님과 깊은 관계가 없는 사람들에게는 더욱 어렵습니다. 그들의 인간적인 논리와 추론이 방해가 되었고, 그들은 변명을 늘어놓기 시작했습니다. 결국, 비텐베르크 교회에서 돌 암돼지를 제거하지 **않기로** 결정되었습니다.

"2016년 6월 22일 현재까지 '교구 교회 협의회'는 눈에 띄는 명예 훼손 조각품을 원래 위치에 두고 추모하는 문화를 유지하기로 결정했습니다. 우리의 경험에 따르면 직접적인 노출은 사람들이 과거를 직시하고 자신을 돌아보는 데 도움이 됩니다. 이러한 형태의 추모가 역사인식에 조형적 영향을 미치고 존중되어야 하는 것이 우리의 바람입니다.[1]

그래서 그분의 이름을 거룩하게 하고 그분의 백성을 한 쪽의 입장에서만 사랑하는 것은 우리가 자랑스러워하게 된, 우리의 양심을 살리는 추모 문화와 견해에 반대되는 것입니다."

이러한 '**아니오**'라는 암돼지 동상 제거 반대 의견은 국제적으로 신자들의 많은 지지를 받고, 거의 일만명에 가까운 사람들이 탄원서에 서명한 후, 그리고 '중앙 시장

광장의 철야기도' 후에도 여전히 **'아니오'**로 남아 있습니다. 유일한 가시적 성공은 '예루살렘 포스트'에서 '크리스천 투데이'에 이르는 신문과 지역 방송사들이 이 문제를 대중들에게 공개화하고 널리 알렸다는 것입니다.

하나님의 방법은 완벽합니다. 원래 나는 마지막 "2017 비텐베르크 회개와 기도회"에서 우리가 이 교회에서 연설하라는 제안에 반대했었습니다. 하필 많은 교회 중 저 교회에서 연설을 하고 싶지는 않다고 생각했습니다.

그러나 시간이 지나면서 나는 회개가 내부에서 외부로 가야 한다는 것을 이해하기 시작했습니다. 친족 형제 자매들과 연합하여, 바로 이 교회 안에서 용서를 구하는 것 보다 더 좋은 것이 어디 있겠습니까?

설교 말미에 하나님은 당시 교회에 있었던 우크라이나 출신의 유대인 여성을 통해 "예, 아멘"으로 화답하게 하셨습니다. 그녀는 우리에게 감사하기 위해 왔고 깊은 감동을 받았습니다.

이것이 핵심이었나요? 아니요, 이 문제는 여전히 진행 중입니다. 하지만 예상한 대로는 아닙니다. 우리는 많은 철야 기도 시간 동안 그 문제를 법정으로 가져가기로 결정한 한 유대인 남자를 알게 되었습니다. '비텐베르그 2017' 행사에서 동기부여를 받은 뛰어난 변호사 한 분이 2019년 4월 4일 데자우에서 소송을 제기했습니다.

하나님은 당신의 이름의 영광을 위하여 오랜 세월 동안 노력하셨습니다. 그분은 몇 번이고 살려 주시고, 경고하시고, 은혜를 베풀어 주셨지만, 심판도 하셨습니다. 그분은 그분의 이름의 영광을 위해 그분의 때에 응답하실 것입니다.

이 회개 기도를 저와 함께 하시겠습니다.

거룩하시고 영원하시며 전능하신 우리 아버지,

우리가 사실상 우리의 특권인 주님의 명예를 위해 싸우고 싶지 않을 때 우리를 용서해 주십시오. 주님에 대한 우리의 사랑은 종종 타는 심지 와도 같아서, 오직 주님의 은총만이 작은 불꽃을 살아 있게 합니다. 두 마음을 가진 가운데 우리는 얼마나 자주 '이름이 거룩히 여김을 받으소서'라고 형식적으로만 기도하고 있는지 모릅니다. 주님의 법은 당신의 이름을 잘못 사용하는 것에 대해 경고하고 있지만, 우리는 너무 쉽게 그것을 가볍게 여길 수 있음을 고백합니다. 우리는 주님의 판단이 얼마나 엄하고 중한지, 그리고 우리가 이웃에게 경고해야 할 책임이 있음을 모릅니다. 하나님에 대한 두려움을 잃고 주님이 소멸하는 불꽃이라는 사실을 잊어버린 저희를 불쌍히 여기소서.

우리의 깊은 독선으로 올바로 볼 수 없음을 용서해 주십시오. 우리는 돌에 새겨진 고대의 말(유대인을 조롱하는 말 등)들이 여전히 모욕적인 힘을 가지고 있다는 사실에 죄책감을 느낍니다. 이 계속되는 모욕이 주님 백성 유대인의 마음에 깊은 상처를 입힌 것에 대한 우리의 무관심을 용서해 주십시오. 우리의 변명을 용서하십시오. 우리는 바닥에 추모기념판(사람·사건 등을 기려 이름과 날짜를 적어 붙여 놓은 물건)을 놓는 겉치레하는 행동으로 충분하다고 여기고 있습니다.

우리를 용서해 주십시오. 우리의 입은 '다시는 절대로 안된다'라고 말하지만 동시에 우리의 소극적 태도와 무관심은 동일한 죄가 계속해서 지속되도록 허용하고 있습니다.

우리가 이 '외치는 돌'을 제거해야 하는지 여부를 논의하는 700년 동안, 주님은 돌에 새겨진 유대인에 대한 사람들의 증오와 조롱을 견뎌왔습니다.

오, 우리의 돌 같은 마음을 부드럽게 하시고, 주님의 고통과 주님 백성의 고통을 위해 부드럽게 하소서! 아멘.

---

1. Wittenberg의 Evangelische Stadtkirchengemeinde(프로테스탄트 교회 본당) 교회 협의회의 Dr. Johannes Block.

Day 23 / 우리가 꺾이었습니까?

목표일
☐ 22.10.5 대 속죄일
☐ 23. 4. 9 부활절
☐   .   .

밥 오델

바울은 로마의 1세기 교회에서 예수를 따르는 사람들에게 보낸 편지에서 모든 유대인과의 올바른 관계에 대해 이방인들에게 다음과 같이 경고합니다.

> 또한 가지 얼마가 꺾이었는데 돌감람나무인 네가 그들 중에 접붙임이 되어 참감람나무 뿌리의 진액을 함께 받는 자가 되었은즉 그 가지들을 향하여 자랑하지 말라 자랑할지라도 네가 뿌리를 보전하는 것이 아니요 뿌리가 너를 보전하는 것이니라 그러면 네 말이 가지들이 꺾인 것은 나로 접붙임을 받게 하려 함이라 하리니 옳도다 그들은 믿지 아니하므로 꺾이고 너는 믿으므로 섰느니라 높은 마음을 품지 말고 도리어 두려워하라 하나님이 원 가지들도 아끼지 아니하셨은즉 너도 아끼지 아니하시리라 그러므로 하나님의 인자하심과 준엄하심을 보라 넘어지는 자들에게는 준엄하심이 있으니 너희가 만일 하나님의 인자하심에 머물러 있으면 그 인자가 너희에게 있으리라 그렇지 않으면 너도 찍히는 바 되리라. [롬 11:17-22]

이 구절에서 우리에게 주어진 권면은 무엇입니까?

1. **자신을 다른 가지보다 우월하다고 여기지 말라.** 다시 말해서, 하나님과 함께 하는 우리의 삶, 우리의 그리스도교적 삶의 표현들이 다른 가지, 즉 꺾여진 유대가지 보다 우월하다고 생각하지 마십시오!
2. **교만하지 말고 떨지어다.** 다시 말해서, 너희는 접붙임이 되었고 그들은 끊어졌다는 이유로 유대 민족을 대적하여 교만하지 마십시오.
3. **하나님의 인자하심과 준엄하심을 생각하라.** 다시 말해서 하나님이 이방인인 우리에게 얼마나 친절하셨고, 유대인들에게 얼마나 엄하셨는지 적극적으로 생각해 보십시오. 바울은 우리에게 이러한 것들을 마음에 새기고 올바른 방

법으로 우리 마음에 역사하도록 요청하고 있습니다!
 4. **그의 친절을 계속 베풀라.** 다시 말해서, 우리는 하나님의 은혜를 받았기 때문에, 유대인과의 관계의 질에서 증명되듯이, 그 은혜와 일치하는 방식으로 행동하고 처신해야 합니다.

이제 다음 네 가지 질문을 스스로에게 던져 보겠습니다.

1. 교회는 역사적으로 다른 교파보다 자신을 우월하다고 생각하는 것을 자제했습니까? **내 대답은 '아니오' 입니다.**
2. 교회가 교만하지 않고 하나님 앞에서 두려워했습니까? **대답은 분명히 '아니오' 입니다!**
3. 교회는 하나님의 인자하심과 준엄하심을 생각하고 그 진리로 말미암아 우리가 하나님 앞에 합당하게 행하였습니까? 홀로코스트로 절정에 달할 때까지 수세기 동안 유대인에 대한 우리의 행동의 역사는 **'아니오'라고 대답할 것입니다!**
4. 교회는 유대 민족에 대한 친절을 계속하였습니까? **대답은 분명히 '아니오' 입니다!**

그러면 바울은 이 구절에 따라 어떤 일이 일어날 것이라고 말합니까?

1. 하나님이 원가지를 아끼지 아니하셨은즉 너희도 **아끼지 아니하시리라**
2. 그렇지 않으면 너희도 **꺾일 것이다.**

우리가 구원받지 못한다는 것은 도대체 무엇을 의미합니까? 우리도 "꺾인다"는 것은 도대체 무슨 뜻입니까? 대다수의 그리스도인은 한 번이라도 읽은 적이 있다면 이 구절이 경고일 뿐이라고 생각합니다. 하지만 그럴까요?

2013년 아브월 9일를 경험한 뒤, 저는 유대인들과 함께한 우리의 역사가 얼마나 추악한지 깨닫고 '잘리는 것'의 개념을 공부하기 시작했습니다. 나는 우리가 얼마나 쉽게 구원을 잃어버릴 수 있는지에 대한 경고로 이 구절을 가르치는 사람들을 발견했습니다. 나는 그것이 지나친 해석이라고 생각합니다. 모세 율법에서 잘린다는 것은

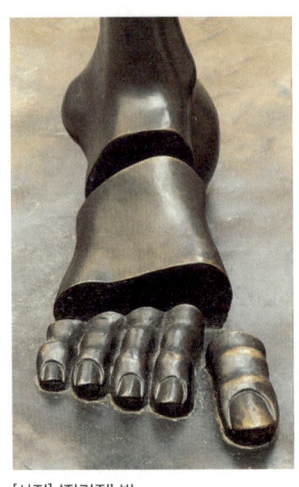
[사진] '잘려진' 발

노예로 팔려가거나 애굽으로 보내지거나 죽임을 당하는 것을 의미하지 않았습니다. 하지만 그것은 또한 가볍지도 않은 것이었습니다. 그것은 당신이 아주 오랫동안 본진 밖에 장막을 칠 수밖에 없었고, 정상적인 공동체 생활에 참여할 수 있는 권리가 박탈되었다는 것을 의미했습니다.

마태복음 25장에 나오는 신약성경의 열 처녀 비유도 "잘림"을 예시하고 있습니다. 열 처녀는 모두 신랑이 올 때 잠을 자고 깨어났지만, 기름을 "추가로 준비"한 지혜로운 처녀는 다섯 명 뿐이었습니다. 나머지 다섯명은 어리석었습니다. 나는 이 비유가 구원받은 자와 구원받지 못한 자를 설명하는 것으로 보지 않습니다. 왜냐하면 모두가 처녀이기 때문입니다. 구원받은 자들의 관점과 준비성의 차이에 관한 것입니다. 그 결과 성대한 혼인잔치에 참석할 수 있는 영예는 다섯 명에 불과했습니다. 나머지 다섯 명은 혼인 잔치에서 말 그대로 "절단"되어 그들이 외칠 때 들릴 만큼 가까이 있었지만 들어갈 수 있도록 허락을 받지 못했습니다.

어느 날, 바울의 이 경고가 우리에게 무엇을 의미할 수 있을까를 다시 생각하는 중에, 나는 그 경고에 대해 직접 하나님께 물어볼 용기를 얻었습니다.

"주여, 만약 우리에게 그런 일이 일어난다면, 절단되는 것은 어떤 모습일까요?"

나는 하나님이 즉시 나에게 반문하심으로 나의 질문에 대답하셨다고 느꼈습니다.

"너는 왜 그것이 이미 일어나지 않았다고 생각하느냐?"

그래서 깜짝 놀랐습니다. 그래서 저는 새로운 질문에 대해 생각하기 시작했습니다. "우리 주변에서 무엇이 이미 우리를 '절단' 하게 만들었을까요?" 오늘 저는 그 질문에 대한 몇 가지 답변 중 하나를 여러분과 나누려고 합니다.

멈춰서 주위를 둘러보세요. 당신은 그리스도교에 대한 공격을 모든 면에서 보고 있지 않습니까? 교회 출석률이 떨어졌습니다. 미국에서는 매년 수천 개의 교회가 문을 닫고 있습니다. 한편, 종교 설문조사에서 가장 빠르게 증가하고 있는 범주는 아무 것도 믿지 않는 '무신론자' 들입니다.

오늘날 서방 세계에서 교회의 가장 큰 적은 세속주의입니다. 그것은 하나님을 반대하는 반 그리스도, 반 그리스도교, 반 유대교, 반 이스라엘의 태도입니다. 우리의 그리스도교적 표현, 우리의 자유와 언론의 자유가 세속주의의 공격을 받고 있습니다. 그들의 목표요? 우리가 우리의 믿음에 대해, 지역 사회 전체에 공개적으로 표현하는 자유에서 우리를 차단하기 위해서 입니다. 아마도 우리는 실내에서 기도할 수 있지만, 집 밖의 세상에서 우리의 믿음을 전하는 것을 암시하는 어떤 행동도 해서는 안 됩니다. 요컨대, 그들은 우리가 우리 자신의 사회, 우리 자신의 국가에서 단절되기를 원합니다.

그렇다면, 우리 시대의 이 큰 적인 세속주의의 기원은 무엇입니까? 우리는 1670년 『리스트』에서 그것에 대해 읽었습니다.

"북부 홀랜드의 칼빈주의 공의회는 후에 계몽주의에 영감을 준 스피노자의 작품을 금지합니다.
구체적으로 말하면 그의 신학과 정치학 논문 대해서 입니다. 바루흐 스피노자의 저술은 나중에 18세기 계몽주의(물리적 측면과 '볼 수 없다면 존재하지 않는다'는 것만 강조)의 토대를 마련한 것으로 평가됩니다. 이 운동은 결국 다른 사람들에 의해 세속적 인본주의, 사회주의, 마르크스주의로 확장됩니다. 게다가 스피노자는 성경의 신성한 영감에 도전하는 현대의 '성경 비판' 활동의 토대를 마련한 것으로 인정받고 있습니다. 유대인인 스피노자가 그의 무신론과 마르크스주의에 영감을 주었다는 이유로 오늘날 그리스도인들에게 멸시를 받고 있는 동안, 우리가 간과하고 있다고 보는 문제는, 본래 교회의 비합리성과 잔인함 때문에, 스피노자가 신이 없는 세상을 상상하도록 자극했을지도 모른다는 것입니다. 우리 교회는 오늘날 스피노자를 통해 오늘날 우리의 '유대-그리스도교적 가치'에 반대하는 큰 적수를 그 큰 적을 창조하지 않았나요? 우리 교회가 '종교재판'의 씨를 뿌리고 '세속적 인본주의'를 거두지는 않았나요?"

교회가 완전한 권력을 갖고 있을 때도 유대 민족을 박해하고, 유대교의 모든 종교 활동을 비하하는 사악한 흐름에 저항할 수 없었습니다. 이 종교 재판은 유대 민족의 삶을 말살시켰습니다. 11년 전인 1659년, 바루흐 스피노자(유대인) 자신도 스페인 종교 재판에서 조사를 받았습니다. 스피노자의 가족은 그전에 종교 재판을 피하기 위해 포르투갈을 떠나 네덜란드로 향했습니다!

종교재판이라는 이름 아래 셀 수 없이 많은 잔학 행위에 직면하여 무언가 속박에서 벗어나야 했던 사람이 있습니다. 그의 이름은 스피노자였습니다. 그는 하나님의 선하심과 심지어 하나님의 존재조차 의심했습니다. 종교 재판을 통해 교회로부터 외면당하고, 그의 회당에서 무신론자로 쫓겨난 스피노자는 신이 없이 존재할 수 있는 세상을 상상했습니다. 스피노자는 세속 운동의 영웅이 되었고, 결국 18세기 계몽주의의 토대를 마련한 것으로 인정받았으며, 그 후 타인들에 의해 세속적 인본주의, 사회주의, 마르크스주의로 자신의 사상을 확장하게 되었습니다.

우리 그리스도인들은 지금 여전히 증가하고 있는 세속주의자들의 집단에 의해 우리의 나라로부터 단절되고 있습니다. 그리고 교회가 유대인들에게 저지른 수많은 죄들이 애초에 세속주의의 기폭제였다고 저는 믿습니다.

이 회개 기도를 저와 함께 하시겠습니다.

하늘에 계신 아버지,

우리는 무엇을 해야 하나요? 우리 선조들이 주님 앞에서 죄를 지었고, 우리가 세속주의의 형태로 종교 재판의 죄를 거두고 있는지요? 우리는 우리 자신의 나라에서 끊어지고 있나요?

진실을 볼 수 있는 눈을 주소서! 이것이 사실인가요? 우리가 과거의 죄와 교회의 죄가 오늘날 사회에 미친 영향을 받아들이게 도와주십시오.

오 주님, 우리는 어떻게 해야 할까요? 우리가 우리 과거의 죄로 인해 우리 자신에게 큰 공격을 가했을지도 모르는 이 상황에 대해 어떻게 반응해야 하는지요?

이 죄과를 고칠 수 있는지요? 이 죄과를 원래대로 되돌릴 수 있습니까? 우리는 이 곤경에서 벗어나 금식하고 기도하고 회개할 수 있는지요? 우리는 무엇을 해야 하나요?

아버지, 우리가 처한 위기에 관계없이 주님은 우리가 주님께 부르짖고 용서를 간청하도록 격려하신다는 것을 압니다. 주님의 자비를 구하기에 너무 늦은 때는 없음을 믿습니다! 주님은 우리가 주님 앞에서 진정으로 회개할 때 주님이 우리에게 응답하실 것이라고 말씀하십니다! 그 과정으로 우리를 이끌어 주시고 인도해 주십시오. 우리의 기도를 들어 주소서! 우리와 우리 선조들을 용서하십시오. 우리는 기도합니다!

예수님의 이름으로 기도합니다. 아멘.

Day 24

목표일
☐ 22.10.5 대 속죄일
☐ 23. 4. 9 부활절
☐   .   .

그분의 빛이 시온에서 비추고 있습니다. 준비하십시오!

밥 오델

『리스트』는 철저하게 연구된, 기념비적인 작업으로 우리 교회 선조들의 죄를 폭로합니다. 『리스트』를 읽어보면 반유대주의의 추악한 촉수가 한 나라에 있는 것이 아니라 전 세계에 퍼져 있음을 알 수 있습니다.

안타깝게도 저는 프랑스의 오랜 반유대주의 역사에 대해 잘 알고 있습니다. 이번에 여러분과 함께 "드레퓌스 사건(Dreyfus Affair)"에 대해 나누고 함께 회개하고 싶습니다.(『리스트』, 1894년 항목 참조).

먼저 약간의 역사적 배경을 말씀드리겠습니다. 드레퓌스 사건은 1894년 12월 알프레드 드레퓌스 대위가 반역죄로 유죄 판결을 받으면서 시작되었습니다. 드레퓌스는 젊은 프랑스 유대인 포병 장교였습니다. 그는 파리에 있는 독일 대사관에 프랑스군 기밀을 전달한 혐의로 종신형을 선고받았습니다. 드레퓌스는 프랑스령 기아나의 악마의 섬에 5년 동안 투옥되었습니다. 그러던 1896년, 드레퓌스가 실제로 결백하다는 새로운 증거가 나타났습니다. 정보책임자인 '조르주 피카르'는 프랑스군 소령인 '퍼디난드 월신 에스터하지'를 진범으로 지목했습니다. 그러나 군 고위층이 드레퓌스가 결백하다는 새로운 증거를 은폐하기 시작했고, 이틀 동안 진행된 군 내부법원 재판에서는 만장일치로 에스테르하지에게 무죄를 선고했습니다.

그 후 육군은 위조 문서를 근거해서 추가 혐의로 드레퓌스를 고발했습니다.

드레퓌스에 대한 군사 법원의 모략과 은폐 시도에 대한 소문이 퍼지기 시작했는데, 1898년 1월에 '에밀 졸라' 기자가 파리 신문에 게재한 격렬한 공개서한[1]인 '규탄…!' 때문이었습니다.[2] 활동가들은 정부에 이 사건의 재판을 재개하도록 압력을 가했습니다.

1899년에 드레퓌스는 또 다른 재판을 받기 위해 프랑스로 돌아왔습니다. 뒤 이은 치열한 정치적, 사법적 스캔들 사건이 잇따르자 프랑스 사회는 반유대주의 신문 '르 리브레 파롤(La Libre Parole))'의 이사이자 발행인인 '에도르 드루몽'을 포함하여 드레퓌스를 지지하는 사람들(지금은 '드레 퓌 아즈'라고 함)과 그를 비난하는 사람들('안티 드레퓌스아즈')로 사이를 분열시켰습니다.

새로운 재판은 드레퓌스에게 또 다른 유죄 판결과 10년 형을 선고했습니다. 드레퓌스는 나중에 사면을 받고 석방되었습니다. 결국 드레퓌스에 대한 모든 비난은 근거가 없는 것으로 판명되었습니다.

현대의 '시온주의의 아버지'인 데오도르 헤르츨은 유대인 장교 드레퓌스에게 일어난 이런 모든 불의를 지켜보았고, 이 사건은 그가 유대인 조국에 대한 비전을 제시하는 「유대인 문제에 대한 현대적인 해결책」,[3]을 집필하도록 영감을 주었습니다.

[사진] 프랑스 1894년 드레퓌 사건을 다룬 르 쁘띠저널의 표지

역사적 배경은 충분합니다. 이제 저의 개인 정보를 제공하겠습니다.

어느 날 나는 우리의 오래된 가족 조리법 책에서 편지를 발견했습니다. 우리는 편지를 받은 사람이 1892년에 창간된 반유대주의 신문의 발행인인 에도르 드루몽임을 알았습니다. 편지의 날짜는 1894년 1월 30일이며, 이는 드레퓌스 사건의 해입니다.

다음은 편지의 일부입니다. 편지는 이렇게 시작합니다.

> "Mon Cher Monsieur Drumond, Je lis assidûment la Libre Parole et je suis de tout coeur avec vous dans la lutte que vous avez entreprise contre les Juifs. Vous avez mille fois raison de prouver à tous qu'ils nous envahissent de toutes parts. Comme vous le démontrez si bien, tous les bons emplois sont pour eux, les grandes terres passent peu à peu entre leurs mains, et si l'on n'y met bon ordre ils finiront par accaparer toute la fortune de la France. Vous, Monsieur, dont l'esprit est si fertile, ne sauriez vous trouver un moyen d'empêcher un pareil malheur et de faire…"

번역하면 다음과 같습니다.

"사랑하는 드루몽 씨.
나는 르 리브레 파롤(La Libre Parole)을 열심히 읽었고, 당신이 유대인들에 대항하는 투쟁에서 진심으로 당신과 함께합니다. 당신이 잘 보여주듯이, 모든 좋은 직업은 그들(유대인)을 위한 것이고, 큰 땅은 점차 그들의 손에 넘어가고 우리가 질서를 잡지 않으면 그들은 결국 프랑스의 모든 부를 장악할 것입니다. 영혼이 풍요로운 귀하께서 그런 불행을 막을 방법을 찾을 수 있을 것입니다…"

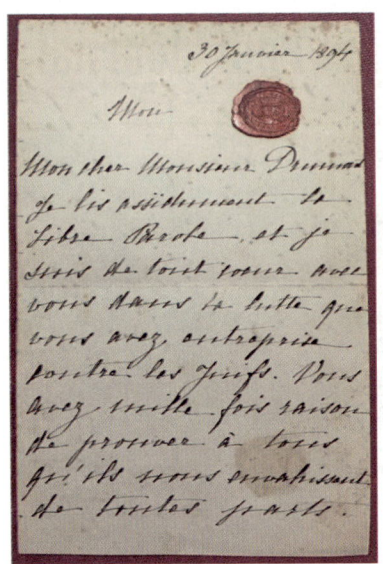

[사진] 가족 요리책에서 발견된 편지의 첫 페이지

저는 가장 오래된 프랑스 귀족인 카톨릭 집안 출신입니다. 저는 어머니가 성 금요일에 미사에 가실 때, 미사에서 우리의 적인 유대인들을 상대로 기도하고 있었다고 말했던 것을 기억합니다. 이때는 제2차 세계대전 직후였습니다. 어머니는 저에게 이렇게 고백했습니다.

"어린 아이의 마음으로 그당시 그런 기도를 하는 것이 나는 고통스러웠단다!"

1980년에 부모님이 이스라엘을 방문하셨는데, 말이 많지 않은 아버지는 "내 자녀들이 반드시 이 땅을 방문하게 하겠다"고 말씀하셨습니다. 저는 그 무렵부터 이스라엘을 위해 기도하기 시작했습니다. 당시 나는 19세였고, 내 일기장에는 이스라엘을 위해 기도하는 글이 가득합니다.

그 당시 나는 이 아름다운 나라에 대해 잘 알지 못했습니다.

40년 후…

현재 이스라엘에서 남편과 나는 주간 TV 프로그램인 '이스라엘 우선'(Israel First)을 제작하고 있습니다! 우리는 이스라엘의 선함에 대해 이야기하기 위해 유대인들을 인터뷰하고 토라의 지혜를 열방에 수출하는 것을 돕습니다. 우리는 우리가 '대각성의 일부'라는 것을 알고 겸손하게 그 일을 하고 있습니다.

열방은 이사야서 2:2-5에 기록된 대로 시온의 빛을 받을 준비가 되어가고 있습니다.

> 말일에 여호와의 전의 산이 모든 산 꼭대기에 굳게 설 것이요 모든 작은 산 위에 뛰어나리니 만방이 그리로 모여들 것이라 많은 백성이 가며 이르기를 오라 우리가 여호와의 산에 오르며 야곱의 하나님의 전에 이르자 그가 그의 길을 우리에게 가르치실 것이라 우리가 그 길로 행하리라 하리니 이는 율법이 시온에서부터 나올 것이요 여호와의 말씀이 예루살렘에서부터 나올 것임이니라 그가 열방 사이에 판단하시며 많은 백성을 판결하시리니 무리가 그들의 칼을 쳐서 보습을 만들고 그들의 창을 쳐서 낫을 만들 것이며 이 나라와 저 나라가 다시는 칼을 들고 서로 치지 아니하며 다시는 전쟁을 연습하지 아니하리라 야곱 족속아 오라 우리가 여호와의 빛에 행하자. [이사야서 2:2-5]

우리는 교회에서 오랫동안 반유대주의로 교육을 받았습니다. 우리의 신학교, 성경대학 및 그리스도교 학교에는 이와 같이 만연하게 퍼진 많은 잘못된 개념이 있습니다. 우리는 토라의 가르침과 유대 관계를 끊고 유대 공동체와 단절했습니다.

이제 우리가 얼마나 타락했는지 깨달았으니 하늘에 계신 아버지와 땅에 있는 우리의 유대인 친구들에게 용서를 구해야 합니다. 우리 교회의 선조들이 오랜 세월 동안 잘못된 가르침과 옳지 않은 해석으로 저지른 잔학행위는 너무나 많았습니다.

우리는 회개해야 합니다. 회개라는 단어는 히브리어로 테슈바이며, 이는 '돌아오다'라는 의미입니다. 우리는 유대 공동체와 다시 연결되어야 하고, 이스라엘의 하나님이 주신 강력한 하나님의 말씀인 토라와 다시 연결되어야 합니다. 토라는 인류에게 주어진 가장 큰 선물입니다!

이 회개 기도를 저와 함께 하시겠습니다.

아바, 프랑스 드레퓌스 사건에 우리 가족이 연루된 것에 대해 정말 죄송합니다. 가족 요리책에서 이 편지를 찾을 수 있게 해 주셔서 감사합니다. 저는 알프레드 드레퓌스 대위와 그를 상대로 반대 편에 가담한 제 선조들 사이에 서서 선조를 대신하여 주님의 용서를 구합니다.

많은 그리스도인들에게 이스라엘과 그 민족을 위하는 마음을 주셔서 감사합니다. 우리의 경우 그들의 땅에서 그들을 섬기고 세상의 중심에서 소식을 전하는 것이 특권입니다.

우리는 지난 2천년 동안 그리스도교 아래서 목숨을 잃었고 고통을 겪은 모든 유대 민족을 함께 애도합니다. 우리는 믿음 때문에 법정으로 끌려가서 죽임을 당한 유대인들을 애도합니다. 우리는 각국 정부가 자행한 불의한 행위를 탄식합니다. 우리는 하나님의 말씀을 인류에게 가져온 유대교 친구들과 함께 토라를 배우기를 원하지 않았던 종교 지도자들의 눈이 멀었던 것을 회개합니다.

우리는 우리가 전 세계의 유대 공동체를 기리고, 그들을 존중하고, 고난의 때에 그들과 함께 서고, 토라의 빛을 열방에 나누어 줄 수 있도록 최선을 다해 봉사하기를 기도합니다.

예수의 이름으로, 아멘.

---

1. https://en.wikipedia.org/wiki/Open_letter
2. https://en.wikipedia.org/wiki/%C3%89mile_Zola
3. https://archive.org/details/cu31924028579781/page/n51

Day 25 / 가해자, 협력자 및 조력자

목표일
☐ 22.10.5 대 속죄일
☐ 23. 4. 9 부활절
☐   .   .

스티브 웨어프

"죄악 앞에서 침묵하는 것 자체가 죄악입니다. 하나님은 우리를 죄가 없다고 여기지 않으실 것입니다. 말하지 않는 것이 말하는 것입니다. 행동하지 않는 것이 행동하는 것입니다."

위의 말은 독일의 목사이자 신학자이며, 반나치, 반체제 인사인 '디트리히 본회퍼' 목사님께서 하신 말씀입니다. 우리 대부분에게 홀로코스트는 제 2차 세계대전 동안 나치에 의해 유대인들에게 자행된 가장 혐오스러운 사건일 것입니다.

우리는 또한 도덕적으로 우월한 연합군이 나치와 싸우고, 죽음의 수용소에서 유대인들을 구했다고 생각합니다. 이런 생각에 의해 우리는 너무나도 쉽게 우리 자신과 교회의 선조들은 6백만 유대인의 몰살에 대한 지식과 책임에서 자유하다고 생각합니다. 문제는 정말로 우리 국가들이 결백한가, 아니면 우리의 손도 피로 물들어있는가 하는 것입니다.

1933년과 1939년 사이에 나치 정권은 400개 이상의 법을 만들어 유대인들의 가장 기본적인 인권, 재산, 사업 및 존엄성을 박탈했습니다.² 독일과 오스트리아에서 유대인은 더 이상 시민이 아니며, 권리나 적법 절차도 없는 식민지 국민과 같았습니다.

때는 1938년, 뉘른베르크 법은 독일과 오스트리아 전역에서 시행되고 있었으며 유대인들은 나치 정권에 의해 조직적으로 억압을 받았습니다. 증가하는 정치적 압력에 대응하여 루즈벨트 대통령은, 독일과 오스트리아의 유대인 위기를 다루기 위한 행동 방침을 결정하기 위해 국가 회의를 소집했습니다.

1938년 7월, 미국, 영국, 프랑스, 캐나다 및 기타 28개국이 프랑스 에비앙에 모였습니다. (『리스트』, 에비앙 회의, 1938 참조). '유대인 난민 문제'를 논의하기 위해 수십 개의 인도주의 단체와 수백 명의 기자들도 함께 했습니다.

루즈벨트 대통령은, 개인 친구인 마이런 C. 테일러를 보내기로 결정했으며, 테일러는 미 국무부 대표 대신, 미국 대표로서, 구속력을 갖지 않는 "자문" 논평으로 할 수 있는 모든 발언을 했습니다. 영국은 1923년 국제 연맹으로부터 팔레스타인에 유대인 조국 건설을 감독하라는 명령을 받았지만 계속되는 아랍과 유대인의 분쟁 문제로 유대인 이민을 허용하지 않았습니다. 미국 대표는 이것은 의회가 결정할 문제이며 자신은 어떤 약속도 할 힘이 없다고 말했고, 프랑스는 이미 정당한 몫 이상을 했다고 주장했습니다.

캐나다 총리는 일기에서 "우리는 이 대륙이 이 지역이 불안과, 너무 많은 외국 혈통과 혼합되는 것으로부터 벗어나도록 추구해야 한다." 즉 그의 견해는, 국제적 문제를 해결하기 위해 내부에 문제까지 일으키면서' 얻을 수 있는 것은 아무것도 없다는 것입니다.[3]

나머지 민족들이 하나 둘 나와서 자신들의 입장을 밝혔습니다. 니카라과, 코스타리카, 온두라스, 파나마는 상인이나 지식인(유대인을 위한 암호어)을 원하지 않는다고 말했습니다. 아르헨티나는 이미 중부 유럽에서 온 이민자들을 충분히 수용했다고 말했습니다. 캐나다는 실업 문제를 언급했습니다. 호주는 우리에게는 '인종 문제'가 없으며 유대인 난민을 데려와서 문제를 만들고 싶지 않다고 말했습니다. 영국, 프랑스, 네덜란드와 같은 제국 국가들은 그들의 열대 영토는 유럽 난민들에게만 제한적인 도움을 제공할 것이라고 말했습니다. 닐 말콤 국제연맹 고등판무관은 새로운 난민 조직에 대해 공개적으로 적대감을 드러냈습니다.[4]

히틀러와 나치 정권은 다음과 같이 대답했습니다. 아무도 유대인을 원하지 않았으며, 전 세계 국가들이 나치정권의 반 유대정책에 반대하는 데 관심이 없었습니다.

3개월 후

수정의 밤, 1938년 11월 9일~10일(『리스트』, 항목 참조)

전 세계의 모든 국가들이 '유대인들에 대한 나치의 행동'에 조치를 취할 것을 거부함으로써 그들의 결백함은 사라졌습니다. 유럽과 미국, 세계가 이뤘다고 생각했던 문명과 문화의 환상이 위선으로 드러났습니다.

나치 정권이 유대인을 조직적으로 말살하려는 뻔뻔한 행동으로 모든 나라의 속마음이 적나라하게 드러났습니다. 수백 개의 회당과 수천 개의 기업이 파괴되는 것을 목격한 날이었습니다. 이날은 3만 명의 무고한 유대인들이 강제 수용소로 보내졌고 수백 명이 오스트리아와 독일에서 준군사조직과 민간인에 의해 살해당한 날이었습니다.[5]

[사진] 수정의 밤 후 청소

- 7,000개 이상의 유대인 가게, 상점 및 기업이 약탈, 불태워졌고 약탈당하고 상점 앞 유리창이 산산조각이 났습니다(수정의 밤).
- 1,400개 이상의 회당과 예시바(유대인 탈무드 교육기관)가 파괴되고 불타고 훼손되었습니다.
- 30,000명의 유대인 남성이 체포되어 다하우, 부헨발트, 작센하우젠에 있는 강제 수용소로 이송되었습니다.
- 91명 이상의 유대인이 집과 거리에서 살해되고 수천 명이 구타와 굴욕을 당했습니다.

이것이 종교 개혁의 요새이자 개신교 신학의 중심지인 그리스도교 유럽의 심장부에서 일어난 일입습니다. 이 모든 일이 교회는 고사하고 어떤 훌쩍거리는 소리도 없이 일어났습니다. 들리는 유일한 소리는 귀청이 터질 듯한 침묵이었습니다.

이 회개 기도를 저와 함께 하시겠습니다.

아버지 우리는 그들을 미워하고, 기꺼이 그들을 멸망의 길로 인도하는 사람들과 협력했습니다. 우리를 용서하시고 긍휼을 베푸소서.

아버지 우리를 용서하시고 긍휼히 여기소서. 우리가 손을 들어 그들을 때리고, 그들을 무자비하게 학살하였기 때문입니다.

아버지 주께서 우리를 용서 하시고, 우리를 불쌍히 여겨 주십시오. 우리의 손이 주님의 성도인, 이스라엘 자손을 피로 물들였습니다.

그들(유대인)의 유일한 죄는, 그들이 아버지의 이름으로 부름을 받은 것뿐이었습니다

아버지, 우리가 이스라엘 대신 선택 받았다고 거짓으로 선언한, 우리의 오만과 교만을 용서하시고 긍휼을 베푸소서.

아버지, 주님의 보잘것없는 종인 우리가 주님의 백성 이스라엘에게 치유와 희망, 축복과 존귀, 기쁨과 평화를 가져다 줄 수 있도록 허락해 주십시오. 그들이 우리의 회개와 섬김과 희생적인 마음을 통해 주님의 사랑을 알게 하소서.

아멘.

---

1. https://en.wikiquote.org/wiki/Dietrich_Bonhoeffer
2. https://encyclopedia.ushmm.org/content/en/article/antisemitic-legislation-1933-1939
3. https://newspapers.ushmm.org/events/evian-conference-offers-neither-help-norhaven
4. https://www.facinghistory.org/resource-library/evian-conference
5. https://en.wikipedia.org/wiki/Kristallnacht

Day 26 / 깨진 유리

목표일
☐ 22.10.5 대 속죄일
☐ 23. 4. 9 부활절
☐   .   .

린다 챈들러

저는 그리스도교 교회의 독신 목사로서 하나님의 집 중의 한곳의 문지기라는 사실을 잘 알고 있습니다. 하나님의 뜻과 명령에 따라 하나님의 양 떼를 돌보아야 하는 막중한 책임을 염두에 두고 있습니다.

나에게 1938년 11월 9-10일의 수정의 밤, 깨진 유리의 밤은 '하나님의 집의 문지기'에게 악몽입니다(1938년 11월 9-10일, 『리스트』 항목 참조). 이 공포가 어떻게 일어났습니까? 그날 밤, 267개의 회당이 부서지고 불탔고 7,000개의 상점이 약탈당했으며 유리가 깨지는 소리가 났습니다. 그 운명의 밤에 적어도 91명의 유대인이 살해되었습니다. 하나님의 집의 거룩함과 책임을 맡았던 그리스도교 목회자들은 어디에 있었습니까? 이 회당은 유대인의 '하나님의 집'이었고, 우리 그리스도교 신앙과 구원의 뿌리도 '유대인' 하나님의 아들 예수께로부터 옵니다.

저는 이 이상한 일이 어떻게 일어나게 됐는지 묵상 중에, 유리를 깨는 데 사용된 '망치'가 루터가 400년 전에 쓴 '유대인과 그들의 거짓말'이라는 제목의 문서라는 것을 알게되었습니다.[1]

이 문서는 나치는 이 문서를 '공포의 밤'을 만들기 위한 발판인 유대인에 대한 증오를 지속시키기 위해 사용했습니다. 다음은 '깨진 유리의 밤'에 인용된 문서의 내용입니다.

> 우리 그리스도인들은 이 배척당하고 정죄받은 백성, 곧 유대인들을 어떻게 해야 할까요? 그들이 우리 가운데 살고, 거짓말을 하고 저주하고, 우리는 또한 그들이 신성 모독하는 것을 알고 있으니 감히 그들의 행위를 용납할 수 없습니다. 만약 우리가 그렇게 한다면, 우리는 그들의 거짓말, 저주, 신성 모독에 참예하는 자가 될 것입니다.
>
> 나는 여러분에게 나의 진실한 조언을 드리겠습니다.

[사진] 수정의 밤, 1938년 11월 9일 깨진 유리의 밤

먼저 그들의 회당이나 학교에 불을 지르고, 타지 않는 것은 흙으로 덮어서, 아무도 그들의 돌이나 잿더미를 다시는 보지 못하게 해야 합니다. 이 일은 우리 주님과 그리스도인을 기리는 일입니다. 이 일들을 통해 하나님께서는 우리가 그리스도인이라는 것을 보실 수 있을 것입니다. 또한 이 일은 그들이 말하는 공공의 거짓말과 **예수 그리스도와 그리스도인**을 욕하고 모독하는 것을 묵인하거나 용납하지 않기 위함입니다.

둘째, 저는 그들의 집도 파괴하고 휩쓸어 버릴 것을 권고합니다. 그들이 그들의 회당에서 이와 같은 목적을 추구하고 있기 때문입니다.[2]

나치는 유대인 말살이라는 악몽 같은 그들의 계획을 진척시키기 위해 '수정의 밤'(1938년 11월 9-10일)의 날짜를 마틴 루터의 생일(11월 10일)과 일치시키기까지 했습니다. '믿음만으로 구원을 받는다'(하박국 2장 4절)는 말로 개신교 개혁을 먼저 이끈 마틴 루터는 자신의 믿음이 '…구원은 유대인에게서 남이라'(요한복음 4장 22절)고 가르치신 유대인 예수에게서 나온다는 사실을 잊고 이 기만적이고 파괴적인 문서를 썼습니다.

마틴 루터가 쓴 부정적인 생각은 400년 후 수많은 유리창을 깨뜨리는 데 사용되었습니다. 어떻게 한 사람의 말이, 말 그대로 '깨진 유리의 밤'처럼, 우리의 미래를 깨트리고, 신앙을 피 흘리며 공포와 혼란을 주었으며, 생명을 잃을 수 있게 하는지를 보면서, 마음이 너무 아프고 울컥합니다.

그러나 어떤 사람이나 민족도 어떤 말도 살아 계신 우리 하나님을 영원히 대적할 수 없습니다. 에릭 메타삭스(Eric Metaxas)는 '디드리히 본회퍼의 전기'에서 다음과 같이 썼습니다.[3]

> "본회퍼는 종종 예수 그리스도를 '남을 위한 분'으로, 이타적인 성육신으로, 자신의 필요와 욕구를 절대적으로 배제한 채 다른 사람을 사랑하고 섬기는 분이라고 자주 말했습니다. 마찬가지로, 예수 그리스도의 교회도 '타인'을 위해 존재합니다. 그리고 그리스도가 교회만이 아니라 온 세상을 다스리는 주님이셨기 때문에, 교회도 자신을 넘어서서 '소리 없는 자'를 대변하고, 고아 같이 약한 자를 변호하기 위해 존재합니다. 본회퍼의 이 주제에 대한 견해는 1938년 11월 9일의 이 충격적인 사건의 결과로 특히 날카로워졌습니다. 이제 처음으로 그의 시선이 자신의 시련에서 벗어나 하나님의 백성, 유대인의 고난으로 향한 새로운 방향으로 바뀌게 되었습니다."

수정의 밤 다음 날 본회퍼는 시편 74편을 읽고 묵상했습니다. 특히 8절이 그의 시선을 끌었습니다.

> 그들이 마음속으로 이르기를 우리가 그들을 진멸하자 하고 이 땅에 있는 하나님의 모든 회당을 불살랐나이다 [시편 74:8]

그는 그 구절에 밑줄을 치고, 여백으로 선을 긋고, 느낌표를 더하여 특히 강조했습니다. 이어 본회퍼는 그가 '핀켄발데(Finkenwalde) 공동체'에서 가르치고 있던 그의 젊은 제자들에게 회람을 보냈고, "독일에서 불태워진 유대교 회당은 하나님의 것이다."라는 통찰과, 하나님이 그와 독일의 그리스도인들을 연결 시키고 있으며, 이는 다음과 같은 행동이었다고 말했습니다. "유대인들을 상대로 손을 드는 것은 스스로 하나님께 손을 드는 것입니다."[4]

본회퍼는 제자들에게 스가랴 2장 8절을 상기시켰습니다.

> 만군의 여호와께서 이같이 말씀하시되 영광을 위하여 나를 너희를 노략한 여러 나라로 보내셨나니 너희를 범하는 자는 그의 눈동자를 범하는 것이라. [스가랴 2:8]

하나님은 독일의 나치가 하나님의 백성을 공격할 때, 하나님 자신이 나치의 공격을 받고 있음을 분명히 하고 계셨습니다. 유대인들은 하나님의 사랑을 받았습니다. 그들은 하나님의 적이 아니었습니다.

본회퍼는 반유대주의의 '깨진 유리의 밤'으로 인해 발생하는 이런 신앙의 출혈을 막도록 도우라는 하나님의 명령을 받았습니다. 오늘날 '수정의 밤'에서 배운 교훈은 하나님의 적이 '깨진 유리의 밤'처럼 같은 단어를 사용하여 공격하고, 불구자로 만들고, 죽일 준비가 되어 있다는 것입니다. 우리는 하나님의 집 문지기로서, 한때 존경받고 진리를 전한다고 생각했던 사람들에게서 나올 수 있는, 반유대주의의 악취를 인식하는 법을 배워야 합니다.

대체 신학은 제거되어야 합니다. 그것의 반유대주의적 정의는 '유대인들은 물러나고 그리스도인들이 그 자리를 차지한다'라고 말하고 있습니다. 이것은 우리 믿음의 뿌리를 자르는 데 사용되는 커다란 깨진 유리 조각으로, 교회를 마치 좋은 열매를 맺지 않고, 신 포도주 열매만 맺는 마른 포도나무와 같게 하는 것입니다.

그래서 오늘 나는 '수정의 밤'에서 배운 교훈을 주장하고 로마서 8장 28절을 고백하고 사용함으로써 '깨진 유리의 밤'을 되찾고 싶습니다.

> 또 우리가 알거니와 하나님을 사랑하는 자 곧 그의 뜻대로 부르심을 입은 자들에게는 모든 것이 합력하여 선을 이루느니라 [로마서 8:28]

마지막으로 저는 이런 유대인들의 피해를 보지 못하고, 우리 유대인의 뿌리를 존경하고 보호하지 못한 '하나님의 집', 그리스도교에 대해 회개하고 싶습니다. 결혼식이 끝날 때 '잔을 깨는 것'의 잘 알려진 유대인 상징이 있습니다. 이 관습은 탈무드의 기록으로 거슬러 올라갑니다.

> 마르 바 라비나는 아들을 위해 혼인 잔치를 베풀었습니다. 그는 참석한 랍비들이 바로 동성애자임을 목격했습니다. 그래서 그는 400 주집(유대 동전)의 값비싼 잔을 빼앗아 그들 앞에서 깨뜨렸습니다. 그리하여 그들이 근신하게 하였습니다.
> [베라호트 5:2]

유대 사상은 기쁨이 있을 때, 두려움이 있어야 한다고 요구합니다. 흥미롭게도, 중세 시대 독일의 유대교 회당 정면에는 결혼식 마지막에 유리잔을 깨뜨리는 것을 표현하는 특별한 돌이 상감되어 있었습니다. 후에 유리를 깨는 것은 예루살렘 성전의 파괴를 상기시키는 것으로 여겨졌습니다. 유대교의 교훈은 개인적인 기쁨이 최고조에 달할 때에도 유대 민족이 겪었던 고통과 상실을 기억하고 치유가 필요한 세상을 기억한다는 것입니다.

깨진 유리는 또한 인간 관계의 취약성을 암시합니다. 유리잔을 깨면서 다음 같이 맹세를 낭송합니다. "이 유리가 깨지듯이 우리의 결혼 생활은 깨지지 않기를 바랍니다." 결혼 제도는 언약에 대한 유대 성서적 세계관에서 비롯됩니다.

유대교에서는 무엇인가를 '부수거나 자르는 것'으로 언약을 맺었습니다. 아브라함은 동물을 둘로 쪼개어 전능자와 첫 언약을 맺었습니다. 하나님은 동물의 반쪽짜리 조각 사이를 '연기가 나는 가마와 타오르는 횃불이 지나가게 하심'으로 언약을 맺으셨고, 이스라엘의 보호자요 공급자로 영원히 함께 하시겠다는 약속으로 그 거래를 인(승인)치셨습니다. 오늘날 유대인의 결혼식에서 깨진 유리잔은 또한 하나님과의 "언약을 맺으며" 둘을 하나로 인봉하는 것으로 생각합니다![5]

유리잔을 깨뜨리고 우리의 유대교 뿌리를 믿음의 포도나무에서 결코 빼앗지 않겠다는 언약을 맺음으로써, '수정의 밤'에서 잃어버린 것을 회복할 수 있기를 바랍니다. 왜냐하면 하나님이 '에하드(하나)'이신 것처럼 우리는 유대 형제자매들과 '에하드(하나)'이기 때문입니다!

이 회개 기도를 저와 함께 하시겠습니다.

하나님을 사랑하고 그의 계명을 지키는 자에게 언약을 지키시고 은혜를 베푸시는 위대하시고 두려우신 하나님 여호와여, 이 간절한 기도를 들어 주소서. 그리스도교 신앙을 가진 우리는 죄를 지었고, 잘못을 저질렀으며, 사악하게 행동하였고, 우리를 구원하기 위해 보내신 아들을 낳은 유대인의 뿌리를 반역하고 잘라냈습니다. 우리는 주님의 이야기를 통해 주님과 주님의 사랑하는 자녀(유대인)들에 대한 우리의 신뢰를, 무너뜨리려는 기만적인 목소리에 귀를 기울였습니다. 전능하신 하나님, 전능하신 주님, 오직 주님께 의가 있습니다. 우리는 그런 주님에 대한 믿음과, 주님께서 주신 모든 백성을 구원하실 주님의 언약을 믿는 믿음을 깨트리고 말았습니다. 우리는 주님이 측은히 여기시기를 구하며 '수정의 밤'과 인간의 독선적인 입장에서 실수를 저질렀던 다른 모든 시대에 대해 자비와 용서를 구합니다. 여호와여, 주님의 이름을 위하여 주님의 의를 속히 이루소서. 유대인과 그리스도인 사이에 치유와 존귀함과 관계 회복을 이루어 주십시오. 그러면 우리는 오직 한분이신 왕 아래 하나의 왕국이 될 수 있을 것입니다. 예수님의 이름으로 기도합니다.

아멘 아멘.

[참고] 이 헌신의 저자는 이 고백을 봉인하기 위해 유리잔을 깨뜨렸습니다. 그녀는 그렇게 생각하는 다른 사람들도 똑같이 하도록 초대합니다.

---

1. https://www.jewishvirtuallibrary.org/martin-luther-quot-the-jews-and-ir-lies-quot
2. ibid.
3. Eric Metaxas, Bonhoeffer: Pastor, Martyr, Prophet, Spy, (Nashville TN, Thomas Nelson, 2010), 314-15
4. ibid. 316
5. https://www.myjewishlearning.com/article/break-the-glass-at-a-jewish-wedding/

Day 27

목표일
☐ 22.10.5 대 속죄일
☐ 23. 4. 9 부활절
☐   . .

하나님은 정말 우리와 함께 계십니까?

린다 챈들러

우리는 우리가 모르는 것을 가르치고, 우리가 알았어야 했던 것을 우리에게 보여줄 박물관이 필요합니다. 뉴포트 뉴스(Newport News)의 '버지니아 전쟁 박물관'이 저를 위해 그랬습니다. 이 기관은 대중에게 미국 군대의 경험에 대해 교육하고, 그것에 대한 부담을 짊어진 이들을 기리기 위해 존재합니다. 전시품들은 내가 태어난 국가의 독립 전쟁에서 테러와의 세계 전쟁에 이르기까지 갈등의 모든 단계를 다룹니다. 예상할 수 있듯이, 그것들 중 많은 전시품이 2차 세계 대전에 관한 것입니다.

제2차 세계 대전을 포함한 모든 전쟁의 충격적인 점은 그 어떤 것도 영구적인 해결책을 제시하지 못한다는 것입니다. 한 세대에서 극복한 동일한 악이 다음 세대에 다시 다른 형태를 갖추게 되므로 이를 방지하기 위한 새로운 노력이 필요합니다. 옛 소련 동맹국들이 그렇게 불렀던 것처럼 위대한 애국 전쟁(책; 소비에트 연방의 위대한 애국 전쟁 1941-45: 『리스트』)에서 극복한 악은 우리에게 낯선 것이 아닙니다. 그 악은 연합군이 보존하기 위해 노력했던 문명의 필수적인 부분이었고, 지금도 남아있습니다.

한 전시물이 저에게 이것을 아주 분명하게 해주었습니다. 조명이 잘 된 진열장에는 독일 병사의 정장이 걸려 있었습니다. 정장 주위에 고정된 허리 띠의 잠금쇠는 제3제국의 독수리가 발톱으로 히틀러 국가사회당의 만자를 움켜쥐고 있는 모습이 그려져 있었습니다. 그것은 놀라운 일이 아니었지만 독수리 위의 비문은 놀라웠습니다. 대문자로 대담하게 선언되었습니다. - **하나님이 우리와 함께 계신다 GOTT MIT UNS.**

'곧 미트 운스(Gott mit uns)'는 '하나님이 우리와 함께 계시다'는 뜻입니다. 독일 군인들은 프로이센 왕들이 분리된 독일 국가들을 나치 침략의 도구가 될만큼 응집력 있는 제국으로 통합하기 훨씬 이전인 3세기 동안 그들의 군복에 이것을 착용해왔습니다. 제3제국은 많은 병사들 뿐만 아니라 특정 공무원들에게도 전통을 이어갈 충분한 이유가 있었습니다.

40일의 회개   147

[사진] 나치가 착용한 독일 허리띠 잠금 쇠

결국, 아돌프 히틀러는 그가 하는 일이 세계를 지배할 '주인(하나님) 민족'을 위한 공간을 만드는 작업이므로, 하나님의 일을 하고 있다고 믿었습니다. 히틀러의 사상에 따르면 이러한 작업에는 공산주의자들, 동성애자들, 집시들, 슬라브인들 등 모든 작은 존재들… 특히 유대인을 노예화 하거나 제거하는 것을 필요로 했습니다(『리스트』, 1933-45 항목 참조).

독일의 유대인들은 그들의 생명, 자유, 재산을 박탈하는 법령을 집행한 경찰관의 허리띠에 새겨진 글귀를 알고 있었습니다. 폴란드와 러시아의 유대인들은 그들을 포위하고 불확실한 운명으로 끌고 간 군인들의 허리띠에 있는 '하나님이 우리와 함께 하신다'를 해독하는 데 어려움이 없었습니다. 프랑스, 네덜란드, 그리스, 이탈아의 유대인들은 독일 국방군 병사들이 그들을 고독하고 가난하고, 미개하고 결핍이 많은 삶으로 만든 수용소 '죽음의 머리(SS Totenkopf)' 부대에 그들을 넘겨주었을 때 이 메시지를 알아차렸을 것입니다.

그 유대인들은 무슨 생각을 했을까요? 어떤 이들은 이 나치가 그들과 함께 있다고 생각하는 신이 어떤 신인지 궁금했을 것입니다. 이것이 그리스도교 신이라는 것은 확실한 것 같았습니다. 독일인들은 결국 그리스도인이었습니다. 개신교와 가톨릭은 모두 나치즘을 받아들였습니다. 600만 유대인을 효과적으로 제거한 바로 그 군인들과 경찰들 중 많은 사람들이 교회와 성당에 충실하게 참석했으며 거의 모두가 크리스마스 축제를 즐겼습니다. 즉, 그리스도교의 하나님은 '유대인들의 뼈와 그들보다 약한 존재들 위에 군림하며, 이 땅을 지배하려던 자들'에 의해 섬겨졌습니다. 왜 우리는 유대인들이 그리스도교 메시지를 받아들이는 데 어려움을 겪는 지 궁금해할까요? 만약에 그리스도인들, 심지어 명목상의 그리스도인과 문화적 그리스도인들이더라도 나치군처럼 자신들이 '그들이 믿는 하나님을 충실히 섬긴다'는 믿음으로 그 일을 행했다면, 어떤 유대인이 그들이 섬기는 신과 관계를 갖기를 원하겠습니까? 만약 쇼아(Shoah; 홀로코스트)의 경험이 그들이 가진 유일한 경험이었다면, 유대인들이 인식하기에, 독일군 병사들이 일요일에 찬양했던 예수는 참으로 잔인하거나, 지옥에서 온 악마임에 틀림없는 신으로, 생각할 수 있었을 것입니다.

Gott mit uns. 하나님이 우리와 함께 하신다.

이것은 얼마나 오만한 짓인가요! 어떻게 그들은 감히 하나님께서 그러한 범죄를 용인하실 것이라고 믿었을까요? 확실히 나치 국가는 일반적이지 않은것 같습니다. 다른 어떤 그리스도교 국가도 그런 일을 하지 않을 것입니다. 하나님의 택하신 백성인 유대인들이, 그분의 진노를 받기에 합당하여 지상에서 제거되어야 한다고 생각하는 사람은 아무도 없을 것입니다. 확실히 독일인들은 길을 잃었습니다. 다른 사람에게는 절대 일어날 수 없는 일입니다. 아니면 어떻게 그렇게 할 수 있을까요? 슬픈 사실은 "하나님이 우리와 함께 계시다"는 동일한 후렴구가 역사의 전시회장 전체에 메아리 친다는 것입니다.

- 십자군들이 성지를 보기 훨씬 전에 유럽 전역의 유대인 공동체를 황폐화시키면서, 십자가의 기치를 내걸고 행진하면서 입으로 외칩니다(『리스트』, 1096-1291 항목 참조). **하나님이 우리와 함께 하신다.**
- 스페인 도시에서 유대인 주택을 찾는 일은 종교 재판 요원에게 쉬운 일이었습니다. 왜냐하면 토라는 유대인들이 안식일에 불을 피우는 것을 금지했기 때문에, 그들이 해야 할 일은 토요일까지 기다렸다가 연기 없는 굴뚝을 찾기만 하면 되었습니다. 일단 신분이 밝혀지면 유대인들은 예수를 믿을 것을 강요 받았습니다. 그들이 거부할 경우 그들이 기대할 수 있는 가장 좋은 운명은 추방이었습니다. 개종한 유대인의 후손들도 면제가 되지 않았습니다. 사회에서 특권적인 위치를 열망하는 유대인은 여러 세대에 걸친 그리스도교 유산을 증명하기 위해 '림피에자 드 상그레(limpieza de sangre)'(혈통의 순결)증명서가 필요했습니다. 부주의한 신청자들은 법정에 가서야 자신에게 유대인 할아버지가 있다는 사실을 발견하고, 공포에 질렸고, 그들을 종교 재판 법원의 판결에 복종하게 만들었습니다(『리스트』 항목, 1478-1834 참조). **하나님이 우리와 함께 하신다.**
- 유럽 전역의 그리스도교 왕들도 이 구호를 외치며 유대인들을 그들의 땅에서 쫓아냈습니다. 스페인, 영국, 프랑스, 이탈리아, 벨기에, 스위스, 헝가리, 오스트리아, 리투아니아, 네덜란드, 포르투갈, 독일의 모든 국가가 그렇게 했습니다(『리스트』에서 빨간색으로 "유대인 추방"으로 시작하는 모든 항목 참조). 물론 왕실의 "신성한 일(divine work)"을 돕는 데 사용할수 있는 유대인의 재물을 다 몰수한 후에 쫓아내면서 말입니다. 하나님이 우리와 함께 하신다.

- 러시아 정교회 치안 판사들은, 차르의 유대인 식민지 백성들이 러시아에서 거주할 수 없도록 포그롬(학살)을 승인하였습니다(『리스트』, 1881-1884 항목 참조). **하나님이 우리와 함께 하신다**
- 미국 개신교 신자들은 유대인들을 그들의 전문 조직과 사교 클럽에서 배제하고, 조롱 섞인 농담과 모욕적인 말로 그들을 모욕했으며, 세계의 부를 지배하는 것으로 추정되는 유대인 은행가들에 대해 두려워하면서 한편으로는 불평했습니다. 이 미국 그리스도인들이 유대인의 업적으로 인한 축복을 반대한 것은 아닙니다. 그들은 말크스 골드만과 사무엘 삭스의 재정적 혁신, 알버트 아인스타인과 로버트 오펜 하이머경의 과학적 발전, 조지 걸스윈과 레오나르드 니모이의 창의성을 높이 평가했습니다. 그들이 유대인이라는 것이 그렇게 나쁘지는 않았지만, 다른 곳에서 유대인이 될 수 있었다면 더 좋았을 것입니다. **하나님이 우리와 함께 하신다.**

생각해보면, 독일 나치의 경험은 결국 그렇게 독특한 것이 아니었습니다. 우리는 그것을 2천년에 걸친 그리스도교의 '거룩한 오만함'의 정점이라고 더 정확하게 생각할 수 있습니다. 이 오만함이 하나님의 엄숙한 말씀을 간과하게 한것 같습니다.

> 여호와께서 이와 같이 말씀하시니라 위에 있는 하늘을 측량할 수 있으며 밑에 있는 땅의 기초를 탐지할 수 있다면 내가 이스라엘 자손이 행한 모든 일로 말미암아 그들을 다 버리리라 여호와의 말씀이니라 [예레미야 31:37]

하나님이 유대 민족과, 흩어진 이스라엘에 대한 약속을 어길 수 있다면, 하나님이 그리스도인과의 약속을 어기지 못할 이유가 무엇이겠습니까? 그렇다면, 어떻게 우리가 유대인을 열등한 인간의 지위로 낮춤으로써 하나님을 위해 행동한다고 감히 단정할 수 있겠습니까? 우리의 구세주이자 이스라엘의 메시아이신 예수님의 이 말을 우리는 어떻게 해석하실 것입니까?

> 사람들이 너희를 회당에서 쫓겨나게 하려니와 너희를 죽이는 자마다 그가 하나님을 섬기는 줄로 생각할 때가 이르리라. 그들이 이런 일을 하는 것은 아버지와 나를 알지 못하기 때문이다. [요한복음 16:2-3]

이것을 그리스도인들에게 닥칠 박해에 대한 예언으로 간주하는 것이 관례이지만, 그러나 우리는 이 말씀이 '유대인이신 예수님'이 그의 '유대인 제자들'에게 하신 말씀임을 알아야 합니다. 아마도 그분은 유대인과 비유대인을 막론하고 아버지의 언약 민족에게 일어날 박해를 염두에 두지 않으셨을까요?

우리가 정말로 그리스도인과 유대인 사이의 이 상처를 치유하기를 원하나요? 우리가 가장 먼저 해야 할 일은 하나님 아버지께서 우리의 생각을 바꾸어 주시도록 구하는 것입니다. 결국 우리가 섬기겠다고 공언하는 것은 그분의 왕국입니다. 아마도 주님은 누가 그 안에 있는지에 대한 마지막 말씀을 하셔야 할 것입니다.

이 회개 기도를 저와 함께 하시겠습니다.

우리 아버지 우리 왕이시여,
참으로 메시아 예슈아(예수님)의 계시는 주님께서 주신 놀라운 선물입니다. 주님의 예언자 이사야는 그를 임마누엘 즉 '하나님이 우리와 함께 하신다'고 밝히고 있습니다(이사야 7:14). 그를 통한 온 이스라엘과 세상의 구원은 인생의 가장 위대한 메시지입니다. 그러나 그분의 이름을 고백하는 우리는 자주 '하나님이 우리와 함께 계시다'라고 외치면서도 존경해야 할 사람들을 핍박하는 행동으로 바꾸어 왔습니다. 아버지, 우리의 오만함을 용서해 주십시오. 우리는 주의 자비와 은혜가 우리 유대 동포들에게 어떻게 작용하는지 다 이해할 수 없습니다. 그러나 역사를 통해 주님이 그들과의 관계를 끝맺지 않았다는 것을 압니다. 심판은 주님에게만 있습니다. 우리는 그것을 주님의 손에 맡기고 주님의 평화와 화해의 도구가 되기를 원합니다.
도와주세요, 아버지.
우리는 예수님의 이름으로 기도합니다. 아멘.

Day 28

목표일
- ☐ 22.10.5 대 속죄일
- ☐ 23. 4. 9 부활절
- ☐ . .

왜 그리스도인들은 우리를 돕지 않았습니까?

린다 챈들러

   우리는 홀로코스트 기간 동안 유대인들에게 자행된 잔학 행위에 대해 읽을 수 있습니다(『리스트』 항목, 1933-45 참조). 우리는 '쉰들러 리스트'와 같은 다큐멘터리와 영화를 보고 그 당시에 무슨 일이 일어났는지 알 수 있습니다. 그러나 우리가 홀로코스트라고 부르는 어두운 깊은 내면을 실제로 들여다 보기 위해서는 홀로코스트 생존자들과 실제 관계를 근거로 한 개인적인 경험만큼 좋은 것은 없습니다.

   그것은 내 인생에서 가장 불편한 순간들 중 하나였습니다. 나는 그녀의 솔직한 질문에 대한 답을 재빨리 검색했고, 처음 다운로드한 파일은 나를 놀라게 했습니다.

   나는 텔아비브에 있는 아우슈비츠 생존자의 집에 있었습니다. 미아는 내 독일 친구와 나를 아우슈비츠 생존자인 그녀의 집으로 초대했습니다. 때는 1980년대 후반이었고 이스라엘인들은 나라를 재건하기 위해 열심히 일하고 있었습니다. 고국에 도착한 홀로코스트 생존자들의 정서적, 심리적 필요를 돌볼 시간이 있는 사람은 거의 없었습니다. 그들은 혼자였습니다. 홀로코스트 생존자들이 문을 두드리는 소리는 그들의 귀에 음악이었습니다. 각 생존자들은 타고남은 재로 변해버린 '지옥불'에 대한 개인적인 기억들에 대처하려고 노력하고 있었습니다. 아직도 여전히 기억의 감옥 창살 뒤에 갇힌 그들의 악몽 같은 과거는, 여전히 그들의 인생관에 영원히 잊혀지지 않을 정도로 새겨져 있었습니다. 어떤 사람들은 전날 점심에 무엇을 먹었는지 기억하지 못했지만 나치 허리띠에 새겨진 조각과 '그리스도인' 이웃의 얼굴 하나하나에 대한 기억들은 고스란히 기억했습니다. 대체 신학의 거짓말에 눈이 멀어, 유대인에 대한 부정적인 고정 관념은 오늘날에도 여전히 교회를 괴롭히는 반유대주의의 전염병이 되었습니다. 홀로코스트 생존자들이 노출된 악의 깊이에 대해 아직 누설한 사람은 거의 없었습니다. 소수의 생존자들이 그들의 공포에 대한 보고를 소수의 사람들에게 공개했습니다. 그 결과, 나는 홀로코스트 생존자들이 이스라엘에 도착한 후, 그들의 개인 집과 사생활에 들어간 최초의 그리스도인 중 한 명이 되었습니다. 이러한 경험은 생존자들이 무엇을 겪었는지 충격적인 경험들을 더 잘 알수 있는 기회가 되었습니다.

우리는 곧 각자가 견뎌낸 정신적 고통과 육체적 고통이 어느 정도인지 이해하기 시작했습니다. 방문할 때마다 그들은 강제 수용소, 게토에서의 삶의 기억, 비극의 외로운 경험에 대해 이야기하곤 했습니다. 많은 사람들이 목숨을 제외하고는 모든 것을 잃었습니다. 우리가 겪은 경험은 그리스도인들이 거의 경험해보지 못한 것들일 것입니다. 이 소중한 사람들은 '수용소의 추억'에서 자유롭지 못했습니다. 그들이 겪은 상황은 비참하고 잊을 수 없는 것이었습니다.

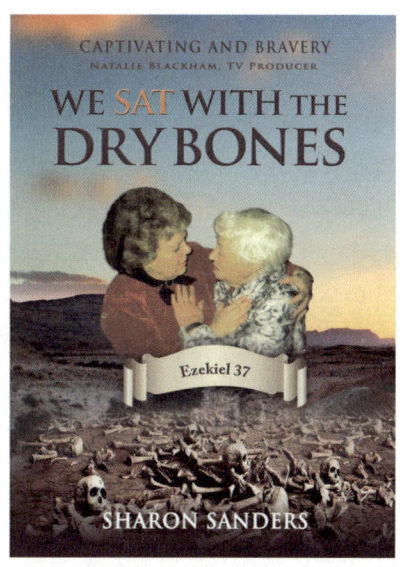

[그림] 샤론 샌더스는 홀로코스트 생존자 중 한 명을 껴안았다

나는 그리스도교 공동체가 그 후에도 가한 피해가 어느 정도인지 아직 알지 못했습니다. 미아는 텔아비브 아파트의 침대 의자에 기대어 앉아 있었습니다. 그녀는 우리에게 암에 걸렸다고 말하면서 고통스러워 했습니다. 우리는 여기에 무조건적인 사랑, 화해, 그리고 순수한 동기로 왔습니다. 하나님은 이스라엘에 오기 몇 년 전, 나에게 "치료의 향유"가 우리의 미래에 중요한 역할을 할 것임을 보여 주셨습니다. 나는 그 날까지 그 비전을 이해하지 못했습니다. 우리는 곧 우리의 방문이 이 사람들의 치유 과정에 필요한 위안을 가져다 줄 것이라는 것을 알게 되었습니다.

뜻밖에 미아가 내 눈을 쳐다보며 말했다. "샤론, 왜 그리스도인들이 우리를 도와주지 않았을까요? 그들이 우리를 사랑할 필요는 없었지만, 우리를 도울 수는 있었을 거예요!"

그 질문에 허를 찔린 느낌이었으며, 그녀의 어두운 눈이 내 눈에 들어왔을 때, 나는 '교회가 예수가 유대인이라는 것을 잊은 것 같아요.'라고 말할 수밖에 없었습니다. 그녀는 "예, 제 친구와 저는 '그리스도인들은 그가 유대인인지조차 몰라!'"라고 말했습니다. 그녀의 질문은 1985년 유대인들이 그리스도인에 대해 어떻게 느꼈는지에 대한 빙산의 일각에 불과할 것입니다. 오늘날과 달리, 개척 초기에는 이스라엘 55개 도시에 무조건적인 사랑의 씨앗을 뿌릴 수 있도록 이곳 저곳 많이 돌아다니던

시기였습니다.

그녀는 제2차 세계 대전 동안 '그리스도인' 이웃의 태도를 고려할 때, 유대인 공동체의 의견을 반영하는 불평을 분명히 가지고 있었습니다. 교회는 너무나 자주, 빈번했던 유대인의 대량 학살을 막기 위해 아무 일도 하지 않았습니다. 나는 유대인 사회가 그리스도인들에게 보여진 것보다 더 많은 것을 기대했다고 믿습니다. 유대인 공동체가 자기 민족에 대해 그리스도교가 과시하는 오만한 반응을 받아들이는 것은 쉽지 않은 일이었습니다. 그리스도인의 무심함, 배려 부족, 무관심의 결과로 유대인들의 마음은 아팠지만, 그들은 여전히 우리를 그들의 집으로 환영했습니다. 우리가 가는 유대인들의 집마다 적개심도, 용서도 거의 찾아볼 수 없었지만, 미아가 던진 그녀의 마음속의 끈질긴 물음표가 그리스도교 전체에 거대한 영향을 끼쳤다고 생각합니다.

시간과 노력, 그리고 무한한 사랑의 풍요로움이 화해의 황금시대를 이루어 냈습니다. 우리는 많은 눈물을 흘렸고, 그리스도인들이 도움을 주지 못한 것에 대해 우리의 죄를 고백하고, 우리가 얼마나 미안한지 그들에게 말했습니다. 함께 눈물을 흘렸습니다. 우리는 30년 동안 이스라엘의 계곡, 평야, 사막을 지나는 길을 여행하면서 수많은 생존자들에게 이 '치유의 향유'의 밤을 가져갔습니다. 오늘날 우리는 전 세계에 보여진 교회의 사랑보다 훨씬 더 많은 무조건적인 사랑이 필요합니다.

베르겐 벨젠(Bergen Belsen)의 한 생존자인 '시마(Sima)'는, 나치로부터 몸을 숨기기 위해 야외 화장실에서 목까지 차오르는 하수 물에 어떻게 서 있었는지 이야기했습니다. 그녀는 우리가 처음 만났을 때 내가 그녀를 안아주는 것을 거부했습니다. 그녀는 "당신의 민족이 차단막을 내리고, 내 민족에게 문을 닫았습니다!"라고 말했습니다. 2년이 지나서야 그녀는 나에게 이렇게 말했습니다.

"나는 당신이 내 사람들과 함께 있는 것을 지켜봤고, 당신은 그들을 껴안고, 당신은 그들을 사랑하고, 당신은 그들을 정말로 사랑합니다. 당신은 우리가 그곳에서 (홀로코스트 동안) 보았던 사람들과 같지 않습니다. 당신은 나에게 당신의 백성들을 다시 믿게 해주었습니다."

그리고 나서 그녀는 내가 그토록 오랫동안 기다려왔던 나를 꼭 안아주었다.

우리는 이제 그리스도교 교회가 유대인들에게 자행된 잔학 행위에 큰 역할을 했다는 것을 알고 있으며, 때로는 유대인들이 총에 맞아 집단 무덤에 던져질 때 곁에서 박수를 치기도 했다는 것을 압니다. 그리스도인이 어떻게 하나님과 유대인 앞에 서서 용서를 구하지 않을 수 있겠습니까? "사랑은 언제까지나 떨어지지 아니하되"(고린도전서 13:8)라고 했으나 어떻게 우리가 사랑의 종교라고 말할 수 있습니까? 교회가 실패한 것은 사실이고, 이제는 예수님의 이름에 부끄러움을 안겨준 전 세계 교회들로부터 전 세계적인 회개가 필요한 때입니다.

많은 교회가 고린도전서 14장 8절에 기록된 대로 우리 강단에서 불확실한 소리를 전하고 있습니다.

> 나팔이 불확실한 소리를 내면 누가 전쟁을 준비하리요? [고린도전서 14:8]

너무 많은 목자들이 성경의 예언이 성취되고, 예수님이 돌아오시며, 다가오는 왕국에서 이스라엘이 하는 역할에 관심이 없습니다. 그들은 마태복음 24:45에 기록된 대로 고기를 제공해야 하는 시점에 우유 식빵을 제공하는 설교로 끝납니다.

> 그런 즉 충성되고 지혜로운 종이 누구냐 그 주인이 그 집을 다스리게 하여 때를 따라 양식을 주어 먹게 하였느냐 [마태복음 24:45]

교회 역사와 유대 민족에 대한 사악한 범죄는 우리 교회 뒤뜰의 많은 묘지에 묻혔습니다. 만약 우리가 세계 구속의 열쇠인 이스라엘을 포함하지 않는다면, 누가 우리 민족을 앞으로의 전쟁을 위해 준비시킬 수 있겠습니까? 그리스도교 학계는 이스라엘을 우리의 교과 과정에서 제외시킨 잘못을 바로잡아야 합니다. 우리의 나팔은 "만물의 회복"(행 3:21)을 성취하는 유대 민족을 향해 회개에 대한 분명한 나팔 소리를 울릴 필요가 있습니다.

이제 교회들은 수많은 흉악한 죄악을 무시하고 덮어서 넘어가려고 하기 보다, 재난이 닥쳤을 때 하나님의 선택받은 백성에게 냉담하고 무심한 반응을 보였던 것에 겸손하게 회개해야 할 때입니다. 대체신학이라는 악마의 유혹의 영과 교리는 치명적입니다.

교회가 후원하는 『대체 신학과 반유대주의 교리에 대한 연구』 매뉴얼의 저자인 빌 하인리히(Bill Heinrich)는 그의 서론[1]에 다음과 같이 썼습니다.

"…교회는 심각한 미해결 문제를 가지고 있습니다. 유대인과 하나님에게 죄를 고백하고 용서를 구해야 합니다."

왜 **우리** 그리스도인들은 그들을 **돕지 않았습니까**? '**결코 반복되지 않기 위해**' 우리에게 이 질문을 던져야 합니다!

이 회개 기도를 저와 함께 하시겠습니다.

사랑하는 이스라엘의 아버지 하나님,

우리는 우리 교회의 선조들과 우리보다 먼저 간 사람들의 죄에 대한 용서를 구하며, 진정한 그리스도인이 무엇인지 왜곡된 시각을 가지고 있었음을 회개합니다. 우리는 창세기 12장 3절에 따라 아버지의 뜻을 거스르며 형제의 언약을 저버리는 죄의 단절을 선언합니다. 또한 우리를 속임수에 빠지게 한 오만과 교만의 죄를 고백하고 단절합니다. 우리는 교회가 하나님의 택하신 백성을 대체했다는, 거짓 신학의 모든 관계를 끊습니다. 그것을 뒷받침할 성경적 근거는 없습니다. 우리의 진심 어린 회개의 기도는 단 한 명의 유대인도 다시는 '**왜 그리스도인들은 우리를 돕지 않았습니까?**'라는 질문을 하지 않도록 하는 것입니다.

예수님 이름으로 기도 드립니다. 아멘.

---

1. William H. Heinrich, In the Shame of Jesus: The Hidden Story of Church-Sponsored Anti-Semitism, (USA, Evidence of Truth Ministries, Inc., 2008), 11
2. https://dokumen.tips/download/link/in-the-shame-of-jesus-the-hidden-story-ofchurch-sponsored-anti-semitism

Day 29

홀로코스트: 침묵과 무관심의 음모

목표일
☐ 22.10.5 대 속죄일
☐ 23. 4. 9 부활절
☐ .   .

린다 챈들러

"피해자를 가장 아프게 하는 것은 압제자의 잔혹함이 아니라 방관자의 침묵이다."
[엘리 위젤, 2006][1]

"우리는 즉시 분류 작업에 착수했습니다. 내 친구 레이블이 내 옆에 서 있습니다. 우리는 가능한 한 신중하게 모든 의복을 검사합니다. 제 맞은편에는 저보다 몇일이나 이곳에 먼저 와있던 작업꾼이 있었습니다. 나치의 희생자들이 남기고 간 옷을 보고 있는데도, 이곳에서 무슨 일이 일어났있는지 알 수 없었기 때문에, 여기서 무슨 일이 일어났는지 그에게 묻고 싶었습니다"(『트레블링카(제2의 아우슈비츠라고 불리는 폴란드 유대인 학살 수용소)의 마지막 유대인』의 저자 '칠 라즈만')[2]

죽음의 일기: 파리 사람들.
여름이 왔습니다.
책 도둑에게는 모든 것이 순조롭게 진행되었습니다.
나에게 하늘은 유대인의 색깔이었습니다.
그들이 박박 닦는 행위를 끝냈을 때, 문 틈으로 그들의 영혼이 일어났습니다. 그들의 손톱이 나무를 할퀴고,(독가스실에서 고통의 절규 속에서 죽어가는 이들의…역자) 어떤 경우에는 필사적인 힘에 의해 나무에 손톱이 박혔을 때, 그들의 영혼이 제게로 찾아 왔고, 그들은 제품에 안겼습니다. 우리는 그 샤워 시설(독가스실)을 나와 지붕으로 올라가, 영원의 세계로 올라갔습니다. 그들은 나를 계속 먹이고 있어요. 계속하여 그들은 씻고 또 씻었습니다.

『책 도둑』[3]의 저자 말쿠스 주삭(Markus Zusak)은 1933년에서 1945년 사이에 유럽에서 홀로코스트로 얼마나 많은 사람들이 사망했는지에 대해 가장 자주 인용되

[사진] 아우슈비츠의 막사

는 숫자로 600만 명의 유대인을 언급합니다. 그러나 전체 숫자는 훨씬 더 많습니다.

미국 홀로코스트 기념관은 워싱턴 DC에 있는 미국의 홀로코스트 연구소입니다. 그들의 소장품에는 홀로코스트 생존자의 사진, 유물, 영화, 책, 증언, 그리고 더 많은 것들이 포함되어 있습니다. 2천년에 그들은 모든 데이터를 문서화하고 『리스트』화 하기 시작했고 2013년에 연구를 완료했습니다.[4]

이 문서는 홀로코스트 희생자 수 통계치가 일반적으로 생각하는 것보다 훨씬 높다는 것을 보여주었습니다. 홀로코스트가 발생한 지 70년이 지난 후, 그들은 사망하거나 투옥된 사람들의 총 수가 1,500만에서 2,000만 사이임을 발견했습니다. 연구에 따르면 다음과 같은 사실도 밝혀졌습니다.

- 유럽 전역의 나치 게토 및 수용소 42,500개 이상
- 노예 노동 수용소 30,000개.
- 유대인 게토 1,150개.
- 강제 수용소 980개.
- 포로 수용소 1,000개.
- 성노예로 가득한 매춘 업소 500개.

수천 개의 수용소는 노인과 약자를 안락사 시키고, 강제 낙태를 시행하고, 죄수를 독일화하거나, 희생자를 학살 센터로 이송하는 데 사용되었습니다. 바르샤바 게토만 해도 최고조 때 50만 명을 수용하고 있었습니다.

랍비 벤자민 블레흐(Benjamin Blech)는 다음과 같이 언급했습니다.[5]

> 수년 동안 홀로코스트를 이해하려는 우리의 노력은 가해자에 초점을 맞추었습니다. 우리는 멩겔레의 광기, 히틀러의 강박적인 증오, 아이히만의 무자비한 잔인성에 대한 설명을 찾았습니다. 우리는 어떻게 범죄 집단, 가학주의자, 정신적으로 문제가 있는 사람들이 대량 학살을 가능하게 하는 힘을 얻을 수 있었는지에 대한 해답을 찾았습니다.
>
> 그것은 우리가 그 공포의 실체를 알지 못했기 때문입니다. 42,000개 이상의 게토와 강제 수용소가 문명화된 대륙으로 추정되는 대륙 전역에 흩어져 있기 때문에, 더 이상 명백한 결론을 피할 수 있는 방법이 없습니다. 교양 있는 자, 교육받은 자, 계몽된 자, 자유주의 자, 세련된 자, 지적인 자, 도시인, 그들 모두가 도덕적 나침반을 잃고 기꺼이 악의 승리에 가담한 세상의 수치를 공유하고 있습니다.

무슨 일이 일어나고 있는지 몰랐을 수 없는 상황에서, 어떻게 그렇게 많은 사람들이, 그것을 부정하면서 살 수 있었을까요? 이 통계에서 밝혀진 숫자만 보더라도 어떻게 사람들이 일종의 '집단적 무지'를 가질 수 있을까요?

일부는 진실을 직시하기보다 사실을 부정하며, 뒤에 숨는 것을 선택했습니다. 한 친구는 그녀가 아는 독일 여성이 그 당시 베를린에 있었는데, 다소 믿을 수 없다는 듯이 "우리는 그들이 모두 이사 갔다고 생각했어요."라고 설명했다고 말했습니다. 그녀가 보다 개인을 뜻하는 '나'가 아닌 보다 전체의 집합을 의미하는 '우리'를 사용했다는 것을 주목하시길 바랍니다. 어떤 식으로 든 그녀는 개인적으로 책임이 되지 않도록 비난을 퍼뜨리는 것이 좋았겠지요. 이것이 교양 있는 사람이 밤에 잘 수 있도록 일을 합리화하는 방법인가요? 아니면 진실을 생각하기에 너무 끔찍했던 건가요? 아니면 그녀가 진정으로 신경 쓰지 않는 것이 더 나빴나요?

일부는 다른 쪽을 택했는데, 예를 들어 루터교 목사 마틴 니묄러(Martin Niemöller)는 자신의 문제가 아니었기 때문에 그의 시에서 '먼저 그들이 사회주의자들을 찾아

왔기 때문에 나는 목소리를 내지 않았다. 왜냐하면 나는 사회주의자가 아니었기 때문이다…'라고 추모한 것처럼 그는 옆에 서서 아무 말도 하지 않았습니다. 그러나 그의 침묵은 무슨 일이 일어나고 있는지 암묵적으로 승인한 것입니다.

다른 이들은 '하나님의 뜻'이라는 핑계 뒤에 숨는 것을 선택했습니다. 나치로부터 해방된 후, 작가 레온 웰즈는 그의 책 『야노프스카의 길(The Janowska Road)』[6]에서 그의 어머니가 숨어있던 은신처로 게슈타포(독일 비밀 경찰)를 인도한 폴란드 가톨릭 여성에게 그 이유를 묻기 위해 그녀를 추적하는 과정을 상세히 기록하고 있습니다.(『리스트』 항목 참조, 1945)

우리는 우리의 '선한' 비유대인 이웃들이 우리를 어떻게 배신했는지에 대해 더 자주 이야기했습니다. 왜요? 우리는 그들이 우리를 도울 것이라고 기대는 하지 않았지만, 왜 그들은 우리를 죽이는 행위는 그토록 열성적으로 도왔을까요? 나는 어머니를 배반한 비유대인 이웃이 지금 어디에 사는지 알아냈고, 그곳으로 갔습니다. 그녀는 나를 친숙하게 다음과 같은 말로 맞아주었습니다.
"당신들 중 몇명은 살아남을 줄 알았습니다."
이웃의 대답이었습니다.
나는 그 여성에게 왜 그렇게 오랜 세월 동안 옆집에서 좋은 관계로 살아온 어머니의 은신처를 친위대원에게 알려 주었느냐고 물었습니다. 이에 그녀는 이렇게 대답했습니다.
"유대인을 죽인 것은 히틀러가 아닙니다. 그것은 하나님의 뜻이었고, 히틀러는 그의 도구였습니다. 내가 어떻게 하나님의 뜻을 따르지 않고 거역할 수 있겠습니까?"
나는 망연자실하여 밖으로 나갔습니다. 그런 대답은 예상하지 못했습니다. 그녀는 회개해야 한다는 생각을 하지도 않았고, 심지어 자신의 행동을 부정해야 한다고 생각하지도 않았습니다.

나는 그녀의 대답 중에서 '하나님의 뜻'이라는 핑계가 나를 깊이 슬프게 한다는 점에서 극도로 자극적이라고 생각합니다. 아이히만에서 히틀러에 이르기까지, 유대인은 항상 멸종 대상으로 지목되어 왔지만, 홀로코스트는 세계의 끔찍한 반유대주의 역사에서 특히 어두운 한 장이었습니다.

어쩌면 그들도 우리처럼 더 이상 진실을 직시할 수 없었을 것입니다. 왜냐하면 히틀러의 거대한 힘이 온 유럽을 뒤 덮을 때, 필연적으로 "내가 서서 지켜보고 있었다면 나는 무엇을 했을까? 내가 무슨 변명을 했을까?" 라는 질문을 하게 되기 때문입니다. 나는 "우리 모두는 그들이 그냥 이사간 줄 알았어요!"라는 구차한 변명으로 자신의 옳지 않음을 위로했던 그 여자처럼 될까요?

다른 사람의 문제였기 때문에 마틴 니뮐러처럼 아무 말도 하지 않았을까요? 아니면 "하나님의 뜻"이라는 그 좋은 명분 뒤에 숨어서 개인적인 책임을 면제 했을까요? 어쩌면 나는 실제로 무언가를 할 용기가 있었을 것입니다. 그런데 제가 뭐라고 또 생각했을까요? 내가 그 결정에 직면하는 일은 절대로 없기를!

홀로코스트 생존자인 엘리 비젤은 1986년에 다음과 같이 말했습니다.[6]

> 사랑의 반대말은 미움이 아니라 무관심이다.
> 예술의 반대말은 추함이 아니라 무관심이다.
> 믿음의 반대말은 이단이 아니라 무관심입니다.
> 그리고 삶의 반대는 죽음이 아니라 무관심입니다.
> 무관심 때문에 사람은 실제로 죽기 전에 죽는다. 창가에 서서 사람들이 강제수용소로 보내지거나 거리에서 공격을 받는 것을 보고 아무 것도 하지 않는 것은 이미 죽은 것이나 다름없다.

랍비 벤자민 블레흐(Benjamin Blech)는 아마도 그것을 가장 잘 정리했을지도 모릅니다[7]

> **악의 승리 이상의 20세기의 말할 수 없는 범죄는 무고한 방관자의 죄였다…** 우리가 감히 문명의 생존을 바란다면 비관론자들이 '우리가 역사에서 배우는 것은 인류는 역사에서 결코 배우지 않는다는 것 밖에 없다'는 그들의 주장이 틀렸기를 기도하는 것이 좋겠습니다. (저자 강조)

홀로코스트는 인류가 여전히 받아들이려 노력하고 있는 비극적 아픔입니다. 그러나 1938년 전 세계적으로 반유대주의가 기승을 부리고 있으며, 수정의 밤 이후, 80년만에 미국의 피츠버그에서 11명의 유대인 학살 사건이 발생했습니다(『리스트』 2018년 기사 참조). 만약 과거가 도입부라면, 지금 우리가 해야 하는 예지적이고 날카로운 질문은 "나는 지금 무엇을 해야 하는가?"가 되어야 합니다.

> 나는 인간이 고통과 굴욕을 견뎌야 할 때와 장소에서 결코 침묵하지 않겠다고 맹세했습니다. 우리는 피해자의 편을 들어야 합니다. 중립은 피해자가 아니라 억압자를 돕는 것입니다. 침묵은 결코 학대 받는 자가 아니라, 괴롭히는 자를 격려하는 것입니다. [엘리 위젤]

> 당신은 희생자가 되어서도 안되고 가해자가 되어서도 안됩니다. 그러나 무엇보다도 방관자가 되어서는 안됩니다. [예후다 바우어][7]

> 우리의 질문이 '그리스도인인 당신이 왜 여기 죽음의 수용소에서 유대인을 구하려 했다는 이유로 유죄를 선고받았습니까?'가 되어서는 안 됩니다. 진짜 질문은 '왜 모든 그리스도인이 여기에 있지 않습니까?'입니다. [조엘 C. 로젠버그, 『아우슈비츠 탈출』의 저자][8]

> 왕이 대답하여 가라사대 내가 진실로 너희에게 이르노니 너희가 여기 내 형제 중에 지극히 작은 자 하나에게 한 것이 곧 내게 한 것이니라 하시니라 [마태복음 25:40]

이 회개 기도를 저와 함께 해 주시겠습니까?

하늘 아버지,

우리는 홀로코스트에서 우리의 역할에 대해 용서를 구합니다. 왜냐하면 홀로코스트는 우리가 반드시 직면해야 하며, 책임감을 가지고 회개해야 할 사건이기 때문입니다. 우리의 선조들 처럼 모른다고 변명하며 죄책감만 가지고 살거나, 주님을 탓하는 대신에 우리가 회개하게 해주십시오. 우리가 역사상 가장 끔찍한 반유대주의적 사건인 홀로코스트에 대해 침묵하고 무관심한 방관자로 일관함으로써 일어난 일을 용서해 주십시오. 어떤 대가를 치르더라도 다시는 침묵하지 않고 무언가를 할 수 있는 용기를 주십시오.

예수님의 이름으로, 아멘.

1. https://en.wikiquote.org/wiki/Elie_Wiesel
2. Chil Rajchman, The Last Jew of Treblinka: A Memoir, (New York, Pegasus Books, 2011), 3장
3. Markus Zusak, The Book Thief, (USA, Random House, 2005), 349.
4. https://www.ushmm.org/research
5. http://virtualjerusalem.com/holidays.php?Itemid=25140
6. Leon Weliczker Wells, The Janowska Road, (미국, The Macmillan Company, 1963), 254-255
7. 7https://en.wikiquote.org/wiki/Yehuda_Bauer
8. Joel C. Rosenberg, The Auschwitz Escape, (미국, Tyndale House Publishers, Inc., 2014), 262

Day 30

말하기 I

레이 몽고메리

목표일
☐ 22.10.5 대 속죄일
☐ 23. 4. 9 부활절
☐   .   .

> 처음 그들이 공산주의자들을 잡으러 왔지만 나는 침묵했습니다. 왜냐하면 나는 공산주의자가 아니었기 때문입니다.
> 그 다음 그들은 사회주의자들을 찾으러 왔지만 나는 말을 꺼내지 않았습니다. 왜냐하면 나는 사회주의자가 아니었기 때문입니다.
> 그런 다음 그들은 노동 조합원을 찾으러 왔지만 나는 입을 열지 않았습니다. 왜냐하면 나는 노동 조합원이 아니었기 때문입니다.
> 그리고 그들이 유대인을 찾으러 왔지만 나는 유대인이 아니었기 때문에 그들을 대변하지 않았습니다.
> 그런 다음 그들은 나를 찾아왔습니다.
> 그 때에 저를 대변해 줄 사람이 아무도 없었습니다. [마틴 니뮐러, 루터교 목사]

이 유명한 시는 나치가 권력을 잡은 이후, 그들이 숙청하길 원하는 집단들을 숙청해 나갈 때 평범한 독일 사람들이 방관한 것에 대해 묘사하고 있습니다. 뉘밀러는 아직 시간이 남아 있을 때 침묵함으로써, 7년을 강제 수용소에서 보내게 됐습니다 (1938-1945년).

나는 개인적으로 그가 행동하지 않은 것에 대해 크게 후회하는 경험을 했다고 생각합니다. 이 시는 그의 침묵에 대한 통회의 행위였으며, 그 침묵은 나치가 그 당시 독일의 다양한 집단의 사람들에게 행하고 있었던 일을 암묵적으로 승인하는 것이 됐습니다. 나는 그가 부분적으로 자신을 속죄했다고 믿습니다. 왜냐하면 이 회개의 시는 행동하지 않거나 침묵하는 행위에 대한 경고의 이야기로, 그 이후에 수없이 인용되었기 때문입니다.

다음 성경 말씀에 비추어 볼 때, 나의 목소리가 필요한 상황에서 감히 말을 하지 못한다면, 심판 날에 주님 앞에 서는 기분이 어떨지 몸서리가 쳐집니다.

왕이 대답하여 가라사대 내가 진실로 너희에게 이르노니 너희가 여기 내 형제 중에 지극히 작은 자 하나에게 한 것이 곧 내게 한 것이니라 하시니라 [마태복음 25:40]

[사진] 마틴 니뮐러

그 어두운 시절에 우리가 있었다면 우리는 무엇을 했을까요? 우리도 니뮐러처럼 남의 문제라는 핑계로 침묵을 지켰을까요? 우리가 소리를 내면 무슨 일이 일어날지 모른다는 두려움 때문에 침묵했을까요?

하지만 우리가 감히 일어나고 있는 일에 대해 목소리를 냈다면 어땠을까요?

그것이 어떤 차이를 만들었을까요? 수천 명의 유대인이 구원받은 두 가지 주요 국가적 사례가 있습니다. 왜냐하면 개개인들이 모여 과감히 목소리를 냈고, 이것이 국가의 목소리가 되었기 때문입니다.(두 항목 모두 『리스트』, 1943 참조). 1943년 10월 1일, 히틀러는 덴마크계 유대인들을 체포하고 추방하라고 명령했습니다. 그러나 많은 덴마크 시민들은 저항했고, 이렇게 일어난 '덴마크 저항운동'으로 인해 덴마크의 7,800명의 유대인 중 7,220명을 스웨덴으로 대피시키는 데 성공했습니다.

덴마크 유대인의 99% 이상이 홀로코스트에서 살아남았습니다. 왜냐하면 사람들이 감히 목소리를 내고 이에 대해 조치를 취했기 때문입니다.

다음은 나치 동맹 국가였던, 불가리아가 있었습니다. 황제 보리스 3세는 불가리아 정치인, 불가리아 정교회의 압력 및 일반 시민들의 항의로 인해 50,000명의 불가리아 유대인을 강제 수용소로 추방하는 것을 거부했습니다. 일반 시민들과 종교 지도자들은 철도 선로에 누워 홀로코스트 기차의 길을 막겠다고 위협했습니다. 보리스 3세는 히틀러에게 철도 건설과 기타 산업 작업에 유대인이 필요하다고 말했습니다. 전쟁이 끝난 후 이 유대인들은 대규모로 이스라엘로 이주했습니다.

나치 독일과 동맹을 맺은 중심국가인 불가리아는 히틀러의 요구를 무시하고 모든 유대인을 구했습니다. 사람들이 목소리를 냈기 때문입니다!

마틴 니뮐러가 감히 목소리를 냈다면 어떻게 되었을까요? 다른 사람들이 단결해서 그를 지지했을까요? 전쟁의 과정이 바뀌고 수백만 명의 생명을 구할 수 있었겠습니까? 결코 알 수 없지만, 그의 시는 1766-94년 하원 의원이었던 아일랜드 태생의 에드먼드 버크(Edmund Burke)가 말한 다음과 같은 진실을 담고 있습니다.

"악의 승리를 위해 필요한 것은 선한 사람이 아무것도 하지 않는 것뿐입니다."[2]

하지만 우리가 목소리를 낼 수 있을까요? 우리가 아무 것도 바꿀 수 없다는 것을 알면서도요? 슬로바키아의 가톨릭 사제인 아우구스티누스 포즈데크는 1942년 4월에 '교황청'이 아닌 '헝가리 부다페스트의 유대인 공동체'에 슬로바키아의 유대인들을 위해 개입할 것을 요청하는 다음 편지를 보냈습니다(1942년 4월 『리스트』 항목 참조).

"천주교 신부가 이 문제에 관해 여러분에게 말을 했다는 것이 이상하다고 생각할 수도 있습니다. 나는 내 유대인 이웃을 괴롭히는 끔찍한 고통에 대한 침묵의 증인으로 남을 수 없기 때문에 이 행동을 결정했습니다. 나는 유대인으로 태어난 것 외에 아무 잘못이 없는 인간으로서, 재산을 빼앗기고, 개인의 자유로운 여가 시간을 기차에 강제로 실려, 노예로 타국에 보내지는 모습을 보며, 같은 인간으로서 가슴 속까지 섬뜩해집니다.

나는 이 박해에 대항하여 세상의 양심을 일깨우고자 합니다. 그러나 슬프게도, 나는 이 좁은 범위 외에는 내 말을 듣게 할 수 없습니다. 내가 촉구하는 것은, 바로 여러분이, 슬로바키아에 있는 유대인들의 가혹한 고통을 덜어주기 위해 일어나, 세상 사람들의 양심을 흔들어 깨우셨으면 하는 바입니다. 그러나 어린 아이들, 중병을 앓고 있는 노인, 가족과 뿔뿔이 흩어진 어린 소녀들과, 젊은이들이 미지의 장소로 가는 마차에 수송되는 소처럼, 불확실한 미래로 추방되는 동안, 세계가 이를 목격하고 가만히 있는 것은 불가능하다고 생각합니다.

행동하십시오. 너무 늦기 전에 빨리 행동하십시오. 그러면 일부 슬로바키아 유대인을 구할 수 있을지도 모릅니다.

내 말이 들리길 바라며, 가난하고 불행한, 같은 종교인들을 위해 할 수 있는 모든 일을 해 주길 바랍니다."

그가 이 유대인 단체로부터 답장을 받았다는 기록은 없지만 적어도 그는 시도했습니다. 그리고 더 중요한 것은 하늘과 구름같이 많은 증인들과 주님께서 주목하신 것입니다!

그럼 언제부터 말을 꺼낼까요? 『리스트』에서 배운 교훈 중 하나는 우리 교회의 선조들의 죄를 회개하는 것만으로는 충분하지 않다는 것입니다 우리는 그 이상의 것을 할 필요가 있습니다. 우리는 특히 반유대주의에 대해, 언제 어느 때든지 그 부당성을 발견할 때마다, 반대 목소리를 낼 필요가 있습니다. 반유대주의적 논평을 들을 때마다 저는 그것을 미연에 방지합니다. 그것이 뉴스에서 반복되는 내용 때문이던지, 아니면 단순히 이스라엘 역사에 대한 지식이 부족 때문이던지 간에, 반이스라엘적인 왜곡된 내용을 볼 때마다 저는 그에 알맞게 논평하고, 그 과정에서 그 글을 읽는 이들의 왜곡된 견해가 바로잡아지길 바랍니다. 제가 이렇게 목소리를 내면 낼수록, 목소리 내기가 더 쉬워지고 있습니다. 이제는 이렇게 행동 하는 것이 저의 제 2의 천성이 되어가고 있기 때문입니다.

아직 목소리를 내기 쉬운 지금, 바로 이때야 말로 우리가 목소리를 내야 할 때입니다. 마르틴 니묄러가 목소리를 낼 수 없어 값 지불을 한 것처럼, '하나님께서 금지하시는, 목소리를 내기에 너무 늦은 날'이 올지도 모르기 때문입니다.

> "내가 나를 위하지 않으면 누가 나를 위하겠습니까? 그리고 내가 나만을 위한다면, 나는 무엇이라고 할수 있겠습니까? 그리고 지금이 아니라면 언제 하겠습니까?" [유대 역사에서 가장 중요한 종교적 인물 중 한 명인 힐렐(Hillel) 장로.][3]

우리가 아직 목소리를 낼 수 있을 때, 지금 목소리를 높이지 않는다면, 우리는 '조지 산타야나'의 격언처럼 실현될 위험을 감당해야 할것 입니다.[4]

> "선조의 실수에서 배우지 못한 사람은 그것을 반복하기 마련입니다." [조지 산타야나 (George Santayana)]

반유대주의에 반대하지 않는 우리의 침묵은, 그것에 대한 암묵적인 승인이 될 것입니다. 우리가 유대인 형제들을 변호하고, 그들과 어깨를 나란히 하고 서서, 그들을 위해 목소리를 내지 않는다면, 우리는 그 날에 주님으로부터 이런 오싹한 말씀을 듣게 될 것입니다. 그리고 그 말씀에 따른 결과는 영구적일 것입니다.

> 왕이 대답하여 이르시되 내가 진실로 너희에게 이르노니 너희가 여기 내 형제 중에 지극히 작은 자 하나에게 한 것이 곧 내게 한 것이니라 하시니라 [마태복음 25:40]

나는 모든 사람들이 "못이 없어서"라는 속담에 익숙할 것이라고 생각합니다.

> "못이 없어서 신발을 만들 수 없었습니다.
> 신발이 없어서 말을 탈 수 없었습니다.
> 말이 없어서 전령을 태울 수 없었습니다.
> 그 전령이 없어서 작전명령을 받을 수 없었습니다.
> **작전명령을 듣지 못해** 전투에서 패배하게 되었습니다.
> 전투를 패배하여 왕국을 잃게 되었습니다.
> 그 모든 것은 '못이 없어서' 였습니다."

한 사람이 목소리를 내는 것만으로도 충분합니다. 만약 그 한 목소리에 다른 사람들이 합쳐져 메시지를 냈다면, 덴마크나 불가리아 사람들이 그랬듯이, 아마도 600만 명의 유대인이 희생되지 않았을 것입니다. 그것은 "광야에서 외치는 한 사람의 목소리"로 시작됩니다. 우리 목소리가 그 한 목소리일까요? 우리의 목소리가 함께 하나의 메시지가 되어 하나의 합창을 이룰 수 있을까요? 그 메시지가 역사의 흐름을 바꿀까요?

> …한번 죽는 것은 사람에게 정해진 것이요 그 후에는 심판이 있으리니 [히브리서 9:27]

이 회개 기도를 저와 함께 해 주시겠습니까?

하늘 아버지,
우리는 마르틴 니묄러의 시에 나타난 것처럼 그가 회개한 것에 대해 감사드립니다.

그리고 그가 제때 배우지 못한 교훈을 우리가 배울 수 있기를 기도합니다. 그것은 바로 말하는 것입니다. 언제 어디서나 불의와 반유대주의가 일어나면 목소리를 내고 사랑의 정신으로 은혜와 진리의 말을 할 수 있는 용기를 주세요.

위에 나열된 교훈을 배웠으므로 우리는 지금 이 일을 시작하기로 결심합니다. 목소리를 내는 일이 제 2의 천성이 될 수 있도록, 우리 모두가 같은 내용을 말하는 합창이 될 수 있도록 목소리를 내기로 결심합니다. 더 이상 생명을 잃거나, 우리의 침묵이 역사의 반복의 원인이 되지 않기를 원합니다.

이 임무를 위해 우리를 강하게 해 주십시오. 우리가 가는 길에 도움을 주십시오. 우리의 마음을 같은 마음을 가진 사람들에게 묶어 주십시오. 우리의 목소리를 통해 주님의 이름을 영화롭게 하십시오.

예수님의 이름으로 기도합니다. 아멘.

---

1. https://en.wikiquote.org/wiki/Martin_Niem%C3%B6ller
   https://en.wikipedia.org/wiki/First_they_came_…
2. https://en.wikiquote.org/wiki/Edmund_Burke
3. https://en.wikipedia.org/wiki/Hillel_the_Elder
4. https://en.wikiquote.org/wiki/George_Santayana

Day 31 / 말하기 II

목표일
☐ 22.10.5 대 속죄일
☐ 23. 4. 9 부활절
☐   .   .

레이 몽고메리

"내가 침묵한다면 공모죄가 될 것입니다." [알버트 아인슈타인]¹

우리 『리스트』의 대부분은 수세기에 걸친 대체 신학의 부정적인 발전과 그리스도교인에 의한 유대인 박해에 초점을 맞추었습니다. 그러나 유대인들을 돕기 위해 목소리를 내고 행동하는 사람들이 있었습니다. 그리고 많은 예 중에서, 자세히 언급할 가치가 있는 두 가지 이야기가 있습니다.

로디 에드먼즈 (1919-1985) (1945년 1월 「리스트」 항목 참조)

첫 번째 이야기는 로디 에드먼즈(Roddie Edmonds) 부사관에 관한 것입니다. 그리스도인인 그는 1944년 말 벌지 전투에서 포로로 잡혔습니다. 그는 포로 수용소인 '스탈라그 9-B'에서 100일을 보낸 후, 1945년 1월 다른 사병들과 함께 스탈라그 9-A(독일 지겐하인 근처)에 주둔하는 수용소로 이송되었습니다. 그는 미국 부사관 계급의 고위 장교였습니다. 나치는 유대인과 비유대인을 분리하는 엄격한 정책을 가지고 있었습니다. 그 무렵 대부분의 악명 높은 나치 강제 수용소는 더 이상 운영되지 않았기 때문에, 유대인 미국인 포로들은 생존 가능성이 낮은 노예 노동 수용소로 보내졌습니다.

포로로 잡혀간 첫 날, 수용소 사령관은 에드먼즈에게 다음날 아침 집회에 유대계 미국인 병사들에게만 참석하라고 지시했습니다. 그는 이 것이 유대인 포로들에게 확실한 죽음을 의미한다는 것을 알고, 모든 1,275명의 포로들에게 참석하라고 명령했습니다.

[사진] 로디 에드먼즈(Roddie Edmonds)와 지겐하인(Ziegenhain)의 막사 앞에 줄지어 서 있는 미군 병사들

에드먼즈에 의해 구조된 유대인 포로인 폴 스턴(Paul Stern)은 '야드 바셈'(홀로코스트 희생자를 기리는 이스라엘의 공식 기념관)의 증언에서 "70년이 지났지만 그가 독일군 수용소 사령관에게 했던 말이 아직도 제 귀에 선명히 들립니다."라고 말했습니다. 그는 이렇게 묘사했습니다.[2]

"지겐하인에서 며칠이 지난 후, 독일 사령관은 모든 유대인 미국 포로들에게 다음날 아침 막사 앞에 줄을 서라고 명령했습니다. 그 때, 로디 에드먼즈 상사는 모든 미군 병사들에게 다음 날 아침 막사 앞에서 대열을 지어 줄을 서라고 알렸습니다. 독일군 지휘관은 포로의 대규모 부대를 보았을 때, 에드먼즈 상사에게 "너희 모두가 유대인 일 수 없다"고 말하자, 에드몬즈 상사는 "여기 있는 우리는 모두 유대인이다"라고 대답했습니다. 이때 독일군 사령관은 총구를 에드먼즈의 이마에 대고 "모든 유대인에게 앞으로 나오라고 명령하라. 그렇지 않으면 지금 당장 쏘겠다"고 말했습니다. 당시 에드먼즈 상사는 이렇게 말했습니다. "제네바 협약에 따르면 군인이 잡히면 이름, 계급 및 일련 번호만 제공하면 된다. 만약 당신이 나를 쏘면 우리 모두를 쏴야 할 것이다. 왜냐하면 우리 모두 당신이 누구인지 알고 있기 때문이다. 그리고 전쟁이 끝나면 당신은 전쟁범죄로 재판을 받을 것이다." 그 때 독일군 사령관은 떠났고, 우리는 모두 막사로 돌아왔습니다. 그 단 한 번의 용기 있는 행동으로 에드먼즈 상사는 내 목숨과 지겐하인에 있는 모든 유대인 죄수들을 구했습니다." [폴 스턴]

얼마 후 수용소는 패튼 장군에 의해 해방되었습니다. 에드먼즈의 행동은 약 200명의 유대인을 구했습니다.

그가 1985년에 사망했을 때 그가 보관했던 일기를, 그의 아들인 침례교 목사 크리스 에드먼즈(Chris Edmonds)가 읽지 않았다면 그의 영웅적 행동은 알려지지 않았을 것입니다. 그 일기에는 그의 일상적인 생각 뿐 아니라 부하들의 이름과 주소도 포함되어 있었습니다. 추후 크리스는 인터넷을 통해 이 사실을 알릴 수 있었습니다. 크리스는 다음과 같이 말했습니다. "아버지가 가지고 있던 깊은 도덕적 확신이 이런 행동을 할수 있는 믿음을 주었다고 생각합니다. 아버지가 싸우기 위해 가졌던 것은 그의 의지와 재치였습니다. 저는 제 아버지가 옳은 일을 했다는 것이 기쁩니다."[3]

2015년 2월 10일, '야드 바셈'(홀로코스트 기념관)은 그를 열방의 의인으로 인정했으며, 에드먼즈는 이 영예를 수여받은 최초의 미국 군인입니다. 그는 또한 미국에서 가장 높고 가장 권위 있는 개인 군사 훈장인 '의회 명예훈장'을 받는 것으로 추진되고 있습니다.[4]

니콜라스 윈튼 (1909-2015)

두 번째 감동적인 이야기는 영국의 인도주의자인 '니콜라스 윈튼(Nicholas Winton)'에 관한 것입니다. 그는 제2차 세계 대전 전야에 체코슬로바키아로부터 669명의 아이들을 구출하는 작전을 짰습니다. 그는 아이들을 위한 집을 구했고 영국으로 가는 안전한 길을 마련해주었습니다. 이런 그의 이야기는 1988년, 그의 아내가 다락방에서 그가 구했던 아이들의 리스트가 포함된 스크랩북을 발견하게 되면서 세상에 알려지게 되었습니다.

1938년, 독일에서는 유대인에 대한 폭력이 증가하고 있었습니다. 1938년 '뮌헨 협정'은 히틀러의 군대가 10월 1일에 체코슬로바키아의 독일어권인 수데텐란드로 진격할 수 있는 길을 열어주었습니다. 프라하는 탈출을 갈망하는 난민들로 가득 차 있었고, 윈튼은 체코슬로바키아를 방문하여 그가 도울 수 있는 일이 있는지 알아보았습니다. 윈튼이 만난 사람들은 전쟁이 다가오고 있다는 것과 그들이 빠져나갈 수 없다는 것을 알고 있었지만, 그들의 아이들만이라도 구하기 위해 필사적이었습니다.

그의 운영지침의 원칙은 다음과 같습니다.

"실제로 불가능하지 않은 것은 무엇이든 할 수 있습니다. 만약 누군가가 정말로 그것을 하기로 마음먹고 그것을 해야 한다고 결심한다면 말입니다."5 [니콜라스 윈튼]

[사진] 1939년 1월 11일에 그가 구조한 체코계 유대인 어린이 중 한 명과 함께 있는 니콜라스 윈튼. (관련 영상은 위키피디아에서 볼 수 있음.)6

윈튼은 프라하의 한 호텔에 가게를 차렸고, 최대한 많은 아이들을 밖으로 내보내는 것을 목표로 단체를 만들었습니다.

런던으로 돌아와서 그는 이미 설립된 난민 단체인 '체코슬로바키아에서 온 난민을 위한 영국 위원회에서 편지지를 가져와서, 아래에 '어린이 분과'라는 문구를 추가하고, 자신을 의장으로 임명하고, 어머니를 책임자로 앉히고, 자원 봉사자를 모집하고, 영국 관료와 거래하기 시작했습니다. (예, 사기입니다!) 영국 당국은 아이들을 받아들이는 데 동의했지만, 가족들이 기꺼이 아이들을 데려가는 경우에만 동의했습니다. 그래서 그는 아이들을 홍보하기 위해, 아이들의 사진들을 실은 전단지를 광고하였습니다. 또 당국이 여행증명서 발급이 늦어지자, 그는 절차를 가속화하기 위해 돈을 사용(예, 뇌물!)하여 서류를 위조하도록 했습니다. (예, 위조입니다!).

그는 또 다른 누군가에게 도움을 요청했느냐는 질문에 다음과 같이 답했습니다.

"미국에 도움을 요청했으나, 안타깝게도 미국은 어떤 도움도 주지 않았습니다. 그들이 도움을 주었더라면 더 많은 아이들을 살릴 수 있었을 것입니다."

그의 첫 20명의 아이들은 1939년 3월 14일에 프라하를 떠나게 되었습니다. 그리고 바로 다음날, 독일군은 프라하와 체코슬로바키아의 다른 지역으로 진군을 시작했습니다. 그해 봄과 여름에 걸쳐, 나치는 유럽에서 유대인들을 청소하는 그들의 정책에 따라, 유대인들을 실은 7대의 기차를 보냈습니다. 그 다음 8번째 기차에는, 유대인 어린이 250명이 탑승하고 있었습니다. 이 열차는 전쟁이 선포된 9월 1일 출발 예정이었습니다. 그 아이들 중 살아남은 아이들이 있는지 알 수 없습니다. 2년 후, 나치가 '최종 해결책'을 시행하게 되었기 때문입니다. 그렇게 체코의 유대인들은 프라

하에서 북쪽으로 약 40마일 떨어진 테레진(Terezin)에 있는 '혼합 강제 수용소'인 테레지엔슈타트로 보내졌습니다. 그리고 그들은 최종적으로 아우슈비츠 수용소로 보내졌습니다.

1988년 BBC 방송사가 그를 'That's Life(그것이 인생이다)'의 한 에피소드에 출연시켰고, 그의 이야기가 나왔습니다.[6] 그 방송의 청중들 중 20명 이상이 그가 구한 아이들이었며, 이제 이 아이들은 완전한 성인으로 성장하여 그를 둘러싸고 있었습니다. '60분'[7] 의 인터뷰에서, 그는 이 순간이 자신의 인생에서 가장 감동적인 순간이라고 말했습니다. 그의 2주간의 휴가는 669명의 자녀와 일만 오천 명의 손자와 증손자들로 유쾌하게 마무리되었습니다. 이 상황에 대해 그는 다음과 같이 농담을 했습니다.

"이것은 끔찍한 책임입니다. 그렇지 않나요?"

또한 그는 1983년 영국에서 노인을 위한 주택, 애비필드를 설립한 공로로 대영제국 훈장(MBE:Member of the Order of the British Empire)을 받았습니다. 2003년 체코에서는 '슬로바키아를 점령한 나치 독일로부터 유대인 어린이들을 구한 공로'로 여왕으로부터 기사 작위를 받았습니다. 영국 언론에서는 그를 '영국의 쉰들러'라고 불렀습니다. 2014년에는 체코의 밀로시 제만 대통령으로부터 체코의 최고 영예인 '백사자 훈장(1등급)'을 수여받았습니다. 체코의 천문학자인, 야나 티차(Jana Tichá)와 밀로시 티차(Miloš Tichý)는 그의 이름을 따서 소행성에 '19384 윌튼'이라는 이름을 붙여주었습니다. 2015년 2월 23일에는 'Freedom of the City of London(런던의 자유)' 상을 부상과 함께 받았습니다.

부모로부터 세례를 받고 그리스도인으로 자라난 그는 유대인 혈통이었기 때문에, 이스라엘에서 '열방들 사이의 의로운 사람(Righteous Among the Nations)'으로 선언되지는 못하였습니다. 그러나 그게 그에게 중요한 문제는 아니었습니다. 그에게는 이렇게 행동한 것이 어떤 특별한 행동이 아니라 당연한 행동이었기 때문입니다.

요약

저는 이 이야기들이 특히 고무적이라고 생각합니다. 그들이 자신의 신념에 따라 목소리를 내고, 그에 맞게 행동한 영웅적 행동과 이 사실을 알리지 않은 그들의 겸손함 모두 말입니다. 두 사람 모두 자신이 한 일을 방송하지 않았으며, 그들의 이야기는 이후 우연히 밝혀졌습니다.

그러나 저는 하늘의 구름떼 같은 증인들과 주님께서 그를 친히 주목하셨다는 사실을 확신합니다!

저와 함께 찬양과 감사의 기도를 해 주시겠습니까?

하늘 아버지,

우리는 역사 속에서 주님이 선택한 민족을 대표하여 목소리를 높인 그리스도인들이 있었다는 것에 감사드립니다. 그들의 본보기를 통해 우리도 같은 목소리를 내도록 격려와 영감을 받게 하십시오.

그리고 특히 로디 에드먼즈와 니콜라스 윈튼에게 감사드립니다. 그들의 이야기는 진정으로 적입니다. 그의 유산은 살아남은 유대인들과 그 후손에게서 찾을 수 있습니다. 우리는 그들이 본보기가 되어, 우리가 주님의 선택 받은 백성과 어깨를 나란히 하고, 오늘날 같은 일을 하도록 영감을 주는 역할을 하기를 간구합니다.

예수님의 존귀한 이름으로 기도 드립니다.

아멘

---

1. https://www.goodreads.com/quotes/4466-if-i-were-to-remain-silent-i-d-be-guilty-of
2. https://www.yadvashem.org/righteous/stories/edmonds/paul-stern-testimony.html
3. https://www.independent.co.uk/news/world/americas/sgt-roddie-edmondsus-veteran-who-risked-his-life-by-refusing-to-hand-jews-to-nazisposthumously-a6757506.html
4. https://en.wikipedia.org/wiki/Roddie_Edmonds
5. http://goodyawards.com/8-inspirational-quotes-by-humble-hero-sir-nicholas-winton/
6. https://www.youtube.com/watch?v=PKkgO06bAZk
7. https://www.youtube.com/watch?v=c0aoifNziKQ&t=341s
8. https://en.wikipedia.org/wiki/Nicholas_Winton

Day 32 / 출애굽 1947호와 세인트루이스 호의 항해

목표일
☐ 22.10.5 대 속죄일
☐ 23. 4. 9 부활절
☐   . .

레이 몽고메리

출애굽 1947호

　제2차 세계대전이 끝난 지 2년 후인 1947년 7월 11일, 출애굽 1947호는, 프랑스의 지중해 연안에 있는 항구에서 출항했습니다.[1] (『리스트』 항목, 1947년 참조) 이 배에는 4,515명의 유대인 홀로코스트 생존자가 있었고, 그 중 1,672명은 어린이와 청소년이었습니다.[2] 이 유대인 생존자들은 모든 것을 남겨두고 유럽 전역에서 모여들었고, 그들이 가진 것이라고는 여행 가방에 넣고 다니는 소지품이 다였습니다. 그들은 홀로코스트의 참상을 뒤로하고 있었습니다. 그들 앞에는 희망과 자유, 그리고 새로운 시작의 약속의 땅 팔레스타인이 놓여 있었습니다. 유일한 문제는 팔레스타인이 여전히 영국의 지배하에 있다는 것이었습니다. 팔레스타인에 대한 영국 위임통치령은, 1917년 밸푸어 선언의 '유대인을 위한 국가적 고향'과 '트랜스요르단'을 설립하기 위해 1923년에 영국이 집행 기관으로 발효된, 국제 연맹의 명령이었습니다.[3]

　다른 배들도 유대계 이민자들을 팔레스타인으로 데려오려 했지만 실패했습니다. 이것은 가능성이 매우 희박한 일이었습니다. 그러나 희망과 눈물, 결단력과 투지를 가지고, 자원하기 위해 모인 '유대인 미국인 선원' 35명 덕분에 이들은 '텔아비브' 바로 남쪽 항구인 '바트얌(Bat Yam)'으로 출발할 수 있었습니다.

　왜 영국인들은 유대인들이 고대의 고국으로 돌아가는 것을 그렇게 막으려고 했을까요? 왜 영국인들은 '평화롭게 살 수 있는 장소를 찾는 것'이 소원이었던 '유대인 대학살 생존자들'을 태운 배를 쫓아 전투함을 보냈어야 했을까요?

　초기 영국의 백서(the White Paper)에 따라, 1939년 백서 또한 팔레스타인으로의 유대인 이민을 엄격하게 제한했습니다. 그 때에는 영국이 아랍의 석유 수출에 의존하고 있었기 때문입니다. 그들은 너무 많은 유대인들을 팔레스타인 지역에 들여보내는 것이 그들의 아랍 파트너를 화나게 할것이라고 생각했습니다. 영국인은 유대와

[사진] 출애굽 1947호

아랍 분쟁의 한가운데에 놓여있었습니다.

배에 탄 승객들은 2주 분량의 충분한 음식, 물, 식량을 가지고 있었는데, 이것은 항해를 위한 충분한 양이었습니다. 이 배는 원래 500명의 승객을 태울 수 있었습니다. 이 항해를 위해 개조될 때 만들어진, 4,515명의 승객을 태울 수 있는 충분한 침상들도 만들어졌습니다. 시간이 가장 중요했습니다. 그들은 식량과 물이 떨어지기 전에 목적지에 도착해야 했습니다.

항해 내내, 그 배는 영국 전투함에 의해 추적되었습니다. 마침내, 그들은 이집트의 남쪽 해안에 접근했고, 이스라엘의 바트 얌 항구로 향하기 위해 북쪽으로 방향을 틀었습니다. 영국 해군은 출애굽호가 이스라엘 해안에 도달하는 것을 허락할 의사가 없었습니다. 어두운 밤, 출애굽 1947호는 두 척의 영국 구축함에 의해 양쪽으로 포위되었습니다. 배는 양쪽에서 압착되고 있었습니다. 영국인은 확성기를 통해 큰 소리로 말했습니다.

"너희들은 영해에 있다. 너희를 체포하겠다. 배를 멈춰라."

엑소더스 1947호는 계속해서 앞으로 나아가고 있습니다.

그 후 영국군은 강제로 배를 들이받고, 엑소더스 1947호에 승선하여 총과 최루탄을 쏘았습니다. 유대인 난민들은 그들이 가지고 있었던 쇠고기와 감자 통조림으로 대항했습니다.

영국 구축함에 의해 강제로 부딪힌 배는 더 이상 항해할 수 없게 되었고, 승객들은 어쩔 수 없이 하선했습니다. 이 사건으로 146명이 다치고 3명이 사망했습니다.

한때 희망을 가졌던 유대인 난민들은 세 척의 영국 죄수선에 의해 강제로 실려 갔고, 프랑스 해안으로 돌려 보내졌습니다. 배가 8월 2일 '포르드부(Port-de-Bouc)'에 도착했을 때, 프랑스 정부는 유대인 난민들에게 자발적으로 하선할 수 있다고 말했습니다. 그들 중 아무도 하선하지 않았습니다. 유대인들은 저항하고 있었습니다!

이 무렵 세계 언론은 그 이야기를 다루었습니다. 죄수선에 갇힌 유대인 난민들의 이야기와 사진이 뉴스와 언론을 통해 전 세계에 퍼졌습니다. 유대인 난민들이 숨 막히고 덥고, 비좁은 배에 갇혀 있을 동안, 유엔 위원회에서는 그저 '팔레스타인 문제'를 어떻게 할지 결정하기 위해 회의를 열고 있었다고 말입니다.

한편 영국의 외무장관인 어니스트 베빈은 배에 탄 유대인들에게 최후 통첩을 보냈습니다. "24시간 이내에 배에서 내리지 않으면 독일로 돌려보내겠다!" 그런 그에 말에도, 겨우 21명의 난민만 내렸습니다.

놀랍게도 영국인은 홀로코스트에서 600만 명의 유대인을 학살한 국가인 독일로 세 척의 포로선을 돌려 보냈습니다.

이들 선박은 1947년 8월 독일 함부르크 항구에 도착했고, 그 후 유대인 난민들은 농성을 벌였습니다. 결국 홀로코스트 생존자들은 곤봉으로 맞고, 최루탄을 덮어쓰고, 물 대포를 맞으며, 배에서 강제로 끌려 내려와 수용소로 보내졌습니다. 한 예로, 한 유대인이 다음과 같이 말했습니다.

"저는 배와 육지 사이를 연결하는 나무 널빤지에 머리를 부딪힌 채, 그들에 발에 차여 끌려 내려왔습니다."[5]

언론은 유대인의 끔찍한 대우를 보도했고 영국을 비난했습니다. 유엔의 세계 지도자들은 팔레스타인에 대한 영국의 통제를 중단할 것을 촉구했습니다.

널리 알려진 이 사건은, 궁극적으로 유엔에서 팔레스타인을 '아랍 국가와 유대 국가로 분할하기로 한 결정'에 큰 영향을 미쳤습니다. 이 암흑의 역사는 이스라엘을 위한 하나님의 목적을 위해 하나님의 방법으로 역전되었습니다.

불과 3개월 후, 1947년 11월 29일, 유엔은 팔레스타인에 대한 영국의 통제를 종식시키고, 두 국가 해결책의 청사진을 만들어, 유대인 국가인 이스라엘의 창설을 위한 길을 닦은 유엔 결의안 181호를 투표로 승인했습니다. 출애굽 1947호는 새로운 이스라엘 국가를 형성하는 데 촉매제 역할을 했습니다.

영국이 수치스러운 이 사건에 대해 큰 책임이 있지만, 우리는 다음 이야기에서 보여주듯이, 안전한 피난처로 가는 유대인들을 지원하지 못한 나라가 영국만이 아니라는 것을 알아야 합니다.

성 루이스 유람선

1939년 5월 13일 호화 유람선인 세인트루이스호가 독일 함부르크를 출발했습니다(1939년 『리스트』 항목 참조). 이는 제2차 세계대전이 발발하기 4개월 전의 일입니다. 그들의 선장인 구스타프 슈뢰더가 이끄는 937명의 독일계 유대인들은 나치 정권을 탈출하기 위해 쿠바로 향했습니다. 이를 위해 그들은 모든 재산을 팔아 통행권을 사고, 부패한 독일 관리들에게 돈을 지불하고, 쿠바 비자를 샀습니다. 배가 하바나 항구에 들어오자, 항구 관리들이 갑자기 그들의 입항을 금지했고, 희망은 절망으로 바뀌었습니다. 330일의 세인트루이스호는 바다를 떠돌아다녔고, 쿠바와 캐나다, 미국은 그들의 안식처가 되어주기를 거부했습니다. 이는 매우 극심한 고통의 시간이었습니다.

미국 홀로코스트 기념관은 다음과 같이 설명합니다.[6]

"플로리다에 매우 가까이 항해하여 마이애미의 불빛을 볼 수 있을 정도였고, 세인트루이스호의 일부 승객들은 배에서 프랭클린 D. 루즈벨트 대통령에게 피난처를 요청하는 전보를 쳤습니다. 루즈벨트는 대답하지 않았습니다."

영화 '저주받은 자의 항해(Voyage of the Damned)' 세인트루이스호에 관한 이야기입니다. 영화에서 하바나의 게슈타포 요원이 선장과 대화를 나누는 장면이 있습니다. 그는 다음과 같은 소름 끼치는 말을 합니다.

"승객이 하선하는 것은 결코 이룰 수 없습니다. 모르겠어요? 우리는 이 사람들, 즉 '유대인들에게 문제가 있다'는 것을 세상이 알도록 해야 합니다. 그러면 우리가 독일에서 이 문제를 제거했을 때, 아무도 이의를 제기할 권리를 갖지 못할 것입니다."

선장은 항해하여 벨기에의 앤트워프(Antwerp)로 돌아갔고, 그곳에서 마침내 난민들은 네덜란드, 프랑스, 벨기에, 영국에 의해 받아들여졌습니다.

불과 4개월 후, 제2차 세계 대전이 발발했습니다. 세인트루이스호 출신의 많은 유대인들은 결국 나치의 점령국에서 시행된 유대인 검거작전에 의해 붙잡혔습니다. 홀로코스트가 끝날 즈음에, 그 중 254명이 사망했습니다.[7]

이 회개 기도를 저와 함께 해 주시겠습니까?

하나님 아버지,

우리는 모두 두려움에 떨고 있고, 우리의 마음은 무너져 있습니다. 어떻게 이럴 수 있죠? 영국은 제2차 세계 대전 이후 유대인들이 고국으로 가는 것을 막았습니다. 캐나다, 쿠바, 미국 모두 제2차 세계대전이 발발하기 직전에 목숨을 걸고 도망치는 유대인들을 받아들이지 못했습니다.

아바, 내가 태어난 조국이, 유대인들이 도움이 가장 필요할 때, 우리가 외면했다는 사실이 너무 부끄럽습니다. 아바, 프랑스, 영국, 독일, 캐나다, 미국, 쿠바에 살고 있는 우리는 이러한 결정에 대해 용서를 구합니다.

아바, 우리는 이것이 마음의 문제임을 봅니다. 우리의 마음이 차갑고 냉담하고 이기적일 때, 우리 또한 무고한 사람들에게 그런 죄를 범할 수 있음을 고백합니다.

아바, 우리 마음의 묵은 땅을 기경하여 주십시오. 깊숙이 들어가서 돌이 많은 곳을 찾게 하소서. 우리가 유대 형제들에게 냉혹하고, 계산적이거나, 잔인하게 행동하게 하는 사고방식과 생각을 밝히 드러내 주십시오. 아바, 제발 우리 안에 '심장 이식'을 해주십시오. 돌 같은 마음을 제하시고 부드러운 마음으로 바꾸어 주소서. 그래서 우리가 우리 주변 사람을 사랑하고, 유대 형제 자매를 말로 만이 아닌, 행동으로 사랑하게 하소서.

예수님의 이름으로 기도 드립니다. 아멘.

> 내가 너희에게 새 마음을 주고 너희 속에 새 영을 주리니 내가 너희 육신에서 굳은 마음을 제거하고 부드러운 마음을 줄 것이다. 내가 내 영을 너희 속에 두어 너희로 내 율례를 행하게 하리니 너희가 내 규례를 지켜 행하리라. [에스겔 36:26-27]

1. https://en.wikipedia.org/wiki/SS_Exodus
2. For more details about the Exodus 1947 voyage, watch the award winning documentary at: https://www.exodus1947.com/
3. https://en.wikipedia.org/wiki/British_Mandate_for_Palestine_(legal_instrument)
4. https://www.jewishvirtuallibrary.org/the-british-white-papers
5. https://www.ushmm.org/educators/teaching-materials/national-history-day/researchtopics/the-st.-louis
6. For more details about the MS St. Louis voyage, watch the movie, "Village of the Damned", available on Amazon prime videos.
7. https://en.wikipedia.org/wiki/MS_St._Louis

Day 33 / 이스라엘 부활의 기적!

목표일
☐ 22.10.5 대 속죄일
☐ 23. 4. 9 부활절
☐ .   .

크리스틴 다그

유대인들에 대한 잔학 행위 『리스트』를 보면, 우리는, 너무나 슬프게도, 교회들이 이스라엘의 하나님은 신실한 언약을 지키시는 분임을 이해하지 못했다는 것을 알 수 있습니다! 그 어느 때보다도 교회는 시편 102편 13절에 따라 다음과 같이 기록된 '정하신 때'를 이해해야 합니다.

> 주께서 일어나사 시온을 긍휼히 여기시리이다. [시편 102:13]

예, 정하신 때가 되었습니다.

우리는 이 시대를 살고 있는 특권을 누리고 있습니다. 왜냐하면 하나님께서 시온에 은총을 베푸시고 이스라엘의 회복을 주시는 정해진 때가 도래했기 때문입니다!

감사하게도 종교 개혁 기간 동안, 예수를 믿는 것이 죄에 대한 하나님의 용서를 받는 유일한 방법이라는 믿음뿐만 아니라, 오직 성경(Sola scriptura) 교리와 같은 많은 성경적 근거가 회복되었습니다. 그러나 『리스트』에 따르면, 개신교 종교 개혁의 가장 저명한 지도자인 마틴 루터(Martin Luther)도 말년에 맹렬한 반유대주의에 가담했다는 것을 알수 있습니다. 그가 유대인에 대해 쓴 반유대주의 글들은 나치의 홀로코스트 동안 그들의 유대인 박해를 정당화하는 정보가 되었습니다(『리스트』 1538, 1543 항목 참조).

영국 공훈처는 개신교 종교 개혁이 번성했던 유럽 지역으로 기도팀을 파견했습니다. 파견 팀의 임무는 교회가 교체주의로 알려진 '대체신학'의 오류를 없애기 위해서 하나님을 믿는 것이었습니다. 대체신학은 교회가 이스라엘을 계승하여 하나님의 최종적인 백성이 되었다고 주장합니다.

그러나 성경은 어떻게 말하고 있습니까? 신약은 하나님이 유대 민족과의 관계를 끝내신 것이 아니라 말세에, 이방의 충만한 수가 교회에 들어오면, 온 이스라엘이 구원을 받아 하나님의 감람나무에 접붙임을 받을 것이라고 말합니다. 대체신학은 로마서 9장, 10장, 11장의 성경과 맞지 않는 가르침입니다. 우리는 현재 교회시대와 이스라엘의 부활이 겹치는 독특한 은혜의 시대에 살고 있습니다. 성벽 위의 파수꾼이 되다니 얼마나 영광스러운 때입니까!

  누가복음 2장에 나오는 시몬의 예언이 우리 눈앞에 이루어지고 있습니다. 성령님은 그가 예수님 메시야를 보기 전에는 죽지 않을 것임을 그에게 계시해 주셨습니다. 마리아와 요셉이 성경(토라)의 요구에 따라 아기 예수를 성전에 데려갔을 때 시몬은 성전에 있었습니다. 시몬은 아기 예수님을 품에 안고, 예수님에 관해 다음과 같이 예언하며 하나님을 찬양하였습니다.

> 이방을 비추는 빛이요 주의 백성 이스라엘의 영광이니이다. [누가복음 2:32]

  짧은 몇 마디로, 그는 현재까지의 이스라엘의 역사를 예언했습니다. 그는 계속해서 다음과 같이 말했습니다.

> … 이 아이는 이스라엘 중 많은 사람을 **패하거나 흥하게 하며** 비방을 받는 표적이 되기 위하여 세움을 받았고 또 칼이 네 마음을 찌르듯 하리니 이는 여러 사람의 마음의 생각을 드러내려 함이니라 하더라 [누가복음 2:34-35]

  시몬은 마리아에게 임마누엘이라는 아기가 징조가 될 것이지만, 그 징조는 받아들여지지 않을 것이라고 경고했습니다. 예수님의 운명은 받아들이지 않는 반대를 견디는 것이었습니다. 예수님의 운명은 핍박을 견디는 것이었습니다.

> 그는 성소가 될 것이다. 하지만… 걸려 넘어질 반석… [사 8:14]

  그러나 시몬은 또한 유대 민족이 다시 일어날 것을 예견했습니다! 로마서 11장 11절에서 바울은 이렇게 묻습니다.

> …그들이 [유대인]이 회복할 수 없을 만큼 넘어졌습니까? 천만에! 도리어 그들의 범죄함으로 말미암아 구원이 이방인에게 이르렀나니…" [로마서 11:11]

아멘!

'루트 소스'(Root Source)의 공동 설립자인 내 친구 '밥 오델'은 누가복음 2장 34절의 "다시 일어남"은 문자 그대로 부활을 의미하는 아나스타시스(anastasis)라고 지적했습니다! 시몬은 말 그대로 "이 거룩한 자는 이스라엘 중 많은 사람의 넘어짐과 부활을 위하여 세움을 입었나니!"라고 말했습니다.

사랑하는 여러분, 우리는 이스라엘의 부활을 보고 있습니다!(『리스트』 1948 항목 참조). 교회가 이것을 완전히 이해할 수만 있다면! 슬프게도, 교회는 그것을 놓치고 있습니다! 이스라엘의 부활과 관련된 주요 예언적 사건은 이미 일어났습니다! 교회는 이 놀라운 현상을 인식하고 반대해서는 안 됩니다!

전 세계 교회는 왜 다시 태어난 이스라엘의 획기적인 사건(이사야 66:8 예언성취)을 축하하고 하나님의 신실하심을 기뻐하지 않는가요? 이 많은 이정표(이집트와의 평화 40년, 예루살렘 통합 50년, 국가 건국 70년, 최초의 시온주의 대회 이후 120년)들은, 신학자들에 의해 '한 세대의 수명'(한 세대가 얼마인가 하는 것은 신학적으로 중요한 문제, 역자 주)'으로 간주되고 있습니다(『리스트』 항목 참조: 1897, 1967, 1948). 유대 민족에게는 새로운 날이자 새로운 장입니다! 이스라엘과 남은 교회가 "성경의 백성"으로 하나(한새사람)가 되리라고 믿습니다.

오늘날 '다윗 성'에서 계속해서 놀라운 고고학적 발견들이 밝혀지며, 성경은 사실임이 밝혀지고 있습니다. 세속적인 유대 국가의 모든 정책을 묵과할 수는 없지만, 유대 민족이 고국으로 돌아오는 것에 관한 많은 성경 예언이 성취되고 있음을 인식해야 합니다. 이스라엘의 존재에 맞서 싸우는 교회는 모두 이스라엘의 하나님과 싸우는 것입니다.

이스라엘은 여전히 세속 국가이고 낙태 및 기타 반성경적 관행을 허용하기 때문에, 교회의 많은 사람들은 독선적으로 이스라엘을 비난하고 하나님은 이스라엘 국가와 연관될 수 없다고 주장합니다. 오늘날의 정의 지향적인 젊은 세대는 팔레스타인 아랍인을 피해자로서 봅니다. 또 시오니즘을 경멸하는 근시안적인 그리스도인들은, 하나님께서 유대 민족을 영적 부흥이 있기 전에 고토로 돌아오게 하겠다고 말씀하신 것을 이해하지 못합니다. 오직 유대 민족이 자기 땅에 정착한 후에야 그들은 부흥을 경험할 것입니다. 성경의 예언은 이스라엘을 위한 '정결함, 회개, 부흥의 때'가 에스겔 38, 39장에 나오는 전쟁 후와 스가랴 12, 13장에 묘사된 성령 부으심 후에 온다고 명백히 말합니다. 성벽 위의 파수꾼들은 하나님이 하시는 일 뒤에서 지켜보며

[사진] 2018년 이스라엘 건국 70주년 기념식

'시대와 성경적 예언을 이해하는 교회와 조직'에 참여하고 있는지 확인해야 합니다.

모든 교파들은 이스라엘에 경제적으로 해를 끼치는 보이콧, 분할, 제재(BDS) 운동에 참여했습니다(『리스트』 2005 항목 참조). 충격적인 반유대주의가 다시 등장하여 유대 민족을 이스라엘로 돌려보내고 있습니다! 어떻게 교회와 대학이 그러한 오류에 굴복했을까요?

많은 목회자들이 마지막 때와 종말신학의 '암울한 미래'를 피하고, 젊은 세대의 구미에 맞추어 신도들을 올바로 가르치는데 실패하고 있습니다. 그들은 성경의 예언, 종말, 이스라엘을 가르치는 것을 거부합니다. 한 목사가 다음과 같이 말했습니다.

"그들은 종말과 이스라엘을 공부하지도 않고, 그것을 이해하지 못합니다."

아마도 진짜 이유는 이것입니다. 부끄럽게도 그들은 이것들에 대해 가르쳐 사람들을 놀라게 하고, 그들이 떠나 제물을 잃는 것을 두려워합니다.

이른바 신흥 교회들은 하나님의 영원한 도성 예루살렘보다 세상의 로마와 멍에를 메고 싶어 합니다.

그럼에도 이스라엘이 보존되는 것은 기적입니다. 예레미야 31장 10절은 오늘날 살아있는 말씀입니다.

> 너희 민족들아, 여호와의 말씀을 들으라. 먼 해안가에 선포하여 이르기를 이스라엘을 흩으신 이가 그들을 모아 지키시며 목자 같이 자기 양 떼를 지키시리로다 하라. [예레미야 31:10]

홀로코스트 이후, 그토록 위험한 중동 지역에서 포위된 유대인들을 보호하실 수 있는 분은 오직 하나님 뿐입니다! 모든 교회는 이제 심각한 반유대주의를 직시하고, 하나님의 위대하심과 그가 유대 민족을 위해 행하신 기적을 인정해야 합니다.

이스라엘이 성령의 부어 주심과 말세의 가장 위대한 부흥을 앞두고 있는 가운데, 교회 안에 이방인의 충만함이 구체화되고 있는 것은 우연이 아닙니다. 지난 25년 동안, 이슬람을 대상으로 한 선교의 전체 역사보다 더 많은 이슬람교도들이 예수님을 접했습니다. 이슬람 세계 곳곳에서 걸친 성령의 움직임은 예수께서 곧 오실 징조 중 하나이며, 이방인의 시대가 저물어 가고 있다는 징조 중 하나입니다.

서양 교회들에서 배교가 증가하고 있는 반면, 아프리카, 아시아, 이란과 같은 억압적인 정권에서는 다른 이야기가 펼쳐지고 있습니다. '모하바트 이란 크리스천' 통신은 다음과 같이 보도했습니다. "수십년동안 이란에서 그리스도교가 기하급수적으로 성장해 이슬람 정부에 큰 우려를 불러일으키고 있습니다." 다른 언론사에서는 다음과 같이 보도했습니다. "중국에서는 공산당원보다 예수의 제자들이 더 많은 것으로 추정됩니다."[2]

저의 사역은 인도에서 엄청난 영적 전쟁을 경험했습니다. 왜냐하면 흑암의 세력이 그리스도교를 두려워하기 때문입니다. 전 세계적으로 예수를 따르는 사람들이 매일 수만 명씩 증가하고 있는 것으로 추산됩니다. 우리는 종종 "마라나타, 주 예수여 속히 오소서"라고 부르짖지만, 매일 주님의 재림이 늦어질 때마다, 주님의 신부는 온전한 신부가 되고, 더 많은 이방인들이 구원을 받고 있습니다.

나는 이스라엘의 금식일과 애통의 날이 변할 것이라고 예언한 스가랴 8장 19절을 봅니다.

> …네째 달, 다섯째 달, 일곱째 달, 열째 달의 금식은 유다에게 즐겁고 기쁜 날이요 즐거운 절기가 되리라… [스가랴 8:19]

나는 매년 아브월 9일에 이스라엘에 가서 기도하고 그 애통하는 날(두 성전의 파괴에 대해)을 지키도록 성령의 인도하는 것을 느낍니다. 나는 언젠가 이 애통의 날이 강력한 기쁨의 날로 바뀔 것이라고 믿습니다!

이 회개 기도를 저와 함께 해 주시겠습니까?

하나님 아버지, 우리의 마음을 겸손히 하여, 과거와 현재에 교회들이 눈이 멀고, 믿지 않음으로 인해 행한 잔혹 행위를 회개하길 원합니다. 남은 교회가 성벽을 지키는 파수꾼이 되도록 권능을 주십시오. 우리는 주님이 지금 이스라엘을 회복하고 있음을 믿습니다. 그러므로 우리는 시편 106장 4-5절의 말씀으로 기도합니다.

> 주께서 주의 백성에게 은혜를 베푸실 때에 우리를 기억하시고 그들을 구원하실 때에 우리를 도우사 우리로 주의 택하신 자의 형통을 누리게 하사 우리로 주의 민족의 기쁨에 참여하며, 주의 유산과 함께 찬양하게 하소서 [시편 106:4-5]

예수님의 이름으로 기도합니다.
아멘 그리고 아멘!

---

1. http://mohabatnews.com/en/?p=3660
2. https://www.theguardian.com/commentisfree/2015/jul/30/china-christianity-removalcrosses-communist-party-churches

Day 34

목표일
☐ 22.10.5 대 속죄일
☐ 23. 4. 9 부활절
☐   .   .

'타인'을 험담하는 것: 오늘날에도 여전히 중요한 문제

레이 몽고메리

혀는 곧 불이요 불의의 세계라 혀는 우리 지체 중에서 온 몸을 더럽히고 삶의 수레바퀴를 불사르나니 그 사르는 것이 지옥 불에서 나느니라. [야고보서 3:6]

죽고 사는 것이 혀의 힘에 달렸나니 …[잠언 18:21]

우리 교회의 선조들이 유대 형제들에 대해 천 년마다 행한 다음과 같은 대표적인 행동을 생각해 보십시오(해당 연도의 『리스트』 항목 참조).

· 4세기부터:
"회당은 창녀촌 이자 극장이요, 해적의 소굴이요 야수의 소굴이라, 유대인의 행실은 음탕하고 방탕하여 돼지와 염소보다 못하다."
[성 요한 크리소스톰, 콘스탄티노플 대주교, 교부, 386- 87]

· 16세기부터:
"유대인들은 돼지 같이 뒹굴고, 마귀의 배설물이 가득 차 있다."
[종교 개혁을 촉발한 독일의 신부 마틴 루터, 수도사, 신학 교수, 1543]

지난 2000년 동안 유대인의 역사가, 『리스트』에 요약되어 있는 것과 같이, 그리스도인과 그리스도교 국가에 의해 행해진 박해, 살인, 추방, 학살, 십자군 전쟁, 아우토다페(스페인의 종교 재판에 의한 화형), 종교 재판(홀로코스트는 말할 것도 없고)과 같은 단어들로 가득 차 있다는 것이 놀라운 일이 아니겠습니까?

그들(그리스도인)은 미풍을 뿌리고 (유대인은) 돌풍을 거둔다… [호세아 8:7, 의역]

이 모든 것들이 과거의 역사에서만 일어난 일이라고 착각하지 않기 위해 좋은 예가 있습니다. 2010년에 "예루살렘, 창녀의 어머니[1]" (2010년 『리스트』 항목 참조)라는 기사를 쓴 성경적 세계관 사역을 하는 'American Vision(아메리칸 비젼)' 회장의 말을 생각해 보십시오. 이 책에서 그는 예루살렘이 바빌론 신비의 창녀이며, 예수가 '최후의 제물'이기 때문에, 성전에서 드리는 제사는 우상숭배 적이고 이교도적

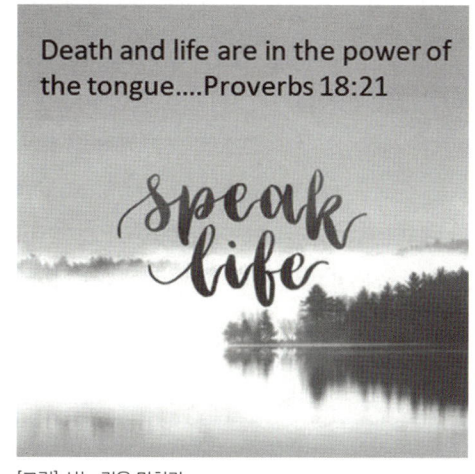

[그림] 사는 것을 말하라

이 되었다고 주장합니다. 그의 말 중 한 부분입니다. "한 세대 안에, 우상숭배하고 간통한 민족인 예루살렘의 위대한 창녀 성전은 신으로부터 마지막 타격을 입었습니다. 그것은 이제 망각 속으로 파괴되었습니다."

다음은 그의 결론입니다.

"고대 유대 민족은 언젠가 그들의 왕국에서 추방되었다가 되돌아오게 된 것만은 아닙니다. 아니요. 이번에는 왕국을 빼앗기고 참된 민족(교회)에게 주어졌습니다. 그리스도는 새 신부를 만드셨습니다. 우상 숭배로 더럽혀지지 않은, 깨끗한 신부가 하늘에서 내려오는데, 왜 그리스도께서 자신이 버리고 이혼한 창녀(유대인)에게 돌아가기를 원하시겠습니까? 주님은 원하지 않았습니다. 주님은 그녀의 후원자인 로마의 짐승을 타고 있던 창녀를 떠났습니다. 그리고 큰 음녀의 어머니(바벨론)는 그녀의 음행으로 인해 심판을 받았습니다. 그녀(유대인)는 이혼했고 상속권을 박탈당했습니다. 이제 상속 재산은 신부(교회)의 것입니다."

이 독설 중 어느 것이 친숙하게 들립니까? 우리 교회의 선조들이 지난 2천년 동안 이런 말을 해왔기 때문입니다. 21세기에 나온 이런 말들은, 저를 단도직입적으로 아프게 하고, 어이없게 하고, 역겹고, 혐오감을 느끼게 하고, 깊은 상처를 느끼게 합니다. 그렇다면 주님의 마음은 어떻겠습니까? 이 모든 것은 우리가 유대인에 대한 인도

적인 시각을 잃었을 때 시작되었습니다. 우리가 그렇게 하고 나니, 그들을 '타인'으로 보며, 악마화하는 것이 쉬워졌습니다. 그리고 일단 악마화하고 나니, 그들을 미워하기 쉬워졌습니다. 그리고 그들이 미움을 받게되니, 그들을 죽이는 것이 쉬워졌습니다. 이 과정은 우리의 마음 속에서 우러나온 말부터 시작되었습니다.

> 선한 사람은 그 쌓은 선에서 선을 내고 악한 사람은 그 쌓은 악에서 악을 내느니라. 마음에 가득한 것을 입으로 말함이니라. [누가복음 6:45]

> 입에서 나오는 것들은 마음에서 나오나니 **이것이야말로 사람을** 더럽게 하느니라. [마태복음 15:18]

우리는 창세기 1장에 설명된 대로 창조가 하나님의 말씀에 의해 존재하게 되었음을 기억해야 합니다.

> 3절 하나님이 이르시되 빛이 있으라 하시니
> 6절 하나님이 이르시되 물 사이에 궁창을 두어 물과 물로 나뉘게 하라
> 9절 하나님이 가라사대 천하의 물이 한 곳으로 모일지어다…
> 11절 하나님이 이르시되 땅은 풀을 내라 …
> 14절 하나님이 가라사대 궁창에 광명이 있으라 하시니…
> 20절 하나님이 이르시되 물들은 생물을 번성하게 하라…
> 24절 하나님이 가라사대 땅은 생물을 그 종류대로 내라 하시니
> **26절 하나님이 이르시되 우리의 형상을 따라 우리가 사람을 만들고**…

우리는 하나님의 형상대로 창조되었고, 그래서 우리의 말에는 하나님과 같은 창조력이 있습니다. 사탄은 창조할 수 없지만, 그는 우리가 하는 말을 활용할 수 있고, 우리의 삶과 우리 주변 사람들의 삶에 그의 피해를 입히기 위해 사용할 수 있습니다.

> 친절한 말은 생명을 주지만, 잔인한 말은 마음을 상하게 한다. 온순한 혀는 곧 생명 나무이지만 패역한 혀는 마음을 상하게 하느니라 [잠언 15:4]

> 소문은 마음속 깊이 스며드는 맛있는 음식이다. 남의 말하기를 좋아하는 자의 말은 별식과 같아서 뱃속 깊은 데로 내려가느니라. [잠언 18:8]
>
> 사람의 심령은 그의 병을 능히 이기려니와 심령이 상하면 그것을 누가 일으키겠느냐? [잠언 18:14]

우리의 말에는 선을 위한 것이든 악을 위한 것이든 창조적인 힘이 있습니다. 그리고 위선적으로 우리는 교회에 가서 앞서 언급된 우리 교회의 선조들과 같이 주님을 찬양하고 있습니다.

> 우리가 혀로 우리 주 아버지를 찬양하고 그 혀로 하나님의 형상대로 지음을 받은 사람을 저주합니다. 한 입에서 찬양과 저주가 나옵니다. 형제 자매 여러분, 이러면 안 됩니다. [야고보서 3:9-10]
>
> 자기를 경건하다고 여기면서도 자기 혀를 제어하지 않는 사람들은 자기를 속이고 그들의 종교도 헛것입니다. [야고보서 1:26]

저주하는 말이 어떤 결과를 가져올 수 있는지 우리의 혐오스러운 역사로부터 배우고, 우리의 입을 경계하여, 우리가 말하는 말이 생명과 치유와 격려를 창조하도록 합시다.

> 무릇 더러운 말도 너희 입 밖에 내지 말고 오직 덕을 세우는 데 도움이 되는 대로 그들의 소용을 따르게 하여 듣는 자들에게 유익을 끼치게 하라. [에베소서 4:29]
>
> 말을 항상 은혜로 충만케 하라… [골로새서 4:6]
>
> 무모한 자의 말은 칼과 같이 찔러도 지혜로운 자의 혀는 병을 낫게 하느니라 [잠언 12:18]

만약 우리가 역사로부터 얻은 교훈, 다시 말해서 유대인 형제들에게 했던 말의 결과가 어떠했는지에 대해 주의를 기울이지 않는다면, 우리는 다음과 같은 영원한 위험의 결과를 감당해야 할 것입니다.

네 말로 의롭다 함을 받고 네 말로 정죄함을 받으리라 [마태복음 12:37]

그 입술을 지키는 자는 생명을 보전하나 경솔히 말하는 자는 패망하리라 [잠언 13:3]

자기의 입과 혀를 지키는 자는 재난을 피하는 자로다 [잠언 21:23]

내가 너희에게 이르노니 사람이 무슨 무익한 말을 하든지 심판 날에 이에 대하여 심문을 받으리니 [마태복음 12:36]

이 회개 기도를 저와 함께 해 주시겠습니까?

하나님 아버지,

우리는 우리 교회의 선조들이 했던 부정적인 말들을 읽었고, 그 파괴적인 힘이 발휘된 결과들을 보았기에, 용서를 구합니다. 우리는 또한 우리 교회의 선조들이 주님의 택하신 백성에 대해 한 말에 대해 용서를 구하며, 편견을 정당화하기 위해 주님의 성경을 인용하여 한 말에 대해 용서를 구합니다. 우리의 말이 우리나 다른 사람을 더럽히지 않도록, 우리 마음 속 깊이 역사하셔서 우리를 정결케 하시기를 간구합니다. '내 입에 파수꾼을 세우시고 내 입술의 문을 지킬'(시편 141:3)수 있도록 도와 주시기를 간구합니다. 우리가 하는 말에 관해 우리에게 주신 많은 성경 말씀을 마음에 새기게 하십시오. 그리하여 주님처럼 우리의 말이 사망이 아니라 생명을 낳게 하시기를 원합니다.

예수님의 이름으로, 아멘.

---

1. https://americanvision.org/3880/jerusalem-mother-of-harlots/

Day 35

피츠버그 '생명의 나무' 유대교 회당 학살에 대한 고찰

목표일
☐ 22.10.5 대 속죄일
☐ 23. 4. 9 부활절
☐   .   .

로라 덴스모어

> 내 아들아, 내 법[토라]을 잊지 말고 네 마음으로 내 명령을 지키라… 지혜는 그 얻은 자에게 **생명 나무라** 지혜를 가진 자는 복되도다. [잠언 3:1,18]

1221년에 우리는 『리스트』에서 에르푸르트(Erfurt, 동독 서남부의 도시) 독일에서 반유대인 폭동이 영국 십자군에 의해 수그러들지 않았던 사건에 대해 읽었습니다. 성지로 가던 종교적인 '순례자' 무리가 유대인 구역을 공격하고 두 개의 유대인 회당을 불태웠습니다. 약 26명의 유대인이 죽임을 당하고 강제로 개종되기 보다 스스로를 불 속에 몸을 던진 사람들도 있었습니다.

이 유대인들이 범한 유일한 범죄는 그들이 히브리어 성경(토라)을 믿음에 따라 안식일에 회당에서 이스라엘의 하나님을 경배한 것이었습니다. 내가 이것에 대해 처음 읽었을 때 큰 망치가 내 영혼을 강타한 것 같았습니다. 이것이 그리스도의 이름으로 이루어졌다고요? 얼마나 잔혹하고 가증한 일입니까! 이 얼마나 왜곡되고 비정상적으로 이해된 예수인가요!

'글쎄요. 그때는 암흑시대였습니다. 그 일은 거의 천 년 전에 일어났습니다. 그것은 현대에서는 절대 일어날 수 없는 일입니다. 우리는 이제 알게 됐습니다.' 라고 누군가는 생각할지도 모릅니다.

나는 지금 무거운 마음으로, 눈물을 흘리며 이 글을 씁니다. 2018년 10월 27일 토요일 아침에 발생한 일입니다. 피츠버그의 생명의 나무 회당에서 발생한 끔찍한 사건에 대한 뉴스가 생중계되었습니다.[1,2]

AR-15 돌격 소총과 권총 두 자루로 무장한 총격범은 생명의 나무 유대교 회당을 향해 '모든 유대인은 죽어야 한다'고 외쳤습니다. 그는 사람들이 기도하는 동안 총을 쏘기 시작했습니다. 11명이 학살당했는데, 그들 중 대부분이 55세 이상이었습니다.

유대인들은 오늘날에도 그들의 예배당 안에서 여전히 살해당하고 있습니다.

[사진] 피츠버그에 있는 트리 오브 라이프 회당

이 끔찍한 대학살에 대한 소식을 들었을 때, 저는 우연하게도 히브리 뿌리 교회의 기도회에 참석하고 있었습니다. 나는 한 지도자로부터 다음과 같은 말을 듣고 가슴이 철렁 내려앉았습니다.

"글쎄, 그 유대인 랍비들 있잖아요. 그들은 유대교도들에게 메시아 예슈아에 대해 말하지 않습니다. 그들은 사람들에게 진실을 알려주지 않습니다. 그리고 죽어가는 사람들은 항상 있습니다. 시카고에도 죽어가는 사람들이 있습니다. 우리 동네에서도 사람들이 죽어가요. 나는 매일 부고를 읽고, 돌아가신 분들의 가족들을 위해 기도합니다. 우리는 타락한 세상에 살고 있고 이것은 때때로 일어나는 일입니다."

지도자에게서 이런 차갑고, 냉담하고, 무정한 말을 듣는 것은, 상처에 소금을 뿌리는 것과 같은 것이었습니다.

나는 일어나서 눈물을 흘리며 예배당을 걸어 나가 현관에서 기도하며 서성대기 시작했습니다. 나는 아무 말도 하지 않고 눈물만 흘렸습니다. 이렇게 말하는 지도자를 위해 어떻게 기도하면 되나요? 그 분노가 내 온몸을 뒤흔들었습니다. 나는 걸음을 옮기고 울며 기도하고 또 걸으며 울며 기도하기 시작했습니다.

약 한 달 후에 나는 마태복음 18장 15절의 마음으로 그와 대화를 나누기 위해 그와 만남을 가졌습니다.

> 네 형제가 네게 죄를 범하거든 가서 너와 그 사람 사이에 그의 잘못을 고하라. 그가 네 말을 들으면 네 형제를 얻은 것이다. [마태목음 18:15]

나는 상한 마음으로 그가 한말이 나에게 미친 영향을 그에게 알렸습니다. 나는 그에게 왜 그런 말을 했는지 물었습니다. "제가 오해 했나요? 당신은 여전히 그렇게 생각하고 있습니까?"

그는 피츠버그 학살과 관련하여 다음과 같이 설명하기 시작했다. "당신이 예슈아와 언약(믿음)을 맺지 않을 때, 하나님의 숨김과 보호 아래에서 벗어나 적의 공격을 받기가 쉽습니다. 이런 일은 당신이 '구원받지 못한' 경우에 일어나는 일입니다." 나는 그에게 물었습니다. "그럼, 오늘날 중동에서 신앙을 이유로 그리스도교 순교자들이 참수되고 죽임을 당하는 것은 어떻게 된 것입니까?"

그는 나에게 "왜 홀로코스트가 일어났다고 생각합니까?"라고 물었습니다.

"악과 죄가 나치 정권을 지배하고 있었고, 대체 신학의 씨앗이 그 사악한 열매를 맺고 있었습니다."라고 나는 대답했습니다. 나는 말을 이어갔습니다. "당신은 이것이 유대인들에 대한 하나님의 형벌이었고, 그들이 예슈아와 언약을 맺지 않았기 때문에, ´당연한 값´을 치렀다고 말하려는 겁니까?"

그는 나에게 집에 가서 기도하고, 주님께 유대인에 대한 그의 진정한 마음이 무엇인지 알려 달라고 기도하라고 말했습니다. 그것으로 대화는 끝났습니다. 나는 실의에 빠져서 집에 갔습니다.

무슨 일이 있었는지 곰곰이 생각해 보니 다음 두 가지가 보이기 시작했습니다. 우리는 "우리 대 그들(유대인 핍박자)"의 사고방식을 버릴 필요가 있습니다. 우리는 "손가락 질"을 버려야 합니다. 유대인들에게 이 사악하고 못된 죄 많은 일을 행한 사람은 우리 역사에서 "그 사람들"이 아닙니다. 그것은 현재 "미국"에도 있습니다. 우리 중 한 사람인, 그리스도교 민족주의자인 로버트 바워스가 이 악한 일을 저질렀습니다. 2018년 10월 27일 『리스트』에 그와 관련된 내용이 다음과 같이 적혀 있습니다.

> "유대인에 대한 깊은 증오심을 가진 그리스도교 민족주의자 로버트 바워스는

총을 쏘며 '모든 유대인은 죽어야 한다'고 외쳤습니다. '가브(Gab)' 웹사이트(트위터의 알트-라이트 버전)의 그의 프로필 사진 설명[3]에는 '유대인은 사탄의 자녀(요한복음 8:44)'라는 글과 함께 '주 예수 그리스도께서 육체로 오시었다'라고 적혀 있었습니다."

우리가 그것(반유대주의적 행위)을 했습니다. 이것은 **우리의** 역사입니다. 그것을 우리 자신의 행위로 여겨야 합니다. 우리는 그 사건이 일어나도록 허용한 사고방식을 모두 우리의 행위라고 인식해야 합니다.

그리스도의 이름으로 저질러진 이 잔학 행위는 가장 큰 사람부터 작은 사람까지, 지도자와 교사에서 모든 교인 구성원에 이르기까지, 위에서 아래로, 아래에서 위로 우리 각자에게 회개하라는 분명한 요청이 될 수 있습니다. **누구도** 예외는 없습니다. **우리 모두**는 회개해야 합니다. 그만약 우리가 회개할 죄가 없다고 생각한다면, 교만함에 대한 회개부터 시작해야 할 것입니다.

하나님의 집에서 심판을 시작할 때가 되었나니 만일 **우리에게 먼저 하면** 하나님의 복음을 순종치 아니하는 자들의 그 끝이 어떠하겠느냐 [베드로전서 4:1, 저자 강조]

유대인들에게 저지른 교회의 선조들의 죄를 회개하는 여정에서 내가 겪은 몇가지 단계가 있습니다.

1. 먼저, 저는 이 죄를 알게 되었습니다(그것이 『리스트』가 나온 이유였습니다). 그런 다음 나는 그 죄에 대해 개인적인 책임을 져야 했습니다. 나는 이 죄들을 이스라엘의 하나님께 고백하고 그에게 이 죄들을 용서해 달라고 간구하기 시작했습니다.
2. 다음으로, 하나님의 영이 내 눈과 마음을 예루살렘, 유대 민족, 하나님의 말씀의 온전한 뜻(창세기부터 요한계시록까지)으로 돌리기 시작했습니다.
3. 그리고, 나는 유대 민족, 이스라엘 국가를 해치거나, 해를 입히거나, 훼손하는 모든 행동과 말, 사고 방식에 대해 목소리를 내기 시작했습니다.
4. 마침내, 나는 유대인들이 이제 나의 변화된 행동에 반영되는 마음의 변화를 볼 수 있기를 바라면서, 이스라엘 민족과 사람들을 어떤 방식으로 든 축복하

는 구체적인 행동이나 삶의 사업을 시작했습니다. 이러한 "선행"은 회개가 내 마음에서 발(조치와 행함)로 내려왔음을 보여줍니다. 이는 유대인과 함께 사랑과 협력, 지지의 정신으로 나란히 걸을 수 있는 환경을 조성합니다.

제가 방금 여러분과 나눈 이야기를 곰곰이 생각해보면 자신의 3단계 회개 여정을 공유하였습니다. 그 행동들에는 용기가 필요했습니다. 이 회중의 지도자들과 관계에 관련된 위험이 수반되었습니다. 하지만, 나는 침묵할 수 없었습니다.

이 회개 기도를 저와 함께 해 주시겠습니까?

아바, 나는 마음이 무너지고 슬픔에 잠깁니다. 아바, 저는 제 히브리인 뿌리 공동체를 대표하여 그 틈(유대인과 이방인)에 서서 기도합니다. 우리는 예수님의 구원을 받았으나 그들은 구원을 받지 못하였고, 우리가 유대인에 비해 도덕적으로나 정신적으로 우월하다고 생각했던 사고방식과 태도를 용서해 주시기 원합니다. 아바, "우리 대 그들" 사고방식에 대해 용서해 주시기 원합니다. 아버지 우리가 죄를 지은 '저 밖의 사람들'의 손가락질을 치워 우리 자신부터 회개하기 원합니다. 주님의 마음을 아프게 하는 것에 우리 마음도 깨어지고 슬퍼하기 원합니다, 오 아바! 예슈아, 우리 마음의 묵은 땅을 기경해 주시기 원합니다. 우리 마음의 굳어진 흙에 물을 주기 위해 눈물을 흘리게 해주세요!

아바, 제발 저희를 불쌍히 여기소서. 아바, 제발 우리의 눈을 밝혀 주세요. 아바, 이 지도자에게 자비를 베풀어 주십시오 그는 혼자가 아니기 때문입니다. 그는 교회의 많은 목사와 지도자들과 나란히 서서 같은 말을 하고 있습니다. 아바, 당신의 마음으로부터 그에게 회개의 선물을 보내 주십시오. 우리 모두에게 회개의 영을 보내 주십시오! 우리의 눈을 멀게 하는 비늘을 빼 주십시오. 우리의 마음이 깨어지기를 원합니다.

주님 앞에 엎드린 후에, 우리가 일어나서 유대인 형제들과 함께 서고, 그들을 사랑하고, 지지하고, 그들 옆에 서서 섬기게 하소서. 왜냐하면 그들은 진정으로 우리 가족이기 때문입니다. 그들은 오랫동안 잃어버린 우리의 형제 자매입니다. 주님이 그들을 사랑하시므로, 우리도 주님이 사랑하는 사람을 사랑하게 하소서. 유대인들이 마음에서 우리를 용서하고 마음으로 받아주기를 바랍니다. 아바, 유대인과 이방인을 잇는 다리 건설을 통솔하시고, 강력한 사랑으로 우리가 함께 하나가 되게 해주십시오.

예수님의 이름으로 기도합니다. 아멘.

---

1. https://www.timesofisrael.com/at-least-11-killed-in-pittsburgh-synagogue-shooting/
2. https://www.theguardian.com/us-news/2018/oct/27/pittsburgh-synagogue-shooting
3. https://nypost.com/2018/10/27/shooter-screamed-all-jews-must-die-before-openingfire-at-pittsburgh-synagogue/

Day 36

목표일
☐ 22.10.5 대 속죄일
☐ 23. 4. 9 부활절
☐ . .

산 돌: 벽 쌓기인가 교량 건설인가?

로라 덴스모어

1241년 독일 프랑크푸르트에서 학살이 있었습니다(『리스트』 항목 1241 참조). 이 유댄슐라흐트(유대인 학살)는 유대인이 그리스도교로 개종하는 것을 거부하면서 시작되어 180명의 유대인이 사망했습니다. 24명의 유대인들은 강제 세례를 받아 죽음을 피했습니다. 회당은 약탈당했고 두루마리 성경은 파괴되었습니다.

교회의 위대한 개혁가이자 설립자인 교황 그레고리우스 7세는 알폰세 6세 황제에게 보낸 편지에서 다음과 같이 썼습니다(『리스트』, 1081년 항목 참조).

"우리는 황제께서 유대인이 그리스도인을 지배하는 권력을 더 이상 용납하지 않도록 권고합니다. 그리스도인들이 유대인들에게 예속되어 그들의 변덕에 넘어가게 하는 것은 하나님의 교회를 억압하는 것이며, 그리스도를 모욕하는 것입니다."

우리 교회 선조들의 피비린내 나는 역사를 조사하면서 우리는 유대인과 그리스도인 사이의 간격이 얼마나 넓고 깊었는지 알 수 있습니다. 우리 교회의 선조들은 유대인과 그리스도인을 구분하는 매우 높은 담을 세웠습니다. 그 벽은 마음가짐과 행동으로 벽돌 하나하나 돌 하나 하나씩 쌓였습니다.

그러므로 생각하라 너희는 그 때에 육체로는 이방인이요 손으로 육체에 행한 할례를 받은 무리라 칭하는 자들로부터 할례를 받지 않은 무리라 칭함을 받는 자들이라 그 때에 너희는 그리스도 밖에 있었고 이스라엘 나라 밖의 사람이라 약속의 언약들에 대하여는 외인이요 세상에서 소망이 없고 하나님도 없는 자이더니 이제는 전에 멀리 있던 너희가 그리스도 예수 안에서 그리스도의 피로 가까워졌느니라 그는 우리의 화평이신지라 둘로 하나를 만드사 원수 된 것 곧 중간에 막힌 담을 자기 육체로 허시고. [에베소서 2:11-14]

유대인과 그리스도인 사이에 수세기 동안 존재해 온 이 범죄의 담은 무엇입니까? 그 담은 무엇으로 만들어졌나요? 어떻게 지어졌을까요? 그리고 더 중요한 것은, 벽이 어떻게 허물어질까요?

이런 질문에 대해 숙고하는 동안 성령께서 제 마음에 환상을 주셨습니다. 이 환상에서 나는 많은 직사각형 모양의 키가 큰 돌을 보았습니다. 처음에 그들은 풀이 무성한 목초지에 무질서하게 흩어져 있었습니다. 그 때에 사람들이 와서, 그것들을 옮겨서, 서로 옆에 똑바로 놓기 시작했습니다. 돌들이 하나 둘 모였습니다. 돌 사이에 시멘트를 발랐습니다. 천천히 돌담이 쌓이고 있었습니다. 성벽 저편에는 그리스도인이 성벽 이편에는 유대인들이 있었습니다. 성벽은 계속 건설되었고, 점점 더 높아지고 양쪽 방향으로 더 멀리 나갔습니다. 곧 그 벽은 넘을 수 없게 되었습니다. 벽은 견고하게 서 있었고 오랫동안 유대인과 그리스도인을 분리하는 역할을 했습니다.

그리고 환상의 장면에서, 나는 그리스도인이 와서 돌담 밑에 앉는 것을 보았습니다. 그는 울기 시작했습니다. 그는 유대 민족에게 저지른 많은 죄를 회개하고 있었습니다. 그는 마음이 아팠습니다. 그때 또 다른 그리스도인이 그와 합류했습니다. 그리고 또 다른 사람이. 얼마 지나지 않아 많은 그리스도인들이 성벽 저편에서 울고 있었습니다. 몇몇은 서성거리고 있었습니다. 다른 사람들은 앉아 있었습니다. 많은 사람들이 풀밭에 엎드려서, 얼굴을 땅에 대고 애통하며 울었습니다.

내가 지켜본 결과, 돌에 발랐던 시멘트가 녹기 시작하여 부드럽고 끈적끈적 해지기 시작했습니다. 돌은 더 이상 시멘트로 붙어있지 않았습니다. 성벽 저편에 있는 그리스도인들과 성벽 이편에 있던 유대인들이 돌을 허물기 시작하여 눕히기 시작하였습니다. 그토록 오랫동안 있던 돌담은… 더 이상 남아있지 않았습니다.

나는 이 풀밭의 무성한 초원의 가장자리에서 거칠고 사나운 강을 보았습니다. 다리가 없었기 때문에 아무도 반대편으로 건너갈 수 없었습니다. 그리고 나서, 유대인들과 그리스도인들이 돌을 강가로 옮기기 시작하면서 함께 일하는 것을 보았습니다. 그들은 돌을 평평하게 놓고 강을 가로지르는 돌다리를 만들기 시작했습니다. 그 돌들은 이 다리를 만들기 위한 완벽한 건축 자재였습니다. 그것이 비전의 끝이었습니다.

나는 주님께 여쭈어 보았습니다. '이것이 무슨 뜻입니까?' 주님을 기다리면서 다음 성구가 떠올랐습니다.

[사진] 강을 건너는 돌다리

> 너희도 산 돌 같이 신령한 집으로 세움을 받아 예수 그리스도로 말미암아 하나님이 기뻐하시는 신령한 제사를 드리는 거룩한 제사장들이라. 그런 즉 성경에 기록된 바 보라 내가 택하신 자와 보배로운 모퉁이 돌을 시온에 두노니 그를 믿는 자는 부끄러움을 당하지 아니하리라 하였느니라. [베드로전서 2:5-6]

내가 느낀 환상의 해석은 다음과 같습니다.

우리 각자는 '활기찬 돌' 또는 '살아 있는 돌'입니다. 활기찬 돌은 사람을 나타냅니다. 주요 모퉁이 돌은 예슈아입니다. 이제, 사람을 의미하는 각 돌이 벽돌로 놓이기로 결정하면 이 돌들이 벽을 만들기 시작합니다.

똑바로 서 있는 돌들은 교만, 영적 우월성 및 자기 의를 나타냅니다. 그 성벽은 우리 교회의 선조들이 자부심을 가지고 우뚝 섰을 때 세워졌습니다. 성벽을 허물기 위해서는 하나님의 백성이 교만을 회개해야 합니다.

> 주께서 제사를 제사를 기뻐하지 아니하시나니 그렇지 아니하면 내가 드렸을 것이라 하나님의 제사는 상한 심령과 상하고 통회하는 마음이니 하나님이여 이것을 주께서 멸시하지 아니하시리이다. [시편 51:16-17]

하나님의 백성들이 스스로를 겸손하게 하고 우리 교회 선조들의 죄를 회개하기 시작할 때, 이것은 반듯하게 누워 있는 생기 있는 돌들을 나타냅니다. 그리고 그럴때 수세기에 걸쳐 쌓아온 벽은 허물어집니다.

꼿꼿이 우뚝 서려는 대신 '활기찬 돌'은 겸손과 회개 속에서 낮은 자세로 눕는 새로운 태도를 보입니다. 시멘트가 녹아 내립니다.

그 때 위대한 건축자, 이스라엘의 하나님께서 강을 가로지르는 돌다리를 건설하도록 지시하십니다.

이 돌다리가 메시아가 오시기 전에 완성되어야 하지 않을까요? 이 돌다리는 우리의 메시아가 오실 때 걸어가실 다리가 될 것입니다.

이 회개 기도를 저와 함께 하시겠습니다.

아바, 저희 안에 새로운 태도와 새로운 마음을 심어주시겠습니까? 우리 교회의 선조들의 죄로 인해 마음이 상하고 좌절됩니다. 그렇지만 우리는 겸허하게 나갑니다. 우리의 교만과 영적 자만을 회개합니다. 아바, 우리는 더 이상 자존심을 내세우기를 원하지 않습니다. 우리는 주님 앞에 엎드려 애통합니다. 아바, 자비를 베푸소서. 아바, 용서해 주소서.

아바, 주님의 인자하심과 자비와 은총으로 우리 한사람 한 사람이 유대인과 그리스도인 사이의 다리를 놓는 '살아있는 돌'로 사용해 주시기를 간구합니다. 우리는 어떻게 우리의 유대인 형제 자매들을 섬길 수 있을까요? 어떻게 하면 그들을 지지하고 그들에게 축복이 될 수 있을까요? 그것이 우리가 시작해야 하는 일이라 생각합니다. 그리고 주님께서 우리를 부르시는 모든 일 가운데 우리가 유대 형제 자매에 대한 사랑과 명예와 존경의 마음으로 함께 할 수 있도록 도와 주십시오.

예수님의 이름으로 기도드립니다. 아멘!

Day 37 / 금식일에서 축제일로!

목표일
☐ 22.10.5 대 속죄일
☐ 23. 4. 9 부활절
☐   . .

밥 오델

2018년 아브월 9일 닷새 전, 그리스도교 지도자인 크리스틴 다그(Christine Darg)가 이스라엘 국회의장인 율리 에델스타인(Yuli Edelstein)에게 '예언이 성취되는 순간'을 직접 목격하기 위해 매년 아브월 9일에 예루살렘을 방문한다고 말하는 것을 들었습니다. 아브월 9일의 금식일이 언젠가는 유대 민족을 위한 축제일이 될 것입니다.

이틀 후, 저는 '브레이킹 이스라엘 뉴스'의 정통 유대교인 엘리야후 버코비츠와 통화를 하면서 『리스트』 출판의 의미와 이틀 전 율리 에델스타인 의장과의 회담에 대해 인터뷰를 받았습니다. 엘리야후는 구원과 메시아 시대의 도래를 주제로 쓴 수천 편의 기사로 유명합니다. 그는 그리스도교인들이 고칠 수 없는 과거의 죄에 대해 자책하는 데는 특별히 관심이 없다며, 율리와의 만남의 분위기를 물었습니다. 나는 이렇게 대답했습니다.

"그 방에는 기쁨이 넘쳤던 것 같습니다."

추가 질문과 함께 깊이 생각한 후에 그는 다음과 같이 자신의 의견을 밝혔습니다.

"나는 당신이 여기서 하고 있는 것이 그리스도교의 아브월 9일을 창조하는 것이라고 생각합니다. 어떻게 생각하십니까?"

나는 대답했습니다:

"제가 어떻게 알수 있겠습니까? 다만 우리는 한 걸음씩 나아가려 합니다! 그런 말을 하는 자리는 아닌것 같습니다."

결국 엘리야후는 기사에 그의 의견을 포함하지 않았지만, 그의 의견은 확실히 나를 생각하게 만들었습니다.

그러던 중 2018년 아브월 9일, 처음 잔혹행위『리스트』를 1분씩 읽어본 지 5년 만에 다시 한 번 그 『리스트』를 읽어 보았습니다.

그 여름날 늦은 시간에 나는 밖에 앉아서 멜리사 텍사스의 '트레이 그레이엄' 목사님의 아침 설교를 재방송하는 라디오를 들었습니다. 그는 그날 놀랍게도 아브월 9일에 대한 설교를 했습니다. 그의 설교는 가데스 바네아와 열 명의 정탐꾼이 나쁜 보고를 하도록 격려하기 위해 존재했을 전쟁으로 시작되었습니다. 그러나 그의 설교는 스가랴 8장에서 나의 인생을 뒤흔들 두 구절을 읽는 것으로 끝이 났습니다. 우리는 이 날의 회개 여정에서 첫 번째 구절에 대해 이야기하고, 마지막 날 회개 여정을 위해 두 번째 구절을 남겨 두겠습니다.

70년간의 유대 민족의 바벨론 포로 생활이 끝났습니다. 그 기간 동안 바빌론에서는 첫 번째 성전의 파괴를 애도하기 위해 아브월 9일에 금식이 실시되었습니다. 그러나 이제 성전이 재건되고 있을 때, 벧엘 성에서 온 사람들이 제사장들에게 와서, 옛날과 같이 아브월 9일에 금식하며 울어야 할지 물어 보았습니다. 나는 이것이 훌륭한 질문이었다고 생각합니다. 스가랴 7:5에서 주께서 그들에게 응답하신 말씀은 아마도 그들을 놀라게 했을 것입니다. 주님은 다소 거친 질문으로 시작하셨습니다.

> 너희가 금식한 것이 과연 나를 위해서 였느냐? 그 땅의 모든 백성과 제사장들에게 고하여 이르라 너희가 칠십 년 곧 오월과 칠월에 금식하며 애통할 때에 나를 위하여 곧 나를 위하여 금식하였느냐 [스가랴 7:5]

이 첫 부분에서 그 대답은 곧 "아니다! 금식을 멈추지 말라!"는 것이 분명해질 것입니다. 그런 다음 더 많은 말씀을 하신 후에, 주님은 현재 그들이 목격하고 있는 것보다 훨씬 더 크고 더 좋은 일이 미래에 올 것이라고 선언하십니다. 주님은 이스라엘 땅에 더 큰 복을 가져오시고, 큰 구원과 축복으로 돌아오실 것입니다. 그러자 주님은 그 주일에 목사님이 낭독하신 말씀, 사진(다음 페이지)에 나오는 그 말씀을 말씀하셨습니다.

이제 이야기에 참여할 사람이 한 명 더 있습니다. 바로 랍비 툴리 와이즈입니다. 몇 주 후 초막절이 될 때까지 이 사실을 몰랐지만, '이스라엘 365'의 랍비 툴리 와이즈

[사진] 스가랴 8:19의 성구가 겹쳐진 통곡의 벽에 대한 밥 오델의 원본 사진

는 우리가 하고 있는 일에 대해 알고 난 후, 감동받아 있었습니다. 그는 아브월 9일 전날 자신의 회당에서 설교했습니다. 나중에 그는 자신의 생각을 설명하기 위해, 우리를 위해 설교[1]를 녹음하고, 다음과 같이 말했습니다.

'나는' 지난 티샤바브(Tisha B'Av;예루살렘 성전의 파괴를 애도하는 유대력의 주요 금식일)의 금식이 실제로 아브월이라는 것을 알았습니다. 이 날들이 기쁨과 즐거움이 되리라는 것은 무슨 뜻입니까? 유대교에는 언젠가는 금식일이 전혀 없을 것, 즉 금식일이 취소될 것이라는 생각이 있습니다. 그러나 선지자 스가랴는 금식일이 취소되지 않고 기쁨과 즐거움의 절기들로 변할 것이라고 애써 말하려는 것 같습니다.

예를 들어, 유월절과 같은 절기가 취소되는 이유는 무엇입니까? 우리는 예레미야 16장 14절을 통해 유월절이 취소될 것임을 알 수 있습니다.

> 하셈(여호와: 직역하면 그 이름이다. 이스라엘 백성은 여호와의 이름을 부르지 않는 대신 사용: 역자 주)이 말씀하셨다. 확실히 그 때가 오고 있다. 너희는 `하셈이 이스라엘 자손을 이집트 땅에서 이끌어 낸 것과 같이 살아 있다'고 더 이상 말하지 말고, '이스라엘 자손을 북녘 땅과, 이스라엘 자손을 쫓아낸 모든 땅에서 살아 있는 것과 같이, 하셈이 살아 있다'고 말하라. 내가 그들의 조상에게 준 그들의 땅으로 그들을 다시 데려오겠다.' [예레미야 16:14-15(이스라엘 성경)]

이를 바탕으로 유대인의 믿음은 유월절이 없을 것이라는 것이다. 유월절은 우리가 하나님과 매우 가까이 있을 것이기 때문에, 그 순간에 하나님께 우리의 관심을 돌리기 위해 휴일이 필요하지 않을 것이라는 것이다. 오순절(Shavuot)과 초막절(Sukkott)도 마찬가지라고 믿어진다. 그런데 예레미야는 왜 금식일이 축제일이 될 것이라고 선언합니까?

제가 믿는 것은 이렇습니다. 각각의 다른 금식일은 결국 다른 유대인의 절기에 해당될 것입니다. 나는 유월절 절기가 '아브월 9일'로 대체될 것이라고 생각합니다. 그래서 유대 역사의 비극적인 사건들을 바로잡아 주는 날, 또는 그들이 구원되는 날이 될 것이라고 생각합니다."

제 생각에 툴리가 말하고자 하는 것은, 약속된 땅으로 출애굽한 '유월절과 무교절의 기적'이 추후에 일어난 신전의 파괴와 유대인 추방 사건 등 끔찍한 역사들로 인해 퇴색되었다는 것입니다. 툴리는 이와 마찬가지로 '예레미야 16장 14-15절'이 완전히 성취될 때, 기존의 출애굽과 관련된 유월절 절기가 '아브월 9일에 일어날 더 큰 출애굽 사건'에 의해 일어난 기적에 의해 가려질 것이라고 생각한다고 말했습니다.

랍비 툴리는 계속해서 말했습니다.

"'금식일'을 '구원과 변화를 가져올 수 있는 기쁨의 절기'로 바꿀 수 있는 유일한 방법은 '회개'하는 것입니다. 아브월 9일에 우리 유대인들은 바닥에 앉아서 회개합니다. 우리는 마음을 깨트리며 웁니다. 우리는 하나님께 더 가까워지려고 노력합니다. 우리는 무엇이 성전을 파괴하게 했는지, 그리고 어떻게 하면 성전을 재건할 수 있는지 생각합니다. 그것은 매우 내면적인 과정이고 우리는 가능한 한 많이 회개하려고 노력합니다."

하지만, 저는 이렇게 '금식일에 회개하는 방식과 방법, 형태' 등이 어떤 면에서는 유대인들의 적들에 의해 만들어졌다고 생각합니다. 그렇다면 무엇이 이 금식일을 기쁨의 절기로 만들 수 있을까요? **변화시키는 방법은 바로 아브월 9일에 유대인 뿐만 아니라 비유대인들도 함께 회개하는 것입니다. 함께 회개할 때 금식일이 기쁨의 절기로 바뀌는 이 일이 일어날 것이라 믿습니다.** 성경을 진지하게 받아들이는 사람은 누구든지 유대 절기를 진지하게 받아들일 필요가 있습니다. 비유대인들이 이러한 성경적 절기들이 성경적 이야기의 일부임을 이해하고, 금식일을 진지하게 받아들이고, 금식일에 참여하고 회개하기 시작할 때, 하나님은 금식일을 기쁨의 절기로 바꾸실 것입니다.

이러한 회개 여정을 통해, 역사상 처음으로 많은 비유대인들이 '아브월 9일'을 기념하여 금식과 회개에 참여하고 있는 일이 일어나고 있습니다. 이렇게 비유대인들이 자신들의 영적인 역할을 인식하고 행하는 일은 전례가 없던 일입니다. 저는 이것이 계속되어 '금식일을 기쁨의 절기'로 바꾸는 도화선이 되길 바랍니다. 예레미야서에 묘사된 '이스라엘의 구원'이라는 영적 혁명이 지금 일어나고 있습니다!

저는 아브월 9일을 기념하여, 함께 금식하고 회개하는 비유대인들이 있다는 사실이 너무 감동적입니다. 하나님께서 우리의 모든 기도와 회개하는 모든 것을 들어 주시기를 바랍니다."

우리는 이 '40일의 회개' 여정에 랍비 툴리의 이와 같은 말씀을 기록할 수 있어서 큰 축복을 받았다고 생각합니다. 그러나 유월절은 단 하루가 아니라 일주일 동안의 절기가 아닙니까? 그 주제는 이 책의 마지막 묵상에서 다룰 것입니다.

이 회개 기도를 저와 함께 해 주시겠습니까?

하늘에 계신 아버지,

유대인들에게 감사합니다. 유대인들에게 많은 파괴와 유배, 추방 등의 역사를 통해 보여주신, 그들을 향한 하나님의 지속적인 신실하심에 감사드립니다. '이스라엘을 구원되는 과정을 위해, 하나님께서 우리에게 하라고 부르신 일들'을 '말씀으로 뒷받침해주고, 설명해주고, 선포하는 유대인들'이 있음에 감사드립니다. 모든 금식일 중 가장 어두운 날인 '아브월 9일'도 언젠가 기쁨의 절기가 될 것이라고 말씀해주셔서 감사드립니다.

우리는 랍비와 함께 주님께 기도합니다. 우주의 왕이신 주 하나님, 우리의 모든 기도와 회개를 들어 주세요.

예수님 이름으로 기도 드립니다. 아멘.

---

1. https://youtu.be/oY95hdU-c4c

Day 38 / 유대인은 축복이다

목표일
☐ 22.10.5 대 속죄일
☐ 23. 4. 9 부활절
☐ . .

레이 몽고메리

내가 너로 큰 민족을 이루고 네게 복을 주겠다. 내가 네 이름을 창대하게 하리니 네가 복이 되리라 [창세가 12:2]

미국의 설교자이자 기자인 라이먼 에벗(1835년-1921년)은 다음과 같이 썼습니다.[1]

"우리 이방인들은 이스라엘에 우리의 목숨을 빚지고 있습니다.
하나님은 한 분이시며, 하나님은 정의롭고 의로운 하나님이시며, 그의 자녀들에게 의를 요구하시며, 다른 것을 요구하지 않으신다는 메시지를 우리에게 전한 것은 이스라엘입니다.
하나님이 우리 아버지라는 소식을 이방인에게 전한 것은 이스라엘입니다. 우리에게 거룩한 율법을 가져옴으로써 자유의 기초를 놓은 것도 이스라엘입니다. 세계가 봐왔던 최초의 자유 제도를 가진 나라는 이스라엘입니다. 우리에게 성경, 선지자, 사도를 공급해준 것도 바로 이스라엘입니다.
때때로 우리의 비그리스도교적인 편견이 유대 민족을 향해 불붙을 때 우리는 기억해야 합니다. '우리가 지금 가진 모든 것'과 '우리가 하나님 밑에서 누리고 있는 모든 것들'이 유대교가 우리에게 준 것임을 기억합시다."

『리스트』에서 광범위하게 드러났듯이 그리스도인들에게 학대받은 것에 대해 원한을 품어야 할 사람들이 있다면 바로 유대인들입니다. 그러나 나는, 일대 일로, 내가 그들의 회당에 초대받을 때마다, 한 사람 한 사람 얼마나 나를 따뜻하게 대접해 주었는지, 매번 감명을 받습니다.

[사진] 히브리어 경전의 토라 두루마리

   나는 개인적인 '유대인 역사 연구'와 유대인과의 사적인 교류들에 의해서 변화되어왔습니다. 또한 홀로코스트 생존자들의 증언을 통해서도 변화되었는데, 주로 '로스엔젤레스 홀로코스트 박물관'이나 '이스라엘을 위한 그리스도교연합(CUFI:Christians United for Israel)'이 후원하는 행사에서 많은 생존자들의 증언을 들었습니다. 그 당시 마음이 완고하고 다소 냉소적이었던 저 같은 남자조차, 깊은 감동을 받아 눈물을 흘렸습니다.

   2013년에 저는 캘리포니아 랭커스터에 살고 있었고, 회당에 참석하고 싶었습니다. 저는 랍비에게 제가 그리스도인이라는 것을 알렸습니다. 그러나 저는 전도를 하기 위해 그곳에 갔던 것은 아니었습니다. 저는 단지 유대인들이 성경을 어떻게 해석하는지 보고 배우기 위해 그곳에 갔습니다. 저는 그때 유대인들이 저를 얼마나 따뜻하게 환영해주었는지 너무 놀랐습니다. 사람들은 친절할 뿐만 아니라, 이전에 제가 다녔던 어떤 교회에서도 볼 수 없었던 따뜻함과 진실함으로 서로를 아껴주는 것 같았습니다.

   한편 유대인들의 업적은, 그들의 인구 규모에 맞지 않게 다양한 분야에서 전 세계적으로 많은 업적을 낳고 있습니다. 저는 대학에서 클래식 음악을 전공했었을 때, 인구에 비해 세계 정상급 음악가들 중 유대인들이 불균형적으로 많다는 것을 발견했습니다. 유대인은 세계 인구의 0.2% 미만을 차지하지만,[2] 지금까지 수상한 모든 노벨상 중 22.5% 이상을 받았습니다.[3] 이스라엘 자체는 세계 인구의 0.11%에 불과하지만,[4] 2019년 3월에 이스라엘은 3년 연속 세계 8위 강대국으로 선정되었습니다.[5]

저는 이스라엘의 기술, 의학, 디자인 및 환경 분야의 연구와 혁신을 다루는 웹사이트인 'nocamels.com'을 구독하고 있으며, 그곳에서 일어나는 일에 끊임없이 영감을 받습니다. 이스라엘은 이제 세계 최고의 스타트업 국가가 되었으며,[6] 브엘세바는 새로운 실리콘 밸리가 되었습니다.[7]

이스라엘은 2019년 2월 21일, 4월 11일에 달에 착륙할 예정인 우주선을 성공적으로 발사했습니다.[8] 성공할 경우 (하나님의 뜻), 역사상, 달에 우주선을 성공적으로 발사한 네 번째 국가가 됩니다. 불과 70년이라는 짧은 기간 동안, 이스라엘은 급조된 국가에서부터 달 착륙까지 이루었습니다! 정말 대단합니다!!

아마도 내가 말하려고 하는 것은 유대인들의 업적과 그들과의 개인적 교류에 의해 내가 얼마나 깊이 변화되었는가 하는 것입니다. 어쩌면 여러분들은 나보다 훨씬 더 글을 잘 읽고 쓸 줄 아는 사람, 나보다 훨씬 더 유창하게 표현할 수 있는 사람들에게서 왜 유대인이 세상에 축복이 되는지에 대해 들어야 할 것입니다.

"나는 히브리인들이 다른 어떤 민족보다 인간을 문명화 하는데 더 많은 일을 했다고 생각합니다. 만약 내가 무신론자이고, 맹목적인 영원한 운명을 믿는다면, 나는 여전히 운명이 유대인들을 국가 문명화를 위한 가장 필수적인 도구로 지정했다고 믿을 것입니다.

만약 내가 모든 것이 우연에 의해 명령된다고 믿거나 믿는 척하는 무신론자라면, 나는 우연이 유대인들에게 '우주 최고의 지성과 지혜를 가지신, 전능한 주권자의 교리'를 인류에게 보존하고, 전파하라고 명령했다고 믿어야 할 것 입니다. 저는 이 분의 교리가 '도덕성의 가장 중요한 본질적 원칙'이며, 결과적으로 모든 문명이 이로 인해 만들어졌다고 믿습니다."

[미국 제2대 대통령 존 아담스(1735~1826)][9]

"유대인이란 무엇입니까? 이 질문은 생각보다 그렇게 이상하지 않습니다. 모든 통치자들과 모든 민족이 함께 학대하고, 억압하고, 박해하고, 짓밟고, 죽이고, 불태우고, 교수형에 처하게 하는 '유대인'이 어떤 특이한 존재인지 봅시다. 그들은 이 모든 박해에도 불구하고 아직 살아있습니다."

[레오 톨스토이(1828-1910), 비폭력 저항의 러시아 상징, 작가, 사회 개혁가][1]

유대인이란 무엇입니까? 자기를 압제하는 자들과 박해자들이 유대인들의 신앙을 바꾸고, 유대교를 버리도록 하기 위해 끊임없이 그들에게 제공한 세속적 소유물에, 자신이 미혹 당하는 것을 결코 용납하지 않는 사람들입니다.

유대인은 하늘에서 영원한 불을 끌어내려 온 세상을 비추는 신성한 존재입니다. 그는 다른 모든 민족들이 그들의 믿음과 종교를 끌어낸, 종교적 근원이요 샘이요 원천입니다.

유대인은 영원의 상징입니다. 살육도 수 천년의 고문으로도 능히 멸하지 못하며 불과 칼이나 심문으로도 지면에서 쓸어버리지 못했던 자, 하나님의 계시를 처음으로 받은 자, 오랜 기간 예언을 수호해온 자 그리고 그것을 세계에 전달한 자 - 그런 민족은 파괴될 수 없습니다. 유대인은 영원 그 자체만큼 영원합니다.

"만약 통계가 맞다면, 유대인은 인류의 1퍼센트에 불과합니다. 그것은 은하수의 불꽃 속에서 사라진 성운의 희미한 먼지를 암시합니다. 사실은 유대인의 소리는 거의 들리지 않아야 합니다. 그러나 그들의 소리는 항상 들렸고, 듣고 있습니다. 그들은 지구상에서 다른 어떤 사람들만큼 유명하며, 그들의 상업적 중요성은 그들의 몸집이 작은 것에 비해 지나치게 큽니다. 세계의 문학, 과학, 예술, 음악, 금융, 의학, 난해한 학문 등, 다양한 분야에 기여한 그들의 공헌은 적은 인구 수에 비례하지 않고 매우 큽니다. 모든 시대를 통틀어, 학대받고, 고통받는 등 제약이 않은 상황임에도 이 놀라운 업적들을 이루어 왔습니다. 그들은 이런 점들에 대해 자부심을 느낄만합니다.

이집트인, 바빌로니아인, 페르시아인의 부상은, 지구를 소리와 화려함으로 가득 채우다가, 꿈과 같은 모습으로 사라졌습니다. 그리스인과 로마인이 뒤따르며, 큰 소리를 내다가 사라졌습니다. 다른 민족들이 일어나 한동안 횃불을 높이 들고 있었으나 다 타버렸고, 지금은 황혼에 앉아 있거나 사라졌습니다.

유대인들은 그들 모두를 보았고, 그들 모두를 물리쳤으며, 이제 그가 항상 그랬던 것처럼, 퇴폐도 없고, 노쇠함도 없으며, 쇠약함도 없고, 그의 정력이 약해지지 않으며, 그의 기민하고 공격적인 마음도 둔해지지 않았습니다.

유대인을 제외하고는 모든 것이 사라졌습니다. 즉, 다른 모든 세력은 지나가지만 그들은 남아 있습니다. 그들의 불멸의 비결은 무엇일까요?"

[마크 트웨인(Mark Twain, 1835-1910), 작가, 유머 작가][1]

우리는 그들이 우리에게 준 가장 큰 축복 두 가지를 잊어서는 안 됩니다. 첫번째는 그리스도인들이 구약성경이라고 부르는 히브리어 경전인 타나크(Tanakh)로, 수천년 동안 해마다, 해마다, 수세기 동안, 수천년 동안 충실하게 전승되어왔습니다. 그들은 또한 이스라엘 성경으로 함께 성경을 공부하도록 우리를 초대하고 있습니다. 온라인 출판물을 통해 우리는 히브리어 성경을 영어 번역본과 나란히 볼 수 있을 뿐만 아니라 히브리어 성경이 어떻게 들리는지도 들을 수 있습니다.[10]

마지막으로, 유대인들은 그리스도인들을 위해, 우리에게 유대인 메시아 예슈아와 신약성경을 주었습니다. 이제 옥상에서 할렐루야를 외칠 만도 하네요!

저와 함께 찬양과 감사의 기도를 해 주시겠습니까?

하나님 아버지,

우리 교회의 선조들이 천년에 걸쳐 주님의 택한 백성을 학대한 것에 대해 그리스도인으로서 막중한 책임감을 가지고 용서를 구합니다. 그들이 우리에게 보여준 은혜, 자비, 용서, 사랑, 보복하지 않는 태도를 보며 우리는 마음이 겸손해 집니다. 우리는 그들이 진정으로 세상의 축복이요, 열방의 빛이 되었음을 인정합니다.

우리는 주님께서 이스라엘을 한 국가로 회복시키신 것에 대해 경외감을 가지고 바라봅니다. 또한 그들이 과학, 예술 등의 분야에 공헌한 것에 대해 감사드립니다. 우리는 오늘부터 말과 행동으로 주님의 백성의 편에 설 것을 약속합니다. 우리가 그들에게 지은 죄를 배상하는 것부터 시작하여 그들을 축복하길 원합니다. 그리고 그렇게 하심으로써, 주님의 택하신 백성이, 은혜롭게 접붙여진 우리와, 계속 연합하여 하나가 되기를 간구합니다.

예수님의 이름으로 기도합니다. 아멘.

1. http://jewsforjudaism.org/knowledge/articles/quotes-about-the-jewish-people/
2. https://www.ynetnews.com/articles/0,7340,L-4291987,00.html
3. https://en.wikipedia.org/wiki/List_of_Jewish_Nobel_laureates
4. http://www.worldometers.info/world-population/israel-population/
5. https://www.jns.org/israel-ranked-eighth-most-powerful-country-in-world/
   https://www.usnews.com/news/best-countries/power-rankings?fbclid=IwAR0H93 OHs3Qg-PEZ0erqvd8-MOwFIBPwkUB6h53GYYiw6FYJo3aupuvzOY7U
6. https://www.forbes.com/sites/startupnationcentral/2018/05/14/israeli-techsidentity-crisis-startup-nation-or-scale-up-nation/#3daafdaaef48
7. http://e.forbes.co.il/a-new-silicon-valley-in-the-middle-east-beer-sheva-rising/
8. https://www.space.com/israel-lunar-lander-long-trip-moon.html?utm_source=sdcnewsletter&sdc newsletter&utm_medium=email&utm_campaign=20190223-sdc
9. http://www.jewishencyclopedia.com/articles/767-adams-john
10. https://theisraelbible.com/bible

Day 39 / 아브월 9일에 이루어진 예언적 선언: 두 개의 성전이 파괴되고 하나의 성전이 설계됨

목표일
☐ 22.10.5 대 속죄일
☐ 23. 4. 9 부활절
☐ . .

레이 몽고메리

> 그와 함께 올라갔던 사람들은 이르되 우리는 능히 올라가서 그 백성을 치지 못하리라 그들은 우리보다 강하니라 하고 이스라엘 자손 앞에서 그 정탐한 땅을 악평하여 이르되... [민수기 13:31-32]

아브월 9일은 전통적으로 이스라엘에게 비극의 날이었으며, 그 뿌리는 12명의 정탐꾼 중 10명이 부정적인 보고를 하고 돌아온 '가데스 바네아' 사건으로 거슬러 올라갑니다. 이 사건으로 인해 여호수아와 갈렙을 제외한 그 세대 전체가 광야에서 죽었고, 약속의 땅에 들어가지 못했습니다.

> 내가 너희 선조들에게 주기로 맹세한 아름다운 땅을 이 악한 세대에서 아무도 보지 못하리라 [신명기 1:35]

랍비들의 전통에 따르면, 정탐꾼들의 죄로 인해 '티샤 바브(Tisha B'Av)', 즉 '아브(Av)월 9일'의 금식일 절기가 생겼다고 합니다. 정탐꾼들의 거짓 보고를 듣고, 이스라엘 백성들은 하나님이 그들을 패배하도록 하셨다고 생각하며 눈물을 흘렸습니다. 그들이 울던 날 밤이 바로 '아브월 9일'이었고, 이날 이후로 유대인들에게는 울음과 불행의 날이 되었습니다.

아브월 9일에는 다음과 같은 비극들이 발생했었습니다.(해당 연도에 대한 『리스트』의 모든 항목 참조).

> 기원전 586년: 첫 번째 성전의 파괴됨
> 70년: 두 번째 성전의 파괴됨
> 71년: 로마인들이 예루살렘을 소금으로 갈아엎은 사건.

130년: '하드리아누스(Hadrian)'가 '루퍼스(Rufus)' 총독에게 예루살렘을 갈아엎으라 명령한 사건.

135년: 유대 지도자들의 마지막 요새인 '베타르(Betar)'의 함락.

136년: 예루살렘이 로마 도시 '엘리아 카피톨리나(Aelia Capitolina)'로 재건된 사건.

1096년: 교황 '우르바노 2세(Urban II)'가 '1차 십자군 전쟁'의 시작을 선포함.

1290년: 유대인이 영국에서 추방된 사건.

1492년: 유대인이 스페인에서 추방된 사건.

1555년: 교황 '바오로 4세(Paul IV)'가 유대인들을 로마의 게토(ghetto)에 가두도록 칙서를 내린 사건.

1626년: 자신이 '유대인들의 메시아'라고 주장한 '샤바타이 제비(Sabbatai Zevi))'가 태어난 해.

1648년: '카자크(Cossack)' 민족이 수천명의 동유럽 유대인들을 학살한 사건.

1914년: '제 1차 세계 대전' 발발.

1941년: '하인리히 루이트폴트 힘러(Heinrich Luitpold Himmler)'의 '최종 해결책(유대인 대학살 계획)'이 승인된 사건.

1942년: 폴란드 트레블링카(Treblinka) 집단 수용소 개설.

2005년: '가자(Gaza)'에 사는 유대인들의 강제 철수 예정일(다음날로 연기됨).

그러한 비극 중 많은 수가 우리 교회의 선조들에 의해 자행되었다는 점에 주목해야 합니다!

한편, 2012년에 제 3 성전의 건설이 비전인 유대인 조직, '성전연구소(Temple Institute)'는 매년 '티샤 바브(Tisha B'Av)' 관련 비디오를 공개하기 시작했습니다. 처음 세 작품에는 "아이들은 준비되었다(The Children are Ready)"라는 적절한 제목과 함께 세 번째 성전의 모형을 짓는 어린이들, 성전이 건설되고 있는 성전 산을 내려다보는 어린이들의 모습이 등장합니다.[1] 2015년, '성전연구소'는 아브월 9일에 중요한 발표가 있을 것을 예고했습니다. 그리고 해당 아브월 9일에 그들은 "제3사원의 건축 계획이 시작되었다!(Architectural plans for the Third Temple have begun!)"라는 영상을 게시하여, 전 세계에 성전의 재건이 시작되었음을 알렸습니다.[2]

첫 번째, 두 번째 성전이 파괴됐었던 아브월 9일에 '세 번째 성전의 재건축 계획'을 발표한 것은 얼마나 적절한지 모르겠습니다. 파괴와 상실, 탄식과 슬픔의 날이 곧 축복과 축하의 날이 될 수 있지 않을까요?

이 발표의 예언적 의미는 아무리 강조해도 지나치지 않습니다.

첫째, 역사의 부정적인 사건들에 초점을 맞추는 대신 미래의 긍정적 사건에 초점을 맞췄습니다. 사실상 다음과 같이 말하는 것과 같습니다. "이제 그만! 지금 우리는 미래를 바라보고 있습니다."

둘째, 첫 번째, 두 번째 성전이 파괴된 '아브월 9일'의 비극을 세 번째 성전 건축의 청사진을 공개함으로써 균형을 맞추었습니다. 마지막으로, 지난 30년 동안의 성전연구소의 헌신을 통해 세 번째 성전의 재건 준비가 완료되었음을 세계에 알렸습니다.

성전연구소의 말을 빌리자면 다음과 같습니다.[4]

"제3성전의 역사적 필연성과 영적 필요성을 유대인들이 인식하기 시작했습니다. 막을 수 없는 많은 수의 유대인들이 자기 민족의 역사로 회귀하고 있는 추세입니다. 막중한 책임이 우리 손에 돌아왔습니다. 끔찍했던 1941년 아브월 9일에 천국의 금고로 돌려보내졌던 열쇠가 다시 우리 손에 쥐어졌습니다. 하나님은 우리 자신의 운명과 미래를 이 세상에서 우리에게 맡기셨습니다. 우리는 우리 시대의 금식일이 마지막 금식일이라는 것을 이해해야 합니다. 우리는 이를 실현할 수 있는 축복을 받았습니다. 우리는 이 일이 일어나도록 해야 하는 책임을 받았습니다. 두 번째 성전의 파괴를 기리는 슬픔의 날들은 끝났습니다. 세 번째 성전을 지을수 없어 슬퍼하던 시간도 곧 끝나게 될 것입니다. 이제 아브월 9일을 영원히 기뻐하는 날로 수정할 때가 되었습니다. 선택은 우리의 몫입니다. 우리가 발을 맞추고 단결하여 그것을 실현하기만 하면 됩니다."

1987년에 설립된 성전 연구소는 황금 촛대, 진설병 상, 대제사장의 의복 제작 등, 성전 봉사에 필요한 모든 그릇을 수집하고 제작해 왔습니다. '하라리 하프(Harrari Harps) 회사'는 성전 연구소와 협력하여, 다윗 왕의 10현 하프를 포함하여, 성전 예배에 필요한 하프와 수금을 제작해 왔습니다. 한 랍비는 이 하프를 우리가 메시아 시대에 진입했다는 표시라고 말했습니다.

[사진] 성전연구소에서 제작한 비디오 "준비된 자녀들"(2012)의 스크린샷

우리가 메시아 시대에 진입했다는 또다른 징조는, 1990년대에 탈릿(유대인 기도용 숄)과 대제사장의 의복의 가장자리에 사용된 파란색 염료의 출처가 재발견된 사건입니다. 무이 염료의 재료인 바다 달팽이, '무렉스(Murex)'는 햇빛에 노출되면 보라색 염료가 파란색으로 변합니다. 또 2004년에는 산헤드린이 다시 세워졌고, 2011년에는 성전연구소에서 성전 단지 자체의 일부가 될, 산헤드린 회의실과 '헌스톤(Hewn Stone)'(제2성전 시대; 기원 전 6세기 - 기원 1세기 - 에 산헤드린의 회의 장소)의 방에 대한 청사진이 발표되기도 했습니다.

그 후 2015년 아브월 9일에 세 번째 성전 계획이 발표되면서(2015년 『리스트』 항목 참조) 이제 멈출 수 없는 건축 가속도의 물결이 일고 있는 것 같습니다.

- 2015년: 성전연구소는 완전한 붉은 암소를 키우겠다는 희망으로 '붉은 청춘(Red Angus)' 소를 사육하기 시작했는데, 이 암소의 재는 제사장들이 정화 작업시 필요로 하는 것입니다.
- 2016년: 처음 설립된 산헤드린은 대제사장을 임명하고, 예루살렘에 레위 제사장들을 훈련시키기 위한 학교를 열었습니다.
- 2016년: 은 반 세겔 성전세가 초기 산헤드린에 다시 도입되었습니다. 수익금은 제사장 훈련과 성전 사용을 위한 특별한 그릇과 기구의 제작에 사용되고 있습니다.
- 2017년: 트럼프 대통령이 예루살렘을 이스라엘의 수도로 인정했습니다.

[사진] 성전연구소에서 제작한 "그리스도교는 준비됐다"(2014) 비디오의 스크린샷.3

아론 가문의 직계 후손들인, 훈련된 '코헨(제사장)' 제사장들이, 현재 성전 예배와 관련된 제사 의식을 실천하고 재연하면서, 많은 사람들은 이제 메시아 시대가 시작될 진정한 무대가 마련되었다고 말합니다. 이러한 준비와 함께, 2015년 성전연구소의 발표처럼 '세 번째 성전이 우리 시대에 현실이 되고 있습니다!'

이 회개 기도를 저와 함께 하시겠습니다.

하나님 아버지,
우리 교회의 선조들이 아브월 9일에 우리 유대 형제들에게 비극을 일으킨 역사적 역할에 대해, 회개하고 용서를 구합니다. 우리는 두려움과 불신으로 인해 한 세대 전체가 약속의 땅으로 이사하는 것을 놓치게 되었고, 이것이 유대인들에게 닥친 이 역사적 비극의 기초가 되었음을 인정합니다. 우리도 이 죄를 회개하고 용서를 구합니다. 그리고 두려움과 불신이 우우리 마음과 생각에 자리잡게 하고, 주님이 우리 삶에 계획하신 것들로 나아가는 것을 우리가 방해한 죄를 지었다면 지금 이시간 그 죄들을 고백하오니 주님께서 용서해주시기를 바랍니다.
우리들의 회개로 비극적인 슬픔의 날, 아브월 9일을 기쁨과 축하와 기대의 날로 바꾸어 주시기 않겠습니까?
우리 그리스도교의 과거는 유대인들이 믿고, 행하는 일을 불쾌하게 여겼던 사건들로 가득 차 있습니다. 과거의 실수를 반복하지 않게 하소서.

전능하신 하나님, 우리가 과거와 같이 앞으로는 주님의 뜻을 거스르는 일이 없기를 기도합니다. 그래서 제 3성전의 건축과 관련된 주님의 뜻이 이루어지게 하소서!

우리는 예슈아께서 예루살렘에서 그분의 보좌에 앉으실 그 날을 고대합니다. 우리는 성전이 '모든 민족을 위한 기도의 집'이 될 것이라는 예슈아의 선언이 예언적으로 성취되기를 소원합니다.

예수님의 이름으로 기도합니다. 아멘.

---

1. https://www.youtube.com/watch?v=LPmViwmJSJE
2. https://www.youtube.com/watch?v=5bw-lJlyuqA
3. https://www.youtube.com/watch?v=B6C_zfpEwUI
4. https://www.youtube.com/watch?v=A2IkxmwkayM
5. http://www.templeinstitute.org/time_to_build.htm

Day 40 / 열 정탐꾼의 죄를 속죄함

목표일
☐ 22.10.5 대 속죄일
☐ 23. 4. 9 부활절
☐ .

밥 오델

나의 첫 번째 회개 묵상인 '실패(Undone)'에서, 2013년 아브월 9일에 어떻게 내가 기돈(Gidon)을 예루살렘 성벽에서 만나고, 현재 '루트 소스(Root Source)'에 대한 그의 비전을 듣고, 그의 비전이 실행되도록 도운 일에 대해 이야기했습니다.

그리고 '금식일부터 축제일까지' 회개 묵상에서 트레이 그레이엄 목사로부터 스가랴 말씀으로부터 금식일인 '아브월 9일'이 장차 어떻게 기쁨의 절기가 될 수 있는지 말씀하신 것을 어떻게 듣게 되었는지 이야기했습니다. 그는 다음과 같이 읽었습니다.

> 만군의 여호와의 말씀이 내게 임하여 이르시되 만군의 여호와가 이같이 말하노라 넷째 달의 금식과 다섯째 달의 금식과 일곱째 달의 금식과 열째 달의 금식이 변하여 유다 족속에게 기쁨과 즐거움과 희락의 절기들이 되리니 오직 너희는 진리와 화평을 사랑할지니라. [스가랴 8:18-19]

또한 같은 회개 묵상 본문에서 랍비 툴리 바이츠가 말했던, 아브월의 9일에 비유대인이 참여하는 것이 어떻게 아브월의 9일을 금식일에서 기쁨의 절기로 전환할 수 있는지를 말했습니다. 그가 말한 내용은 다음과 같습니다.

"그러나, 나는 유대인의 역사에서 이 금식일들이, 모두 어떤 식으로나 형태로든, 반유대주의자들에 의해 생겨났다고 믿습니다. 그렇다면 무엇이 금식일을 축제일로 만들 만들수 있습니까? **이 일은, 아브월 9일에 유대인들 뿐만 아니라 비유대인들도 회개할 때 일어날 것입니다.**"

이번 회개 묵상에서 이제 '2018년 아브월 9일, 저의 뒷마당에서 있었던 일'에 대한 이야기를 마무리 하도록 하겠습니다.

트레이 목사가 스가랴의 그 구절을 읽는 것을 들었을 때, 나는 '**유다** 족속을 위하여'라는 구절에 귀가 번쩍 뜨였습니다.

우리 그리스도인들은 우리들이 영적으로 이스라엘에 접붙여진 것으로 여깁니다. 그러나 '금식일부터 축제일까지'라는 이 특별한 약속은 이스라엘 전체에게 주어진 것이 아니라, 특별히 유다 족속에게 주어진 것입니다.

나는 하나님께서 우리가 그리스도인으로서, 지난 2천 년 동안 유대인들을 상대로 대부분의 악행을 저질렀기 때문에, 어쩌면 우리가 이 날을 '영원한 금식과 추모의 날'로 삼아야 할 차례라고 말씀하시는 것이 아닐까 하는 생각이 들기 시작했습니다.

아브월의 9일이 유대인들의 축제일이 되기 앞서, 우리 그리스도인들은 여전히 이 날을 추모일로써, 다시는 유대인 형제들에게 등을 돌리지 않겠다고 결심해야 하지 않을까요? 엘리야후 버코위츠(Eliyahu Berkowitz)가 불과 3일 전에 내게 말했던 "당신이 '그리스도인들의 아브월 9일'을 창조하고 있는 것 같아요" 라는 말이 떠올랐습니다. 엘리야후 말이 맞지 않았나요? 이 통찰만으로도 2018년 아브월 9일에 대한 나의 깨달음이 충분했을 텐데, 하나님은 더 많은 것들을 알려주셨습니다.

트레이는 스가랴 8:19을 읽는 것을 멈추지 않고, 23절까지 읽었습니다. "만군의 여호와가 이같이 말하노라 넷째 달의 금식과 다섯째 달의 금식과 일곱째 달의 금식과 열째 달의 금식이 변하여 유다 족속에게 기쁨과 즐거움과 희락의 절기들이 되리니 오직 너희는 진리와 화평을 사랑할지니라 만군의 여호와가 이와 같이 말하노라 다시 여러 백성과 많은 성읍의 주민이 올 것이라 이 성읍 주민이 저 성읍에 가서 이르기를 우리가 속히 가서 만군의 여호와를 찾고 여호와께 은혜를 구하자 하면 나도 가겠노라 하겠으며 많은 백성과 강대한 나라들이 예루살렘으로 와서 만군의 여호와를 찾고 여호와께 은혜를 구하리라 만군의 여호와가 이와 같이 말하노라 그 날에는 말이 다른 이방 백성 열 명이 유다 사람 하나의 옷자락을 잡을 것이라 곧 잡고 말하기를 하나님이 너희와 함께 하심을 들었나니 우리가 너희와 함께 가려 하노라 하리라 하시니라'

나는 그 구절에서 다음과 같은 세 단계의 과정을 봅니다.

1단계, '여러 백성과 많은 성읍의 주민이' 주님의 은혜를 간구하고 주님을 찾는 절박함을 느끼게 됩니다. 이스라엘에 갈지 안 갈지는 개인이 알아서 결정할 것입니다. **무언가를 하러 가기로 결정한 것은 개인의 결정이었습니다.**

2단계, '많은 백성과 강대한 나라들'이 예루살렘에 있는 만군의 여호와를 찾아와서 주님의 은혜를 간청할 것입니다. **이제 여러 무리의 사람들이 주님의 은혜를 간구하기 위해 함께 예루살렘으로 옵니다.**

3단계, '말이 다른 이방 백성 10명' 즉, 열방에서 온 열 사람이 유대인의 옷을 붙잡고 그 유대인에게 '하나님[엘로힘]이 너와 함께 하시니 우리도 너와 함께 가자'라고 말할 것입니다. **이 구절은 열방에서 온 열 사람이 한 유대인에게 합하는 일이 예루살렘에서 일어난다는 것을 우리에게 보여줍니다.**

제가 뒷마당에서 그 말들을 들었을 때, 특히 마지막 문장을 들었을 때, 저는 입이 떡 벌어졌습니다. 나는 그 구절을 잘 알고 있었지만, 열 사람이 예루살렘에서 유대인을 붙잡는 것에 대해 한 번도 생각해 본 적이 없습니다. 이스라엘 정통파 유대인들에게 마음을 갖게된 지 5년이 지난 후에야, 비로서 저는 개인적으로 이 3단계 과정을 거쳤다는 것을 깨닫게 되었습니다.

저의 1단계는, 2013년 아브월 9일, 유대인 박해 사건 리스트들을 1분씩 다 묵상하기로 결심했다 너무 큰 슬픔에 중도 포기한 사건이었습니다. 그 당시 절박함을 느끼긴 했지만, 답이 없었습니다. 저의 2단계는, 구체적인 계획없이 2014년 1월에 예루살렘으로 떠난 것입니다. 어떻게 하겠다라는 뚜렷한 계획도 없이 실패의 두려움을 뒤로하고 예루살렘에 무작정 떠났었던 사건 말입니다. 그리고 3단계는, 무작정 떠났던 예루살렘 여행에서, 우연히 그리스도교 기도모임에 가게되어, 우연히 예루살렘 성벽에서 '기돈 아리엘'을 만나 '루트 소스'에 대한 그의 비전을 듣게 된 사건이었습니다. 그 순간 성령님께서 말씀하셨습니다. "저 사람이 네 사람이다!" 성령님께서는 제가 옷자락을 잡아야 할 유대인이 기돈 아리엘이라고 알려주셨습니다.

그리고 나서 스가랴 8:23이 나에게 기돈을 붙잡고 있는 유일한 그리스도인이 되어서는 **안된다**고 말하는 것을 깨달았습니다! 우리는 10명이어야 합니다! 저는 다음과 같은 장면을 상상했습니다. 전 세계 그리스도인들이 예루살렘으로 와서, 유대인들을 만나고, 성령님께서 제게 하셨던 것처럼 그들에게도 "저 사람이 바로 네가 함께 걸어갔으면 하는 유대인이다!"라고 말씀하시는 장면을 말입니다. 얼마나 아름다울지 생각하자 눈물이 흘렀습니다.

이 "옷자락을 잡는다"는 개념은 정말 적절한 표현이라고 생각합니다. 왜냐면 제 자신의 경험을 돌아봤을 때, 우리 그리스도인들은 '회개'를 통해서만 유대인들과 올

[사진] 40일의 회개 여정을 마치는 모습

바른 관계를 가질 수 있다는 것을 알았기 때문입니다. 만약 우리가 회개하지 않는다면, 우리는 쉽게 우월감을 느끼거나, 유대인들을 지배하려거나 통제하려고 시도할 수도 있습니다.

그러나 이 깨달음이 아브월 9일의 절정적인 순간은 아니었습니다. 주님께서는 한 가지 더 놀라운 깨달음을 주셨습니다. 그는 트레이 그레이엄 목사님의 설교가 '가데스 바네아에서의 12명의 정탐꾼과 거짓된 보고를 한 10명의 정탐꾼 이야기'로 시작됐던 것을 생각나게 하셨습니다.

친애하는 독자 여러분, 제가 어디로 향하고 있는지 알 수 있습니까? 읽기를 멈추고 하나님께서 계시하려고 하신 것이 무엇인지 숙고해보시길 바랍니다.

셀라. 나는 아브월 9일에 다시 한번 모든 계획을 중단해야만 했습니다. 이 일은 정말 계획 밖의 일이었습니다!

우리 그리스도인들이 아브월 9일에 회개하고, 예루살렘에 가서, 유대인의 옷자락을 잡는 이방인이 됨으로써, 스가랴 8장 18-23절의 예언을 성취하게 할 뿐만 아니라, 우리가 영적으로 이스라엘에 접목됨으로써, '가데스 바네아'의 10명 정탐꾼들의 죄악을 대속할 수도 있는 것입니다! 셀라.

결론

오늘은 이번 회개 여정의 40일째입니다. 첫 번째 묵상여정은 가데스 바네아에서 열 정탐꾼의 사악한 보고에 대해 이야기했습니다. 이것은, 우리의 마지막 묵상여행으로 우리를 가데스 바네아로 돌아가게 하며, 이제 예루살렘에서 우리가 실제로 그것을 구속(redeem)하는 데 도움을 줄 수 있는 방법에 대한 비전을 제시하고 있습니다.

오늘은 아브월 9일입니다. 유대인들을 위한 날만이 아니라 그리스도교인들을 위한 날이기도 합니다.

이 책에 나오는 많은 이야기는 이제 선조의 죄를 속량하고 있는 아들과 딸에 대한 이야기입니다.

가데스 바네아의 이야기는 불신앙과 악한 보고의 이야기입니다. 이 죄는 모든 그리스도인에게 적용됩니다. 우리 모두가 아브월 9일을 진지하게 받아들이고, 예루살렘에 오는 것을 마음으로 발견하고, 열린 마음으로 하나님의 영이 인도하시는 어떤 유대인의 옷자락을 붙잡음으로써 하나님의 이야기 속으로, 역사 속으로, 미래 속으로 한 발짝 발걸음을 내딛어야 합니다.

이것이 바로 우리가 '열방의 아브월의 9일(The Nations' Ninth of Av)'이라고 부르는 핵심 개념입니다. 우리는 그리스도인들이 전혀 알지도 못하는 유대인들을 만나게 하기 위해 아브월 9일, 단 하루 뿐만 아니라, 일주일 동안 예루살렘으로 갑니다. 하나님께서 그 그리스도인들에게 어떻게 역사 하실 지 보기 위해 말입니다. 그들 가운데서 얼마나 많은 사람들이 유대인의 옷자락을 잡고, 그들과 함께 걷겠다고 결심하게 될까요?

10명이 유대인을 잡으면 11명이 됩니다! 나는 기돈 아리엘에게 그것에 대해 어떻게 생각하는지 물었습니다. 그는 나에게 말했습니다:

"11명 모두 여전히 지도자가 필요합니다. 그리스도인들에게 그 지도자는 확실히 예수(Yeshua)가 될 것입니다. 우리 유대인들에게는 그 리더가 여호수아(Joshua)일 것이라고 생각합니다. 어쨌든 우리는 약간의 수수께끼 속에서 함께 걸어가야 할 것입니다, 그렇지 않겠습니까?"

네, 그렇습니다!

이 찬양과 감사의 기도를 저와 함께 해 주시겠습니까?

하늘에 계신 아버지, 오, 깊도다. 하나님의 지혜와 지식의 풍성함이여. 그의 판단은 헤아리지 못할 것이며 그의 길은 찾지 못할 것이로다. 누가 주의 마음을 알았느냐? 누가 그의 모사가 되었느냐?

누가 주께 먼저 드려서 갚으심을 받겠느냐? 이는 만물이 주에게서 나오고 주로 말미암고 주에게로 돌아감이라 그에게 영광이 세세에 있을지어다. 아멘!

욤 키푸르 회개 기도

캐시 헬름스

이스라엘의 거룩하신 하나님, 우리의 마음은 찢어지고, 얼굴은 수치로 뒤덮였으며, 우리의 손은 무고한 자들의 피로 물들어 있습니다. 이런 우리가 주님 앞에 무릎 꿇고 나와, 주님의 자비를 구합니다. 주님은 우리의 하나님이시며, 우리는 주님의 백성임을 고백합니다. 우리에게 다른 신은 없음을 선포합니다. 우리는 '대속죄일(Yom Kippur)'인 오늘, 이스라엘의 전능하신 여호와 하나님께 우리와 우리 교회 선조들이 저지른 반역, 불법, 불의의 죄악을 고백하고 용서를 구합니다. 이스라엘의 목자되신 하나님, 우리가 하나님과 그리고 우리의 형제, 유다와 연합되어 회복되길 원합니다. 부르짖는 우리의 목소리에 귀를 기울여 주십시오.

우리는 우리를 부르시는 주님의 음성을 들었습니다.

> 이스라엘아 네 하나님 여호와께로 돌아오라. 네가 불의함으로 말미암아 엎드러졌느니라. 너는 말씀을 가지고 여호와께로 돌아와서 아뢰기를 '모든 불의를 제거하시고 선한 바를 받으소서. 우리가 수송아지를 대신하여 입술의 열매를 주께 드리리이다.' [호세아 14:1-2]

우리는 우리를 용서하시고 깨끗하게 해주시겠다는 주님의 말씀으로 인해, 주님 앞에 나아갈 용기를 얻습니다. 우리는 주님의 인자하신 용서로의 초대에 응답하길 원합니다. 우리는 실로 살인자요, 거짓말쟁이었습니다. 우리의 불의한 죄악을 고백하오니, 부디 용서해 주시길 바랍니다.

> 내가 말하기를 내가 어떻게 하든지 너를 자녀들 중에 두며, 허다한 나라들 중에 아름다운 기업인 이 귀한 땅을 네게 주리라 ⋯ [예레미야 3:19]

우리가 긴 잠에서 깨어나 보니, 아버지의 훈계를 업신여기고, 먼 타국에 가서 상속된 재산을 탕진한 '누가복음 15장의 탕자'가 우리라는 사실을 깨닫게 되었습니다.
그럼에도 다시 주님을 '아버지'라고 부르도록 초대해주시는 주님의 큰 사랑에 우리의 마음은 녹아내리고 맙니다.

> ...내가 다시 말하기를 너희가 나를 나의 아버지라 하고 나를 떠나지 말 것이니라 하였노라. [예레미야 3:19]

그러므로 우리는 영원한 주의 인자하심과 '아브라함과 이삭과 야곱에게 그들의 후손이 바다의 모래 같을 것'이라고 하신 약속으로 말미암아 감사드립니다.
아바 아버지, 하나님의 어린 양이신 아들 예슈아를 보내주셔서 그분의 피로 우리를 속량하시고, 모든 불의와 죄악에서 깨끗케 하심에 감사드립니다. 또한 우리를 주님의 신부 삼아 주시고, 주님과 함께 공동 상속자로 삼아 주셔서 감사드립니다. 그리고 우리가 더 이상 죄의 종이 되지 않도록, 성령님을 우리 마음에 보내 주시고, 생명과 지혜, 평안과 축복의 말씀을 기억하게 해주셔서 감사합니다(갈라디아서 4:4-6, 요한복음 14:26, 신명기 28:1-13, 로마서 8:17).
주님은 은혜로 우리의 마음을 넓혀 주셔서, 히브리어 성경이 우리의 유대인 형제들에게 뿐만 아니라 우리에게도 정당하고, 귀중한 유산임을 알게 해주셨습니다. 히브리어 성경이 지혜의 샘이자 확실한 말씀임을 깨닫게 해주셔서 감사드립니다. 우리는 주님의 거룩한 말씀인 히브리어 성경이 지나간 옛것이며, 우리와는 관련성이 없다고 말했던 우리 선조들의 죄를 회개합니다.
이제 우리는 '예슈아의 신부로, 또 거룩한 민족으로 부르심을 받은 이스라엘'이 신랑되신 예수님과 함께 하나님의 말씀을 지키고, 성령의 인도하심을 받아 '하나님의 위대한 지혜의 본'이 될 것을 압니다.
그리고 이런 이스라엘을 열국이 시기하여, 그들도 함께 하나님의 언약에 동참하게 하실 것을 압니다.

> 우리 하나님 여호와께서 우리가 그에게 기도할 때마다 우리에게 가까이 하심과 같이 그 신이 가까이 함을 얻은 큰 나라가 어디 있느냐 오늘 내가 너희에게 선포하는 이 율법과 같이 그 규례와 법도가 공의로운 큰 나라가 어디 있느냐? [신명

기 4:7-8]

주께서 우리의 눈의 비늘을 제거해 주심으로 인해, 이제 창세기부터 요한계시록까지 전체 성경이 우리 마음에 새겨주신 복음임을 깨달았습니다. 하나님과 예슈아가 하나이신 것처럼 주님의 말씀과 주님의 언약, 주님의 토라는 '에하드', 하나입니다. 주님께서는 우리가 하나님과 하나가 되기를 원하시며, 모든 민족과 나라들을 주님께로 이끌기를 원하고 계십니다.

주님의 노여움을 참으로 우리에게서 돌이키셨다면, 우리와 우리 자녀들에게 자비를 베푸시길 간구합니다. 우리의 반역을 고치시고, 우리를 마음껏 사랑해 주시길 원합니다(호세아 14:4).

우리는 우리 선조들이 주님께서 흩으시고(이스르엘;호세아 1:4), 주님의 자비하심을 얻지 못했으며(로 루하마;호세아 1:6), 주님의 백성이 아닌(로 암미;호세아 1:9) 민족임을 봅니다.

그러나 주님께서는 다음과 같이 약속하셨습니다.

> 진실함으로 네게 장가 들리니 네가 여호와를 알리라. [호세아 2:20]

> 내가 나를 위하여 그를 이 땅에 심고 긍휼히 여김을 받지 못하였던 자를 긍휼히 여기며 내 백성 아니었던 자에게 향하여 이르기를 너는 내 백성이라 하리니 그들은 이르기를 주는 내 하나님이시라 하리라 하시니라 [호세아 2:23]

또한 '베드로전서 2:10', '로마서 11:30'의 말씀처럼 약속해 주셨습니다.

참으로 이스라엘의 거룩하신 이시여, 우리는 하나님 앞에 나와 이렇게 고백합니다.

> 에브라임이 스스로 탄식함을 내가 분명히 들었노니 주께서 나를 징벌하시매 멍에에 익숙하지 못한 송아지 같은 내가 징벌을 받았나이다 주는 나의 하나님 여호와이시니 나를 이끌어 돌이키소서 그리하시면 내가 돌아오겠나이다. [예레미야 31:18]

우리는 하나님만이 우리의 하나님이심을 선언합니다.

크시고 두려워할 주 하나님, 주를 사랑하고 주의 계명을 지키는 자를 위하여 언약을 지키시고 그에게 인자를 베푸시는 이시여 [다니엘 9:4]

우리는 또한 하나님께 다음의 말씀들과 같이 고백합니다.

우리는 이미 범죄하여 패역하며 행악하며 반역하여 주의 법도와 규례를 떠났사오며 우리가 또 주의 종 선지자들이 주의 이름으로 우리의 왕들과 우리의 고관과 선조들과 온 국민에게 말씀한 것을 듣지 아니하였나이다 주여 공의는 주께로 돌아가고 수치는 우리 얼굴로 돌아옴이 오늘과 같아서 유다 사람들과 예루살렘 거민들과 이스라엘이 가까운 곳에 있는 자들이나 먼 곳에 있는 자들이 다 주께서 쫓아내신 각국에서 수치를 당하였사오니 이는 그들이 주께 죄를 범하였음이니이다 주여 수치가 우리에게 돌아오고 우리의 왕들과 우리의 고관과 선조들에게 돌아온 것은 우리가 주께 범죄하였음이니이다 마는 주 우리 하나님께는 긍휼과 용서하심이 있사오니 이는 우리가 주께 패역하였음이오며 우리 하나님 여호와의 목소리를 듣지 아니하며 여호와께서 그의 종 선지자들에게 부탁하여 우리 앞에 세우신 율법을 행하지 아니하였음이니이다 온 이스라엘이 주의 율법을 범하고 치우쳐 가서 주의 목소리를 듣지 아니하였으므로 이 저주가 우리에게 내렸으되 곧 하나님의 종 모세의 율법에 기록된 맹세대로 되었사오니 이는 우리가 주께 범죄하였음이니이다. [다니엘 9:5-11]

이스라엘의 거룩하신 이여, 우리는 죄를 지었습니다!

우리가 우리의 조상들처럼 범죄하여 사악을 행하며 악을 지었나이다 [시편 106:6]

우리는 다음의 이사야 말씀이 우리에게 하는 말씀이라고 생각합니다.

이는 너희 손이 피에, 너희 손가락이 죄악에 더러워졌으며 너희 입술은 거짓을 말하며 너희 혀는 악독을 냄이라. [이사야 59:3]

그러나 우리는 이사야와 함께 이렇게 간청합니다.

여호와여, 너무 분노하지 마시오며 죄악을 영원히 기억하지 마시옵소서 구하오니 보시옵소서 보시옵소서 우리는 다 주의 백성이니이다 [이사야 64:9]

주님은 에스겔에게 이렇게 말씀하셨습니다.

인자야, 이스라엘 족속이 자기 땅에 거할 때에 그 행위와 행위로 그 땅을 더럽혔나니 내 앞에서 그들의 행위는 부정한 월경에 있는 여자와 같았더라 [에스겔 36:17] 내가 그들의 더러움과 그들의 범죄한 대로 행하여 그들에게 내 얼굴을 가리었느니라 [에스겔 39:24]

하나님께서는 또한 당신의 충실한 종 모세에게 약속하신 대로 행하셨습니다.

그가 말씀하시기를 내가 내 얼굴을 그들에게서 숨겨 그들의 종말이 어떠함을 보리니 그들은 심히 패역한 세대요 진실이 없는 자녀임이로다. [신명기 32:20]

우리의 너무나도 비뚤어진 모습을 보며, 우리는 다윗과 같이 기도합니다.

하나님이여 주의 인자를 따라 내게 은혜를 베푸시며 주의 많은 긍휼을 따라 내 죄악을 지워 주소서. 나의 죄악을 말갛게 씻으시며 나의 죄를 깨끗이 제하소서. 무릇 나는 내 죄과를 아오니 내 죄가 항상 내 앞에 있나이다. 내가 주께만 범죄하여 주의 목전에 악을 행하였사오니 주께서 말씀하실 때에 의로우시다 하고 주께서 심판하실 때에 순전하시다 하리이다. 내가 죄악 중에서 출생하였음이여 어머니가 죄 중에서 나를 잉태하였나이다. [시편 51:1-5]

자비로우신 이스라엘의 엘로힘 하나님, 우리는 우리와 우리 교회의 선조들이 완고하고, 목이 뻣뻣하고, 패역하고, 반역하고, 속이고, 너무나도 악했음을 고백합니다. 우리는 우상에게 절하고, 주의 말씀을 버렸으며, 주의 평안 언약을 멸시하였습니다. 우리는 모든 가증한 죄를 범했습니다. 그럼에도 하나님께서 아브라함과 이삭과 야곱과 맺으신 언약과 여호와의 크신 이름을 위하여 우리가 멸망하지 않을 수 있었습니다.

거룩하신 하나님, 용서해 주셔서 감사합니다! 우리를 회복시켜주시길 원합니다! 주께서 우리를 흩어지게 하신 여러 나라 가운데서 우리를 불러모아 주시기 원합니다. 주의 크신 이름의 거룩함을 나타내사 열방이 주는 여호와, 이스라엘의 엘로힘이심을 알게 하소서(에스겔 36:22-23, 37:21)!

당신은 천대에 걸쳐 자비를 약속하셨습니다(신명기 7:9, 역대상 16:15, 시편 105:8).

> 여호와의 인자하심은 자기를 경외하는 자에게 영원부터 영원까지 이르며 그의 의는 자손의 자손에게 이르리니 [시편 103:17]

아브라함과 이삭과 야곱의 엘로힘 하나님, 온 이스라엘과 열방이 주의 언약에 들어가 구원을 받고 회복되기를 원합니다.

우리를 또한 우리의 형 유다와 하나가 되게 해주시길 원합니다.

> 이에 유다 자손과 이스라엘 자손이 함께 모여 한 우두머리를 세우고… [호세아 1:11]

하나님의 영광을 위해 우리를 **하나** 되게 하소서!
예수님 이름으로 기도드립니다.

아멘 아멘!

그리스도교 사역자 정보

이름, 사역 및 연락처 정보

1. 나탈리 블랙햄(Nathalie Blackham)과 그녀의 남편 마틴(Martin)

이스라엘의 뉴스, 인터뷰 및 특집에 초점을 맞추고 히브리적 관점에서 가르치는 이스라엘 퍼스트 TV 프로그램의 진행자입니다. 2004년부터 그들은 이스라엘 예루살렘에 있는 이스라엘 퍼스트TV 스튜디오에서 프로그램을 제작하고 있습니다.

그들의 이스라엘 첫 TV 프로그램은 매주 금요일 엔젤 TV에서 위성을 통해 호주, 극동, 히브리어, 포르투갈어, 스페인어, 미국 채널로 방송됩니다. 왓치맨 방송, CTN 빅밴드 TV45 네트워크, GLC 및 이스라엘 TV 네트워크에서도 방송됩니다.

웹사이트: http://www.israelfirst.org

이메일: info@israelfirst.org

2. 린다 챈들러(Linda Chandler)

오스틴형제교회에서 목사 안수를 받았습니다. 린다는 텍사스 대학에서 학사, 휴스턴 대학교에서 석사, 오스틴장로교신학교에서 석사 학위를 받았습니다. 오늘날 그녀는 치유의 사랑과 깊은 성경적 제자도에 중점을 둔 "기도의 집"으로 지역 회중을 목회하고 있습니다. 그녀는 호스트 사역(www.hostministries.org)의 설립자이자 집행 책임자입니다. 호스트사역은 하나님의 목적을 위해 사람들, 특히 그리스도인과 유대인을 연합시키는 촉매와 도구 역할을 합니다. 2014년 그녀는 첫 번째 책 "구원의 문"을 출판했습니다.

웹사이트: www.hostministries.org

이메일: hostministries.org 웹사이트를 통해 그녀에게 연락하십시오.

3. 토마스(Thomas)와 에이미 코델(Amy Cogdell)

화해자 그리스도 (Christ Reconciler)라는 기도 공동체를 이끌고 있습니다. 그들은 같은 개신교 교회에서 함께 자랐지만 2000년에 주님께서 에이미를 로마 카톨릭 교회로 인도하셨습니다. 그 이후로 그들은 서로 다른 전통을 가진 그리스도인들 사이에서 치유, 화해, 영적 양성의 사역에 부름을 받았다고 느꼈습니다. 이들은 2017년 10월 31일, 개신교 종교 개혁 500주년 기념일인 '비텐베르크 2017 계획'에서 유대인과 이방인의 연합의 중요성을 알게 되었습니다.

그들은 다섯 명의 자녀와 세 명의 손주를 두고 있으며 텍사스에서 그들을 방문하고자 하는 모든 사람을 따뜻하게 환영하고 싶습니다.

웹사이트: http://www.christthereconciler.org

이메일: amycogdell@gmail.com

4. 제프 달리(Jeff Daly)

전 월스트리트 변호사, 무신론자, 뉴에이저였습니다. 1991년에 제프는 깨달음을 얻었고 회개하고 그리스도를 따랐습니다. 1999년부터 아내 로리와 함께 캘리포니아 미들타운에 있는 예수 그리스도 펠로우십의 목회자이자 현재 이사를 맡고 있습니다. 그는 법률을 실천하고 있으며 '캐피탈 힐 기도 파트너스'의 이사입니다.

2009년에 그는 "백악관을 위한 영적 전투"를 썼습니다. 2011년에 그는 국가 회개의 날(www.repentday.com)을 설립하여 주님께서 당신의 백성을 정화하고 그들의 땅을 치유하실 수 있는 개인적, 국가적 회개를 격려했습니다. 그의 새 책 "대통령님, 신의 보호를 요청합니다"는 트럼프 대통령에게 국가적 회개의 날을 정할 것을 촉구합니다.

웹사이트: http://repentday.com

이메일: Jeff@repentday.com

5. 크리스틴 다그(Christine Darg)

그녀의 남편 피터(Peter)와 함께 예루살렘 채널의 공동 설립자입니다. 그들은 방송 기자이며 이스라엘로의 부름은 1978년 CBN(그리스도교 방송 네트워크)에 의해 예루살렘에 뉴스 지국을 열도록 선택되었을 때 확인되었습니다. 오늘날 www.JerusalemChannel.tv에서 크리스틴의 사역은 이스라엘과 마지막 때 사건에 대해 가르치는 계시록 TV와 예루살렘 채널을 통해 예루살렘에서 모든 나라에 전 세계적으로 전파됩니다. 크리스틴은 일 년에 최소 세 번 유월절과 초막절 기간 동안 삶을 변화시키는 내부자 투어와 기타 기도 모임 및 예언 회의를 위해 그룹을 이스라엘로 데려옵니다.

웹사이트: https://jerusalemchannel.tv
이메일: cdarg1@me.com

6. 로라 덴스모어(Laura Densmore)(편집자/공동 저자)

매일 오디오를 들을 수 있고 성경 달력, 절기 및 토라 읽기 주기에 초점을 맞춘 1년 동안 전체 성경을 여행할 수 있는 웹사이트인 '데일리 오디오 토라(Daily Audio Torah)'의 설립자입니다. 로라는 또한 유대인과 그리스도인 사이에 다리를 놓는 것이 주된 목표인 '브리지 커넥터'의 설립자이자 이사입니다. 그의 주요 목표는 우리 교회 선조들의 죄에 대한 그리스도교적 회개를 시작으로 유대인과 그리스도교인 사이에 다리를 건설하는 것입니다.

웹사이트: https://bridgeconnectorministries.com
웹사이트: https://www.dailyaudiotorah.com
이메일: bridgeconnectorministries@gmail.com

7. 케티 헬름스(Cathy Helms)

중보자이자 시간제 블로거입니다. 하나님께서 안식일과 절기에 참여하도록 초청하심으로 하나님의 나라에 더욱 온전히 눈을 뜨기 시작한 지 여러 해 후에, 그녀는 '광야 보고(The Wildness Report)'를 통해 다른 사람들과 나누기 시작했습니다.

웹사이트: http://www.cathyhelms.com
이메일: cathy@cathyhelms.com

8. 조엘라(Joela)와 다미아나(Damiana) 수녀

복음주의 마리아 수녀회에 소속되어 있습니다.

1944년 다름슈타트의 파괴는 그들의 공동체의 첫 번째 세대를 하나님의 거룩하심과 대면하게 했습니다. 그러나 제2차 세계대전이 남긴 폐허는 새로운 영적 삶의 발상지가 되었습니다. 그들의 목표는 화해의 메시지를 국가, 문화, 교단의 경계를 훨씬 넘어 전하고, 이스라엘과 열방에서 온 신부를 메시아의 오심을 위해 준비시키는 것입니다. 2001년에 '마리아 수녀회'는 예루살렘 라맛 라헬(Ramat Rachel)에서 회개 예배를 시작하고 조직했습니다. 그들은 1957년부터 이스라엘 땅에 몸 담고 있습니다.

웹사이트: www.kanaan.org
이메일: S.Joela@kanaan.org
　　　　S.Damiana@kanaan.org

9. 도나 줄리(Donna Jollay)

하이테크 기업가이자 자선가이며, 그녀의 마음에 가장 소중하게 여기는 헌신적인 그리스도교 시온주의자입니다. 유대 민족은 주님 자신과 그분의 말씀을 이 세상에 가져오기 위해 주님께서 선택하신 그릇입니다. 이처럼 그리스도인들은 그들에게 엄청난 감사의 빚을 지고 있지만 2,000년 동안 그들을 끔찍하게 대했습니다. 도나는 그리스도인과 유대교 공동체를 연결함으로써 이 문제를 바로잡기 위해 할 수 있는 일을 하는 데 평생을 바쳤습니다. 2015년 그녀는 이스라엘 365의 랍비 툴리 바이스(Tuly Weisz)와 함께 '열방을 위한 예시바(Yeshiva For Nations)'를 공동 설립했습니다.

'열방을 위한 예시바'는 비유대인을 위해 특별히 설계된 정통 토라 수업을 제공하는 온라인 아카데미입니다. 온라인과 현장에서 제공되는 모든 과정은 이스라엘의 정통 유대교인에 의해 진행되며 유대교 학습의 원천에 관심을 갖고 있는 사람들을 위해 고안되었습니다. 전 세계의 친구들과 지지자들에게 이스라엘의 아름다움과 종교적 중요성을 알리는 이스라엘 365의 프로젝트입니다.

웹사이트: www.yeshivaforthenations.com
이메일: info@yeshivaforthenations.com

10. 앨버트 J. 매칸(Albert J. McCarn)

'북아메리카 브니 요셉(Bney Yosef North America)'의 전무이사입니다. '북 아메리카 브니 요셉'는 주 하나님(YHVH)의 백성들 사이에 히브리 정체성을 일깨우고, 요세프/에브라임 가문(이스라엘의 비유대인 부분)이 하나님의 언약 국가의 핵심으로 남아 있는 우리 유대 형제들과 함께 약속된 재결합에 전념하는 조직입니다.

우리는 우리가 메시아로 이해하는 나사렛 예슈아께 완전히 헌신합니다. 그분에 의해 우리는 구속되고 전능자와의 언약 관계에 포함됩니다. 우리가 '이스라엘 집의 잃어버린 양'으로 돌아오는 이스라엘 연방의 한 부분을 차지하는 것은 그의 구속에 의한 덕분입니다.

웹사이트: https://bneyyosefna.com
이메일: info@bneyyosefna.com

11. 레이 몽고메리(Ray Montgomery, 공동 저자)

『더 리스트(The LIST)』의 연구원, 작가 및 공동 저자입니다. 2008년에 그는 교회 역사의 "큰 그림"을 이해하기 위해 그리스도교 연대표를 편찬하기 시작했습니다. 2010년에는 유대 역사도 연구하기 시작했습니다. 이것은 궁극적으로 개인적인 회개의 여정으로 이어졌고, 그 결과 유대인 형제들과 마음의 화해로 이어졌습니다. 2018년 3월에 그는 밥이 이 지식을 더 많은 그리스도교 청중에게 전하기 위해 "무언가를 하겠다"는 희망으로 자신의 여정을 그대로 반영한 밥 오델에게 연락해야 한다고 느꼈습니다. 밥은 그의 협력을 초대했고 함께 『리스트』를 제작했으며 로라 덴스모어는 발견한 내용을 바탕으로 이러한 40가지 일일 묵상을 제안하게 되었습니다.

이메일: ray@root-source.com

12. 에이미 머클스톤(Amy Mucklestone)

하요벨(HaYovel)의 자원 봉사 출판물 편집자이자 교정자이며, 그녀의 남편 토마스는 2010년 이후 가장 오래된 이사회 이사입니다. '하요벨'은 미국에 기반을 둔 그리스도교 단체로 전 세계에서 자원 봉사자들을 모아 유대와 사마리아에서 이스라엘 농부들을 섬김으로써 이스라엘의 회복 예언적인 일에 참여하게 합니다. 그들의 일에는 이스라엘 땅 및 백성과 맺은 하나님의 지속적인 언약에 대해 열방을 교육하는 것이 포함됩니다.

웹사이트: https://www.hayovel.com
이메일: info@hayovel.com

13. 밥 오델(공동 저자)

'루트소스(Root-Source.com)'의 공동 설립자입니다. 오늘날 점점 더 많은 그리스도인과 유대인들이 깨어나 서로 교제하라는 하나님의 부르심을 듣고 있습니다.

루트소스는 그 부름에 응답하고 있습니다. 지식이 풍부한, 정통 이스라엘 유대인들이 전 세계의 그리스도인들에게 온라인으로 유대교 개념, 아이디어 및 사상에 대해 가르치고 있으며, 비공식적이고 애정 어린 방식으로 그들의 믿음의 뿌리를 더 깊이 이해하고 있습니다.

루트 소스는 그리스도인과 유대인 사이의 대화와 관계를 가능하게 하고 장려하며 그리스도인이 수세기 동안 유대인이 배운 것처럼 배울 수 있도록 합니다. 그들의 이스라엘 유대인 교사들은 당신이 그리스도인임을 알고 당신의 정체성과 신앙을 존중합니다.

웹사이트: https://root-source.com
https://9-av.com
이메일: bob@root-source.com

14. 샤론 샌더스(Sharon Sanders)와 그녀의 남편 레이(Ray)

이스라엘 땅의 주요 그리스도교 시온주의 사역 중 하나인 '이스라엘 그리스도교 친구(Christian Friends of Israel)'의 공동 창립자입니다. 이스라엘에 법적으로 등록된 국제 복음주의 그리스도교 사역으로, 예루살렘에 본부를 두고 여러 봉사 활동을 하고 사역을 관리합니다. 또한 전 세계에 대표 사무소가 있습니다.

CFI(이스라엘 그리스도교 친구)는 이스라엘을 사랑하고 성경을 바탕으로 이스라엘과의 우정과 연합을 표현하고자 하는 전세계 그리스도인들을 대표합니다. CFI의 주요 목표는 이스라엘의 봉사 프로젝트를 통해 우리에게 예수님의 사랑을 가져다준 사람들에게 예수님의 사랑을 되돌려주는 것입니다.

웹사이트: http://christianfriendsofisrael.org
이메일: cfi@cfijerusalem.org

15. 스티브 웨어프(Steve Wearp)

BDS 운동(거부, 박탈, 제재)을 통해 이스라엘의 파괴를 조장하는 사람들에 의해 제기되는 실존적 위협에 맞서서, 전 세계 사람들이 유대인들과 함께 설 수 있는 길을 제공하는 것이 목적인 '축복받은 이스라엘 제품 구매(Blessed Buy Israel)' 단체와 함께 일하고 있다.

'축복받은 이스라엘 제품 구매 사역(Blessed Buy Israel Ministries)'은 그들이 하나님께서 그들에게 주신 언약과 약속을 실천하기 위해 애쓰면서, 이스라엘의 유대인 공동체와 함께 할 수 있도록 교육하고 권한을 부여하는 데 전념하고 있습니다. 우리의 목표는 전 세계 사람들이 아브라함의 하나님에 대한 우리 믿음의 공통 뿌리를 받아들이도록 격려하고, 유대 민족과 공동체가 가족, 유산 및 문화 유산을 국가 재건, 복원 및 보호하기 위해 노력할 때, 이런 활동들을 지원하고, 실질적인 지원 방법을 제공하는 것입니다.

 웹사이트: https://blessedbuyisrael.com

 이메일: Steve@blessedbuyisrael.com

40일의 회개: 『더 리스트(The List)』 독자를 위한 완벽 가이드
40 Days of Repentance

2022년 7월 29일 초판인쇄

지 은 이 | 로라 덴스모어 · 레이 몽고메리 · 밥 오델 지음
옮 긴 이 | 손영식

펴 낸 곳 | 도서출판 뿌리샘
등   록 | 제 2022-17호(2022.7.5)
주   소 | 경기도 광주시 오포읍 신현로 12-226
전   화 | 010-9925-1824
홈페이지 | https://cafe.daum.net/rootsourcespring
이 메 일 | rootsourcespring@gmail.com
온 라 인 | 기업은행 389-127598-04-011 예금주: 도서출판 뿌리샘

ISBN 979-11-979510-8-4(03230)